아빠의 선물

삶이 선물이듯 고난도 선물입니다

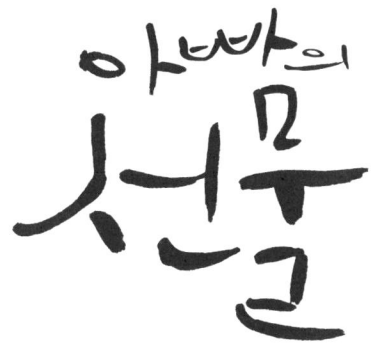
아빠의 선물

정정숙 지음

선한 목자가 되어 평생의 삶을 인도해주신 사랑하는 하나님 아버지께,
그리고 만남의 순간부터 이 세상을 떠나던 마지막 순간까지
저를 끔찍이도 사랑해준 하늘 사람 정태두 씨와
그가 남기고 간 귀한 선물, 준용이와 재인이에게 이 책을 바칩니다.

차례

프롤로그 8

1부 삶, 선물입니다!

첫 번째 이야기 _ 삶, 선물입니다!
가족, 선물입니다 16   구원, 선물입니다 19   만남, 선물입니다 25
부르심, 선물입니다 29   결혼, 선물입니다 32   일할 수 있는 기회, 선물입니다 35
자녀, 선물입니다 40   배울 수 있는 기회, 선물입니다 44

두 번째 이야기 _ 열매 맺는 삶을 위하여
삶의 목적 발견하기 55   목적 달성을 위한 목표 세우기 58   성취를 향한 비전 품기 60
목표를 달성할 때까지 포기하지 않기 64   정상까지 올라가기 66
섬김과 나눔으로 열매 맺기 70

2부 고난, 선물입니다!

세 번째 이야기 _ 고난, 선물입니다!
고난의 전주곡 76   알고 난 뒤의 충격 78   가리어진 길 89   인생 필름 93
연장된 생명 98   고난의 유익 105

네 번째 이야기 _ 열매 맺는 고난을 위하여

인생 전체를 보는 시각 갖기 130　하나님을 신뢰하기 133
고난 앞에서 바르게 반응하기 143　고난의 때엔 깊이 생각하기 147
고난 속에서 배우기 149　감사로 극복하기 156
고난 극복을 위한 팀 — 함께 웃고 함께 우는 가족! 160
고난 속에서도 사명을 향해 전진하기 177　고난 극복의 간증으로 열매 맺기 186

3부 죽음, 선물입니다!

다섯 번째 이야기 _ 죽음, 선물입니다!

죽음에 대해 말씀하시는 하나님 192　하나님의 뜻을 구하는 기도 196　죽음 준비 198
회복과 치유의 길목 249

여섯 번째 이야기 _ 열매 맺는 죽음을 위하여

죽음의 교훈 276　여행자가 기억해야 할 여행 가이드 283

에필로그 296
감사의 말 299

프롤로그

저를 처음 만나는 분들로부터 이런 인사를 많이 받습니다. "박사님, 얼굴이 참 평안하고 고우세요. 고생 않고 사신 분 같아요. 그리고 미국에서 박사 공부까지 하신 걸 보면 남편도 잘 만나신 것 같고요." 그분들의 질문에 저는 빙그레 웃으며 답을 합니다. "제 얼굴이 고와 보인다고요? 그렇다면 그건 하나님의 은혜 때문이겠지요. 하지만 고생은 좀 했지요. 물론 저보다 훨씬 더 많이 고생하신 분들도 계시겠지만 제 고생도 만만치는 않았어요."

그렇게 답을 하면 그들은 금방 제 고생에 대해 흥미를 갖고 자석처럼 다가옵니다. '박사'라는 말에 자기와는 거리가 먼 사람으로 여기다가 고생했다는 말을 하면 친구로 여기며 가까이 옵니다. 고통은 저를 한참 아래로 내려놓았습니다. 아니 바닥까지 내려놓았습니다. 그런데 알고 보니 그 바닥은 모든 사람들과 친구가 되는 아주 편한 자리였습니다. 제가 용기를 내어 저의 고통스런 경험을 내어놓으면 '자신의 고통을 이해해줄 수 있는 사람'이라는 생각이 드는지 그들도 자신의 아픈 이야기보따리를 풀어놓습니다. 고통은 이처럼 서로를 이끌어 나눔의 자리로 초대하고, 그 자리에서 서로의 아픔에 고개를 끄덕이며 서로를 어루만지는 일을 했습니다. 전에는 무관했던 사람들을 이끌어 와 서로를 치유하는 일을 했습니다.

지금껏 상담이든 집회든 여러 가지 모임을 통해 많은 분들을 만나고 그분들과 함께 삶과 고통의 문제 혹은 아름다운 관계를 맺는 일에 대해 이야기를 나눴습니다. 그 가운데 어떤 분들은 제가 경험한 고통에 대해 듣는 것만으로도 치유와 회복을 경험했다고 합니다. 절망 가운데서 위로와 힘과 용기를 얻었다고 합니다. 고통을 하나님의 관점에서 바라볼 수 있게 되었다고 합니다. 상실의 아픔을 딛고 일어나 새로운 삶을 위한 발걸음을 떼게 되었다고 합니다. 이 같은 이야기를 전해 들으면서 아직 만나지 못한 분들에게도 찾아가고 싶다는 생각이 들었습니다.

글은 시간과 공간의 제약을 받는 만남의 한계를 훌쩍 뛰어넘어, 고통과 씨름하며 할 수 있는 일이 아무것도 없다고 생각하는 분들을 찾아가 "아직도 할 수 있는 일이 많이 있어요."라는 희망의 메시지를 전해드릴 수 있습니다. 책을 접촉점 삼아 만나는 자리에서 일어설 힘조차 없는 분들의 손을 잡아 일으켜드릴 수 있습니다. 고통으로 신음하는 사람들에게 나의 아픔을 내보이며 "그래요. 많이 아프시죠? 하지만 조금 지나면 그 아픔도 이겨낼 수 있어요!"라고 속삭여드릴 수 있고, 막다른 골목이라 생각하는 이들에게 '하늘로 통하는 또 다른 길이 있다'는 사실도 알려드릴 수 있습니다.

지나온 일들을 반추하며 글을 쓰는 것은 쉽지 않은 작업이었습니다. 묻어두었던 아픔을 꺼내어 그때의 아픔을 다시 느껴야 하고 가슴앓이하던 그때의 슬픔 속에 다시 잠겨보는 일이기 때문입니다. 이런 과정이 힘들어서 한동안 글쓰기를 접기도 했습니다. 자신에 관한 글쓰기가 어려웠던 또 하나의 이유는 저의 연약함과 부끄러운 모습들, 아픔과 상처들을 고스란히 독자들에게 드러내서, 마치 입고 있던 옷을 다 벗어버려 벌거숭이가 되는 것 같았기 때문입니다.

자기 삶에 관해 글을 쓰는 일은 상담을 받는 과정과도 비슷합니다. 제 사무실을 처음 찾아온 내담자들은 한결같이 기염을 토합니다. 소리를 지르며 울기도 하고 흐느끼기도 하며 사무실이 떠나갈 만큼 큰 목소리로 자신이 당한 억울한 일, 슬픈 일, 화나는 일, 고통스러운 일들을 이야기합니다. 저는 그분들의 아픔과 고통을 마주 대하며 함께 슬픔을 느끼고, 그분들이 아파할 때 가슴이 저려옴을 느낍니다. 그런 저에게 그분들은 자기의 과거사를 끄집어내 이야기하고 난 후 "저를 잘 이해해주시니 가슴이 후련합니다"라며 자리에서 일어납니다.

사무실 문을 나서려는 내담자에게 제가 당부의 말을 잊지 않습니다. "지금은 후련하시겠지만 집에 돌아가면 마음이 더 아플 수 있고 몸이 아파 힘이 들 수도 있어요. 혹시 아프시더라도 그건 정상이니 걱정하지 마세요. 그때의 아픔을 다시 느끼는 일은 온몸의 진액이 다 빠져나가는 일이거든요. 그러니 힘들고 아프더라도 다음 시간에 꼭 오셔야 해요." 두 번째 상담시간에 찾아오는 내담자들은 대부분 이런 말로 시작을 합니다. "상담실을 떠날 땐 가벼워진 마음이었는데 그 후로 며칠 동안 힘들었어요." "상담을 받고 나서 이삼일간 온몸이 아파 누워 있었어요. 오늘 상담받고 가서 또 아플까 봐 다시 오는 게 망설여졌어요. 그리고 집에 돌아가 곰곰 생각해보니 저 자신과 가족의 치부를 다 드러낸 것 같아 부끄럽더라고요. 그래서 선생님께 이야기한 것을 후회하기도 했지요."

이처럼 아픔의 정도가 크고 상처가 크면 클수록 상담 과정은 포기하고 싶은 마음과 싸우며 가야 하는 힘겨운 시간들입니다. 아픔을 토해내는 가운데 그 아픔을 준 사람이나 사건들이 남긴 생채기가 다시 살아나 마음을 할퀴는 경험이 고통스러워 상담받는 일을 중단하는 사람도 있습니다. 하지만 그 아픔을 감내하며 용기 내어 상담 과정을 지나는 사람들은 매주 자신이 가벼워지는 것을 느낍니다. 처음보다 덜 울고 덜 아파하고…… 그러다 어느 날부터 겉울음과 속울음이 그치고, 수심이 가득했던 얼굴에 조금씩 생기가 돌고, 입가에 미소가 번지고, 그러고는 마침내 함박꽃 같은 웃음도 지을 수 있는 과정을 지나면서 과거로부터 자유로워집니다. 자기 삶에 일어난 일을 해석하며 그 사건이 주는 의미를 찾아내고 그 경험을 발판으로 삼아 오늘과 내일을 어떻게 살아야 할지 답을 찾게 됩니다. 한줄기 빛을 발견한 것입니다.

이와 같은 상담의 과정을 거치며 내담자가 건강해진 사람으로 서가는 것처럼, 글을 쓰는 동안 저는 자가치유의 과정을 걸었습니다. 제 삶 속에서 일어난 일들 하나하나를 하나님의 관점에서 해석하고 이해하는 데는 적잖은 시간이 필요했습니다. 삶 속에서 경험한 일들은 모두, 그것이 고통이든 죽음이든 배움과 교훈을 주며 삶의 의미와 목적을 이루는 유익한 재료가 된다는 사실을 깨닫는 데도 꽤 오랜 시간이 걸렸습니다.

1부는 부푼 희망을 안고 인생의 여정을 시작한 젊은 시절에 관한 이야기입니다. 성공과 보람과 의미 있는 인생을 꿈꾸던 일, 사랑하는 사람을 만나 새로운 가정을 이루고 그 사랑을 가꾸고 아름다운 가정을 만들기 위해 애쓰던 일, 부부가 서로에게 버팀목이 되어줌으로써 서로를 온전케 하는 일, 그리고 가족에게 주어진 사명을 발견하고 그 사명을 이루어가는 일에 대한 글입니다.

2부는 생각과 계획과는 정반대로 인생의 행로가 진행되어갈 때, 예기치 않은 고통이 내 삶에 문을 두드릴 때, 이 반갑지 않은 손님과 어떻게 대면하고 또 그 고통을 어떻게 껴안을 수 있는지에 관해 썼습니다. 레몬의 맛이 쓰고 시다고 버리는 것이 아니라 어떻게 상쾌한 레모네이드로 만들 수 있을지, 살갗을 파헤치고 들어와 살을 깎아먹는 모래를 껴안고 조개가 어떻게 진주를 만들어내는지에 대한 내용입니다.

3부는 홀연히 죽음이 우리 앞에 다가올 때, 그리고 사랑하는 사람을 떠나보내야 하는 상실의 고통이 찾아올 때 그 아픈 순간을 어떻게 아름답게 맞을 수 있을지, 어떻게 깜깜하고 무서운 골짜기를 지나갈 수 있을지, 또한 죽음 뒤에 이어질 아름다운 세상의 아침을 어떻게 맞이할 수 있을지에 관해 썼습니다.

이 책을 읽는 독자들이 저의 경험을 디딤돌 삼아 자신에게 주어진 환경이 어떠하든 최선의 삶으로 이끌어가고, 삶 속에 찾아오는 난제들을 만날 때 한 움큼의 지혜와 용기를 갖게 된다면, 그것이 곧 이 책이 쓰인 이유일 것입니다.

자! 이제 책을 읽어가며 당신에게 들려오는 세미한 음성에 귀 기울여 보세요. 그리고 때론 폭풍우 속에 들려오는 뇌성처럼 큰 소리도 들어보세요.

지난 40년 동안 일어났던 내 생애의 본문을 바라보며

이제는 그 생에 나름대로의 해석을 붙여주고

그 해석에 근거하여 앞으로 남은 삶을 어떻게 살 것인지 설계하게 되었습니다.

이해할 수 없는 인생의 한 단면만 보던 시각을 인생 전체를

바라볼 수 있는 시각으로 바꾸면

고난의 때가 계속되지 않음을 알게 됩니다.

끝이 있음을 알게 되고 그 유익도 알게 됩니다.

그렇게 되면, 고난을 극복할 수 있는 비결 하나를 얻게 되는 것입니다.

1부
삶, 선물입니다!

"인생 40년은 생의 본문이며 그 이후의 삶은 생의 해석이다."
— 쇼펜하우어

첫 번째 이야기
삶, 선물입니다!

가족, 선물입니다

나는 2남 2녀 중 막내로 태어났습니다. 막내라는 프리미엄에 몸까지 아파 가족의 사랑을 한몸에 받고 자랐습니다. 세 살은 인생에서 가장 깜찍한 천사의 모습에 가까운 시기입니다. 우리 가족이 나의 미모(?)와 재롱에 정신을 차릴 수 없을 때, 그리하여 서로 안겠다고 이 품에서 저 품으로 쟁탈전이 벌어지던 어느 날, 그 열기가 너무 뜨거웠던 탓일까요? 아이의 얼굴이 붉어지더니 그만 온몸이 불덩이가 되었습니다. 급기야는 걸음을 걸을 수 없는 상태가 되었으니, 부모님의 걱정이 이만저만이 아니었습니다. 그때만 해도 소아마비에 걸리면 절름발이 신세를 피할 수 없는 시절이었습니다.

그런데 나는 운이 좋았습니다. 이 동네 저 동네 장돌뱅이처럼 돌며 환자들을 치료하는 한의사 선생님이 때마침 우리 동네를 순회진료 중이었습니다. 그때는 미처 몰랐던 사실이지만 그와 만난 것은 결코 우연이 아니었습니다. 세상의 하고많은 동네와 골목 중에 왜 하필 그는 바로 그때 우리 동네 골목에 모습을 나타냈던 걸까요?

침 앞에서는 어른들도 벌벌 떠는데 어린 나는 의사에게 가자고 하면 거짓말처럼 울음을 뚝 그치고 엄마 등에 업혔다고 합니다. "어린것이 그 아픈 침을 아프다는 내색도 않고 잘도 맞더니!" 어머니는 그때 일만 생각하면 대견한지 내 얼굴을 한참 들여다보곤 했습니다.

영원히 식지 않을 것 같던 열이 내리면서 상태는 조금씩 호전되어갔습니다. 일어서고, 걷고, 넘어지고. 또 힘겹게 일어서고 다시 넘어지고. 어느 날부턴가 소아마비에 걸린 왼쪽 다리에 힘이 조금씩 생기기 시작했습니다. 그러다 점점 일어서는 데 걸리는 시간이 짧아지고 잘 넘어지지 않게 되었습니다. 나아졌다고는 하지만 흔적은 남아서 초등학교나 중학교에 다닐 때 친구들로부터 "절름발이"라고 놀림을 당할 때도 있었습니다. 속상해서 울 때도 있었지만 어린 나는 결코 잊지 않았습니다. 그 한의사 선생님을 못 만났으면 지금보다 훨씬 불편한 몸으로 살았을 것이라는 사실을 말입니다.

몸이 아픈 덕택에 식구들로부터 받은 각별한 보호와 사랑도 고마웠습니다. 추운 겨울, 학교에서 돌아와 내가 대문을 여는 시간에 딱 맞춰 화로에서 나오던 군밤과 군고구마는 할머니의 작품이었습니다. 그렇게 맛있는 음식이 세상에 또 있을까요? 쪼글쪼글하지만 따뜻한 손으로 꽁꽁 언 내 손과 두 귀를 감싸 안아 녹여주시던 할머니에게서 나던 체취를 기억합니다. 맛있는 음식은 전부 손자 손녀 차지였지요.

나와 나이 차가 꽤 났던 언니는 샘을 내기는커녕 엄마와 착각할 정도로 극진히 나를 보살폈습니다. 어린 나는 언니 등에 업혀 잠이 들었고, 언니 손에 이끌려 아장아장 걷고 동네 구석구석을 돌아다녔습니다. 언니는 특히 양재 솜씨가 뛰어나 나에게 인형처럼 예쁜 옷을 만들어 입혀 보는 걸 좋아했습니다. 단술을 끓여 먹인 후 취해서 빙글빙글 도는 나를 보고 박장대소하던 짓궂은 언니, 내 입술에 빨간색 립스틱을 바르고는 예뻐서 어쩔 줄 몰라하던 언니, 내 잘못을 대신 덮어쓰고 부모님께 혼이 나는 중에도 나를 감싸주었던 마음씨 넓은 언니였습니다. 내가 슬플 때 같이 슬퍼하고, 내가 기쁠 때 같이 기뻐해준 정답고 살가운 언니였습니다.

두 오빠의 사랑도 그 못지않았습니다. 광주에서 학교에 다니느라 어린 막내와 함께한 시간은 그리 많지 않았지만 나를 하나님께로 인도한 사람이 바로 우리 오빠들입니다. 큰오빠는 직장생활을 하면서 학비와 용돈을 부쳐주기도 했습니다. 볼 때마다 격려를 아끼지 않았고 용기를 불어넣어주었습니다. 어쩌다 내가 신통한 일을 하면 자신의 일처럼 신이 나서 휘파람을 불던 큰오빠였습니다.

작은오빠와는 붙어 있는 시간이 많다 보니 티격태격한 적도 많습니다. 세 살 아래 여동생은 그에게 장난감이나 마찬가지였지요. 그런데 또 그에겐 말로는 잘 설명할 수 없는 위엄과 권위가 있어 나를 꼼짝 못하게 했습니다. 매일 성경 읽고 기도하고 일기를 쓰도록 인도한 사람이 그입니다. 일주일에 한 번씩 꼭 숙제 검사를 해서 귀찮을 때도 있었는데, 지금 와서 생각해보니 얼마나 고마운지 모르겠습니다.

아버지와 어머니 사이는 무엇이 문제였는지 모르겠으나 찬바람이 불었습니다. 두 분의 불화로 집안엔 긴장이 감돌 때도 있었지만 나는 부모님과 온 가족의 사랑을 듬뿍 받는 특권을 누리며 행복한 어린 시절을 보냈습니다.

구원, 선물입니다

"너희는 그 은혜에 의하여 믿음으로 말미암아 구원을 받았으니 이것은 너희에게서 난 것이 아니요 하나님의 선물이라."(에베소서 2:8)

우리 집의 종교는 좀 독특했습니다. 할머니와 어머니는 유교와 원불교, 그리고 토속종교가 혼합된 독특한 신앙생활을 하셨습니다. 원불교 교당에도 가고 절에도 가고, 매달 초사흘 새벽이면 목욕재계를 하고 조상신 앞에 치성을 드렸습니다. 자식 잘되기를 바라는 두 분의 기도는 종교의 형식을 구분하지 않고 경계를 마음대로 넘나들었습니다.

어머니는 자식들이 교회에 가는 것을 반대하지 않았습니다. 여섯 살 때부터 나는 주일학교 교사인 오빠들을 따라 집에서 10리나 떨어진 교회에 다녔습니다. 친구들과 함께하는 율동과 찬송, 구연동화나 설교 듣는 재미도 좋았지만, 뭐니뭐니 해도 제일 즐거운 건 성탄극이나 합창제 등의 행사를 준비하는 성탄절이었습니다.

중학교 1학년 때 교회에서 부흥회가 열렸습니다. 천희석 목사님이 인도하는 부흥회였는데 구원의 메시지를 쉽고도 재미있게 노래로 만들어 가르쳐주셔서 기억에 남습니다.

    하나님이 세상을 이처럼 사랑하사
    독생자를 주셨으니 누구든지 저를 믿으면
    멸망하지 않고 영생을 얻으리로다
    영생을 얻으리로다

요한복음 3장 16절로 지은 노래와 메시지는 내 가슴속 깊이 파고들었습니다. 그 사랑이 온몸으로 느껴졌고 하나님 앞에서 나는 죄인이라는 자각과 함께 내 죄를 위해 돌아가신 예수님의 사랑이 고마워 견딜 수가 없었습니다. 울면서 죄를 고백하고 감사의 기도를 드렸습니다. 중1 어린 나이에 예수님을 구세주로 영접한 것입니다. 그전에 느껴보지 못했던 기쁨과 감사가 넘쳤습니다.
  나는 예수님과 사랑에 빠지고 말았습니다. 날마다 성경을 읽고 암송했습니다. 그리고 열심히 기도했습니다.

    나는야 친구 되신 예수님과 푸른 초장 한없이 거니네.
    손을 잡고 기쁨을 나누면서, 단둘이서 한없이 거니네.
    손을 잡고 기쁨을 나누면서, 단둘이서 한없이 거니네.

찬양을 부르는 동안 나는 진짜 예수님 손을 잡고 푸른 초장을 거닐었습니다. 잠을 자는 시간이 아까웠습니다. 예수님 꿈을 꾸게 해달라고 기도하며 잠자리에 들곤 했습니다. 예수님을 알리고 싶은 열망으로 가득 차올랐습니다. 내가 경험한 하나님의 사랑을 다른 친구들에게도 알려주고 싶었습니다. 수업이 끝나면 나는 반 친구들을 모아놓고 찬송을 가르쳐주며 성경 이야기를 들려주었습니다.

다음은 그때 가장 많이 불렀던 찬송입니다.

작은 불꽃 하나가 큰불을 일으키어 곧 주위 사람들 그 불에 몸 녹이듯이,
주님의 사랑 이같이 한번 경험하면, 그의 사랑 모두에게 전하고 싶으리.

새싹이 돋아나면 새들은 지저귀고 꽃들은 피어나 화창한 봄날이라네.
주님의 사랑 이같이 한번 경험하면 봄과 같은 그 신선함 전하고 싶으리.

친구여 당신께 이 행복 전하고 싶소. 또 주는 당신의 의지할 구세주라오.
산 위에 올라가서 이 복음 외치며 내게 임한 그의 사랑 전하기 원하네.

주님을 위해, 교회를 위해 일하고 싶은 마음이 간절했습니다. 난 늘 입버릇처럼 "주님이 너무 좋아요. 나는 주님을 위해 일하고 싶어요."라는 소원을 담아 기도드렸습니다. 헌신이 무엇을 의미하는지, 얼마나 어려운 길인지 짐작조차 못 하고 막무가내로 드리는 기도였습니다.

'뜻이 있는 곳에 길이 있다'라는, 학교에서 배운 영어 격언은 성경 말

쏨만큼이나 내 마음을 흔들었습니다. 뜻과 길이 마음속에서 하나로 연결되었습니다. 그런데 고등학교 진학을 앞두고 나는 마음속의 길 말고 당장 급한 길부터 하나 열어야 했습니다. 광주로 가는 구체적인 길이었습니다. 우리 집 형편으로 보면 영광 읍내의 고등학교로 진학해야 마땅하지만 나는 도시에 가서, 더 넓은 곳에서 공부하고 싶었습니다. 그중에서도 미션스쿨인 광주의 수피아 여고에 가고 싶었습니다.

그 뜻이 이루어졌습니다. 나의 기도는 응답받았습니다. 추첨 결과 그토록 꿈꾸던 '수피아 여자고등학교'로 배정받게 된 것입니다. 수피아 여고는 그 이름처럼 캠퍼스도 아름답고 멋진 학교였습니다. 온갖 꽃과 나무들로 뒤덮인 교정, 5월의 아카시아 향기와 녹음 무성한 여름, 가을을 노오랗게 물들이는 은행나무는 예민한 소녀의 감성을 자극했습니다. 아름다운 교정 풍경과 예쁜 교복도 마음에 들었지만 그보다 더 좋았던 것은 일주일에 한 번 전교생이 모여 드리는 예배 시간과 매일 아침 갖는 '경건의 시간'이었습니다. 말씀과 기도로 시작하는 하루하루가 얼마나 좋았는지 모릅니다. 말씀을 읽으면 말씀대로 살아보려고 애를 썼습니다. 입술로 죄짓지 않으려고 하루 종일 입을 다물고 한마디도 하지 않았던 적도 있습니다. 그 생각을 하면 지금도 웃음이 나옵니다.

새벽종을 울리는 소녀

주말에 집에 내려가면 동네 교회에서 주일학교 교사로 일했습니다. 어느 날 부장 선생님께서 나를 부르셨습니다. 영광군에서 교사 설교대회가 열리는데 우리 교회 대표로 내가 나갔으면 좋겠다는 겁니다. 나는 교사라는 칭호조차 송구스러운 열일곱 살의 어린 소녀였습니다. 말도 안 된다고 고개를 저었지만 뜻이 워낙 강경해 결국 순종하기로 했습니다.

'어떻게 하면 재미있고 오래 기억에 남는 설교가 될까?' 기도 중에 좋은 아이디어가 떠올랐습니다. 과학 시간에 배웠던 실험인데 그 실험 과정을 설교에 응용해보기로 했습니다. 먼저 물이 담긴 유리 어항에 옥도정기를 몇 방울 떨어뜨립니다. 그러면 순식간에 물 전체가 검붉은 색으로 변합니다. 그 후 사진 인화시 사용하는 화학약품 몇 방울을 검붉은 물에 떨어뜨리면 언제 그랬느냐는 듯이 맑은 물로 다시 환원되는 실험입니다. 물을 검붉게 만드는 옥도정기는 우리의 죄를 상징하고, 사진 인화시 사용하는 화학약품은 예수님이 우리 죄를 용서해주기 위해 흘리신 피를 상징하는 것으로 정하고 설교 원고 쓰기를 마쳤습니다. 원고 내용도 완전히 암기했습니다.

드디어 설교대회 날, 대회장은 입추의 여지가 없었습니다. 골리앗 앞에 선 다윗의 기분을 알 것 같았습니다. 기도를 하고 나서 크게 심호흡을 하고 강단 앞에 서니 거짓말처럼 마음이 편안해졌습니다. 침착하게 설교를 시작했습니다. 별 실수 없이 마지막 기도까지 마치자 우레와 같은 박수갈채가 쏟아졌습니다. 결과는 놀랍게도 1등이었습니다.

고등학교 2학년이 되자 이상하게 마음이 사무치고 간절해지더니 새벽기도가 하고 싶어졌습니다. 새벽길을 걸어 예수님을 만나러 가고 싶었습니다. 마침 교회 친구의 아버지가 사찰 집사님이었는데 간곡히 부탁하여 교회 새벽종을 내 손으로 직접 울리기로 했습니다. 기상시간은 새벽 4시 30분. 새벽종을 울린 후 친구와 나는 새벽기도회에 참석했습니다. 오빠들을 따라갔다가 꼬박꼬박 졸고 앉았던 초등학교 때의 새벽 기도와는 비교할 수 없었습니다. 그런데 그 좋은 새벽기도에 참석하는 고등학생은 친구와 나 외엔 없었습니다. 주일예배나 토요 성경공부 모임도 당연한 듯 빠져가며 대학입시 공부에 마지막 피치를 올리고 있었기 때문입니다.

그때 나는 무엇을 그렇게 간절히 기도했을까요? 지금 되돌아보면 그때의 그 기도가 내 삶에 끼친 영향은 지대합니다. 여러 가지 뜻과 길이 새벽종 소리와 기도 속에서 생성된 듯합니다.

그해 5월 광주

1980년 3월, 신학대학을 가라는 목사님들의 권유를 뿌리치고 나는 전남대학교 영문학과에 입학했습니다. 그런데 그토록 기대했던 대학생활이 그만 엉망이 되고 말았습니다. '광주 민주화 항쟁'이 일어났던 것입니다. 무장한 군인들에 의해 무고한 시민의 생명이 짓밟히고 피 흘리는 장면을 눈앞에서 목도하며 믿을 수 없는 현실에 절규했습니다. 극도의 혼란 속에 무정부 상태가 되어버린 광주 시내. 학교 교문 앞과 교정에는 무장한 군인들이 바리케이드를 치고 삼엄한 경비태세에 들어갔습니다. 총성과 화약 냄새가 광주 시내를 뒤덮었습니다. 지나가는 사람을 무조건 잡아가서 심문하고 취조하고 두들겨 패는 일이 다반사였습니다. 통신망과 교통이 두절되고, 전기가 끊기니 두려움은 더욱 커져갔습니다.

가만히 있을 부모님들이 아니었습니다. 자식을 광주로 유학 보낸 부모님들이 걸어서 걸어서 광주로 왔습니다. 우리 어머니도 그 행렬에 끼어 있었습니다. 살아 있는 딸을 보고 안도의 숨을 내쉬던 엄마! 전쟁터 같은 곳에 두고 갈 수 없다며 짐을 꾸리라고 재촉하시는 엄마를 따라 피난길에 올랐습니다. 산길을 지나고, 강을 건너고, 흙먼지투성이 도로를 걸어 해질 녘 시골집에 도착했습니다. 안도의 한숨을 내쉰 것도 잠깐, 마음 편할 리가 없었습니다. 광주 소식에 촉각을 곤두세웠습니다.

내가 다시 광주로 간 건 3주일이나 지나서였습니다. 여기저기 불타버린 시내의 건물들과 버스 정류장. 광주는 폐허로 변해 있었습니다. 언론은 제구실을 하지 못했습니다. 실망이 이만저만이 아니었습니다. 제일 이상했던 건, 내가 사는 곳은 지옥이 되었는데 세상은 아무 일 없이 잘 굴러간다는 사실이었습니다. 부조리와 모순으로 가득 찬 세상이었습니다. 이런 판국이니 수업이 제대로 진행될 리 만무했습니다. 데모는 그칠 줄 모르고 계속되고 최루가스에 눈물 콧물을 줄줄 흘리다 보니 공부는 뒷전이었습니다. 시간은 자꾸 흘러 어느덧 3학년이 되었습니다.

만남, 선물입니다

"골키퍼 있다고 골이 안 들어가나요, 뭐?" 무심코 건넨 이 한마디가 그만 나와 남편의 만남을 운명적인 쪽으로 선회시켰습니다. 정말 의미 없이 건넨, 지나가는 말 한마디였습니다.

1983년 군생활을 마친 정태두 씨가 영문과 3학년에 복학했습니다.

작은 키, 깡마른 체구에 여자처럼 흰 피부, 검은 안경테에 현기증이 날 만큼 두꺼운 안경알, 주머니에 항상 손을 찌르고 아침부터 밤늦게까지 도서관을 지키는 파수꾼이 바로 그였습니다. 언어학 공부에 특히 열을 올리고 있었는데 관심 분야는 노암 촘스키와 언어심리학이었습니다.

중간고사 시험 한 주 전, 시작도 하지 못한 언어학 공부 때문에 골머리를 앓고 있는데 태두 형(그 당시에 여학생들은 선배나 나이 많은 동창을 '오빠'라 부르지 않고 '형'이라고 불렀음)이 나보고 언어학 공부는 다 했느냐고 물어왔습니다. 웃으며 고개를 저었더니 "나랑 같이 공부할래요?" 하는 것이었습니다. 실력파로 소문난 그인 만큼 도움을 좀 받을 수 있지 않을까 하여 반가운 얼굴로 수락했습니다. 그날 바로 우리는 도서관에서 만나 공부를 하고 헤어졌는데 나는 그의 가르침을 받는 입장이었습니다.

다음 날 태두 형이 나에게 영미 소설 노트를 빌려달라고 했습니다. 흥미 과목인 데다가 마침 노트 정리를 열심히 해두어서 기분 좋게 빌려주었습니다. 우리의 만남은 이렇듯 꽤 학구적으로 시작되어 자연스럽게 돈독해져갔습니다.

4학년이 되었습니다. 우리는 등하교 길에도 자주 동행하며 많은 이야기를 나누었습니다. 그가 독실한 신자인 점이 내게 믿음을 주어서 공부도 함께 하고, 점심도 같이 먹고, 특별한 볼일이 없어도 만나는 것이 자연스러웠습니다. 그러던 어느 날 하굣길에 만난 인문대 등나무 아래서 작은 해프닝이 벌어졌습니다.

"나, 형 여자친구 이름 안다, xx 씨 맞죠?"

태두 형은 얼굴을 붉히며 그런 여자친구가 없다고 했습니다. 교회에서 함께 임원으로 일하는 자매인데 어떻게 아느냐고 묻는 그 얼굴 표정이 너무 심각하고 재미있어서 그만 장난기가 발동하고 말았습니다.

"골키퍼 있다고 골이 안 들어가나요, 뭐?"

실은 그 전날 형 집에 전화를 걸었는데 태두 형의 어머니가 전화를 받으셨습니다. "같은 과 여학생인데요, 태두 형 좀 바꿔주세요." 했더니 그 여학생 이름을 부르며, "xx 아니냐?"고 했던 것이 발단이었습니다. 어머니가 이름을 알 정도면 아주 친한 사이라고 생각한 나는 '내일 학교 가면 놀려주어야지.' 그렇게 생각했던 것입니다.

사실 나는 그때까지도 형에게 이성으로서의 관심은 거의 없었습니다. 여러 모로 괜찮은 사람이지만 나의 이상형은 아니었습니다. 그런데 형은 그렇게 생각하지 않았던 모양입니다. 골키퍼 어쩌고 한 말을 가지고 내가 형에게 관심이 있어서 그런 말을 했다고 판단한 것입니다. 앞으로는 클래스메이트가 아닌 이성으로 만나자고 형은 정색을 하고 말했습니다.

나는 그가 무안하지 않게 거절했습니다. 이성을 사귀고 싶은 생각이 없다고 핑계를 댔습니다. 그래도 그는 아랑곳하지 않았습니다. 나중에는 숨겨둔 남자친구가 있다고 거짓말도 해보았습니다. 내 주변 사람들을 통해 나에게 남자친구가 없다는 사실을 확인한 태두 형은 집요했습니다. 그러나 나에게는 아무런 감정의 변화가 일어나지 않았으니, 그는 그냥 편하고 좋은 친한 형이었습니다.

새생활 세미나

어느 날 그가 자신의 장래 포부를 밝혔습니다. 졸업 후 직장생활을 좀 하다가 미국으로 유학을 떠날 계획이라는 겁니다.

"나는 가난한 소크라테스가 될 거야!"

학자의 길을 가겠다는 선언이었습니다. 그 말에 나는 이렇게 응수했습니다.

"나는 가난한 소크라테스나, 그런 사람의 아내가 되고 싶은 마음은 추호도 없어요."

나는 배부른 소크라테스가 되겠다고 했습니다. 그러면서 약을 살살 올렸습니다.

"아무리 생각해봐도 형은 나의 꿈을 만족시켜줄 수 있는 사람이 아니에요."

태두 형은 눈에 띄게 기가 죽었습니다. 지금 생각하니 청춘의 특권으로 꽤 잔인하고 못되게 굴었다는 생각이 듭니다.

어느새 낙엽이 뒹구는 늦가을이 되었습니다. 나는 유난히 계절을 많이 탔는데, 가을이면 어김없이 허무감에 시달렸습니다. 단풍이 들기 시작하면서부터 낙엽이 되어 질 때까지 시간만 나면 찾아가는 곳이 무등산이었습니다. 무등산에 올라 시내를 내려다보며 상념에 잠기는 시간이 좋았습니다. 졸업 후 무엇을 할 것인가가 시급한 인생 과제였지만 미래는 짙은 안개가 낀 듯 갑갑하고 불투명했습니다. 무엇보다 공부다운 공부 한번 제대로 해보지 못하고 졸업한다고 생각하니 마음이 무거웠습니다.

무엇을 할 것인가? 나는 무엇을 원하는가? 아무리 생각해도 세속적인 의미의 성공은 아니었습니다. 많은 돈을 버는 일이나, 명예나 높은 지위도 내가 원하는 것은 아니었습니다. 어느 날 문득 중학교 1학년 때 입버릇처럼 달고 다니던 말이 생각났습니다. "나는 예수님이 너무 좋아요. 예수님이 기뻐하시는 일을 하고 싶어요."

이 세상에서 예수님이 가장 기뻐하시는 일, 내가 평생 기쁘게 할 수 있는 일이 무엇일까 생각하고 또 생각했습니다. 나의 고민을 알고 있던 태두 형이 어느 날 광주 제일교회로 나를 이끌었습니다. 이동원 목사님이 진행하는 '새생활 세미나'는 특히 젊은이들을 열광시켰는데 '삶의 목적에 대한 답'을 애타게 찾고 있던 나에겐 축복과도 같은 프로그램으로 다가왔습니다.

부르심, 선물입니다

'새생활 세미나'는 월요일부터 금요일까지 닷새간 저녁시간에 열렸습니다. 세미나가 본격적으로 시작되기 전 나는 내 대학생활을 되돌아보았습니다. 열정이 사라지고 주님을 향한 사랑의 감격이 무디어진, 타성에 젖은 신앙인의 모습이 거기 있었습니다. 교회에서는 청년회 임원으로, 성가대원으로, 교사로 열심히 봉사하고 있었습니다. 그런데도 나는 영적 가뭄에 시달리고 있었습니다. 까맣게 타들어가는 논바닥 같은 영혼에 물과 거름 주는 걸 까맣게 잊고 있었던 것입니다. 주님과 동행하는 기쁨도 잃어버리고 혼자서 광야를 헤매고 있는 자신을 발견했습니다. 오후 내내 나는 회개의 눈물을 흘리며 중고등학교 때 주님을 사랑하던 그 마음을 회복시켜달라고 기도했습니다.

이동원 목사님의 강의를 들으며 얼마나 몰입이 되고 즐거운지 시간 가는 것이 아까울 정도였습니다. 매시간 주님은 그의 입을 빌려 내게 꼭 필요한 말씀을 주셨습니다. 마지막 날의 주제는 '추수할 일꾼을 찾으시는 주님'이었습니다. 먼저 마태복음 9장 35절에서 38절 말씀이 봉독되고 선포되었습니다.

"목자 없는 양과 같이 고생하며 유리하는 무리들을 민망히 여기시며, 추수할 것은 많되 일꾼은 적으니 하나님께서 마음에 감동을 주시는 대로 추수할 일꾼으로 하나님께 헌신하기 원하는 사람들은 앞으로 나오라."

목사님의 초청에 바로 응하고 싶은 마음 간절했지만 이상하게 옆에 있는 태두 형이 자꾸 의식되었습니다. '하나님, 저 혼자 여기서 마음으로 고백할게요. 주님 제 마음 아시죠? 제 삶을 주님께 드립니다. 추수할 일꾼으로 제 삶을 드립니다.' 헌신의 기도를 마음속으로 마친 지 오랜데 찬송가가 몇 번이고 반복되는 것이 마치 나의 결단을 재촉하는 듯했습니다. 용기를 내어 강단 앞으로 나가 헌신과 서약의 기도를 드렸습니다.

돌아오는 길에 형은 내게 앞으로 무엇을 할 작정이냐고 물었습니다. 나는 기독교 교육에 관심이 많다고 이야기했습니다. 그는 자신의 일처럼 기뻐하며 그날 이후 시간 날 때마다 기독교 교육 서적을 한 권씩 사서 내게 선물하기 시작했습니다.

마음의 변화

시간이 지나도 변한 건 없었습니다. 우리 사이는 처음 만났을 때와 똑같았습니다. 그의 탄식에 따르면 "산 넘어 산!"이었습니다. 사랑과 결혼에 대한 확신이 없었기 때문에 그가 이성으로 다가서면 냉정하게 행동하는 것이 너무나 당연한 일이었습니다. 그는 매일 전화를 걸었고, 엽서와 편지를 통해 꾸준히 자신의 마음을 전해왔습니다. 나는 어쩐지 나를 사랑해주는 사람보다 내가 사랑하는 사람과 결혼하고 싶었습니다. 왠지 그래야 할 것 같았습니다. 그동안도 나는 몇 번이나 그만 만나겠다며 그에게 절교를 선언했는지 모릅니다. 그런데도 그는 꿈쩍도 하지 않았습니다. 기도로 승부를 보겠다고 했습니다. 자신감이 넘쳤습니다.

"정숙 씨가 아무리 나를 싫어해도 하나님께서 나에게 주시려고 하면 어쩔 수 없어요. 왜냐하면 하나님이 나의 가장 든든한 백그라운드니까. 하나님은 내 편이시거든."

그의 낙관적인 태도와 굳은 믿음이 든든하고 좋았지만 나의 마음문은 좀처럼 열리지 않았습니다. 대학을 졸업하고 우리는 영어 교사가 되어 각자 여자 중학생들을 가르쳤습니다. 그는 열정적으로 학생들을 가르치는 중에 시간을 쪼개어 공부하고 유학 준비를 마쳤습니다. 마침내 1985년 9월, 태두 형은 텍사스 주립대학 오스틴 캠퍼스의 입학 허가를 받고 유학길에 오르게 되었습니다.

미국에 도착하자 그는 거의 매일 내게 편지를 썼습니다. 항공 편지지에 깨알 같은 글씨로 일기처럼 자신의 근황을 적고 사랑을 고백했습니다. 영어로 수업 듣는 일도 힘들고, 텍사스 날씨에 적응하는 것도 쉽지 않은데 무엇보다 견디기 힘든 건 내가 보고 싶은 것이라고 했습니다. 그때만 해도 전화요금이 너무 비싸서 마음 놓고 전화를 할 수 있는 형편이 아니었습니다. 그가 편지에 쓰길 내가 너무 보고 싶어서 앞으로 2년까지 기다리는 것은 불가능하다고 했습니다.

　절절한 사랑의 고백 앞에 마침내 마음이 움직였습니다. 막상 옆에 없으니 형이 그리웠던 거지요. 한국에 있을 때는 매일 전화하는 것이 부담스러웠는데, 매일 전화하고 안부를 물어주는 사람이 없으니 허전하기 짝이 없었습니다. 만나자고 보채는 사람도 없고 보살펴주는 사람도 없으니 인생이 적막강산 같았습니다. 외로움과 그리움이 한꺼번에 몰려왔습니다. 그와 함께했던 시간이 그리워졌습니다. 그의 편지를 손꼽아 기다렸습니다. 전화벨 소리에 가슴이 두근거렸습니다. 나도 모르는 사이에 내 마음은 태평양을 건너 태두 형 곁에 있었습니다. 어느새 그를 사랑하게 된 겁니다.

결혼, 선물입니다

　태두 씨(형에서 씨로 자연스럽게 호칭이 바뀝니다)가 한국을 떠난 지 3개월이 지난 어느 새벽, 전화벨 소리에 잠에서 깨어났습니다.

"정숙 씨 나 이번 겨울에 한국에 갈 거예요."

비몽사몽간에 전화를 받았더니 들뜬 그의 음성이 수화기 너머로 들려왔습니다.

"무슨 일로요?"

"결혼하려고."

"누구랑요?"

"정숙 씨랑."

아무 말도 할 수가 없었습니다. 믿어지지 않아 오른쪽 뺨을 꼬집어봤습니다. 에구구, 실제로 따끔했습니다. 전화를 끊고 잠을 이루지 못했습니다. 우리가 사랑하고 있다는 사실을 확인한 이상 결혼 못 할 이유는 없다고 생각했습니다.

태두 씨는 2년 후에나 결혼하겠다고 부모님께 말씀드리고 유학길에 올랐습니다. 여동생의 결혼날짜가 다음해 1월 3일로 잡혀 있는 상황이었습니다. 한꺼번에 둘을 혼사시킬 수 없다는 부모님의 입장은 강경했지만 충분히 이해할 수 있었습니다. 그런데 갑자기 결혼을 하겠다니, 갑작스러운 그의 결정에 모두 어안이 벙벙했습니다. 우리 부모님도 마찬가지였습니다.

"사내 녀석이 한번 결정을 했으면 무슨 어려움이 있어도 참고 그 결정을 지켜야지. 공부도 마치지 않고 결혼은 무슨 결혼이야! 그사이를 못 참고 결혼을 하겠다니, 그렇게 의지가 약해서야 앞으로 무슨 큰일을 해낼 수 있겠어!"

양가의 반대에도 태두 씨는 자신의 의지를 굽히지 않았습니다. 결혼식만 시켜달라는 겁니다. 결국 그의 부모님도 백기를 들고 말았습니다. 태두 씨가 돌아오고 할 수 없이 동생의 결혼식 날에 우리도 결혼식을 하기로 했습니다. 1986년 1월 3일 오전 11시와, 같은 날 오후 2시. 〈세상에 이런 일이!〉에 나와도 될 것 같은 오누이의 시간차 결혼식이었습니다.

순서상으로도 알 수 있듯 그날의 주인공은 어디까지나 동생 내외! 우리 부부는 천덕꾸러기가 된 듯한 기분이었지만 곧 마음을 가다듬었습니다. 아무래도 상관없었습니다. 엑스트라면 어떻고 천덕꾸러기면 또 어떻습니까. 우리가 부부로 함께 살 수 있다면 말입니다. 결혼식 예물도 패물도 모두 생략했습니다. 비용을 절약해 한 푼이라도 유학자금에 보태기로 한 것이지요.

드디어 결혼식 날, 결혼식과 폐백을 마치고 시누이 부부는 신혼여행을 떠났습니다. 그러나 우리는 신혼여행도 생략했습니다. 결혼식 날 친구들과 함께 저녁식사를 마치고 가까운 호텔에서 하룻밤 묵은 게 전부였습니다. 몸은 피곤했지만 즐겁고 행복했습니다. 각시를 보고 웃음을 멈추지 않는 신랑을 보니 나도 덩달아 웃음이 나왔습니다.

시댁에서 2주 정도 머물다가 '유학생의 아내'라는 신분으로 미국에 왔습니다. 결혼 때문에 영어 선생 노릇을 그만두게 된 건 아깝고 정말 아쉬웠지만 어쩔 수 없는 일이었습니다. 마침내 미국에서의 신혼살림이 시작되었습니다. 이민 가방 네 개를 풀어헤치고 짐을 정돈했습니다. 가구가 준비되지 않아서 두꺼운 책 박스로 임시 테이블을 삼았습니다.

그런데도 밥맛은 꿀맛이었습니다. 한 달 동안 우리는 꿈같은 시간을 보냈습니다. 함께 짐을 정리하고, 청소하고, 식사를 준비하고, 쇼핑하고, 도서관에도 함께 갔습니다. 함께 꿈을 꾸며 미래를 설계하고, 사랑하고, 꼭 끌어안고 자고 함께 잠에서 깨어났습니다. 더 이상 헤어질 필요가 없어서 좋았습니다. 태두 씨는 가끔 이런 말을 했습니다.

"이렇게 좋은 결혼을 왜 이제야 했을까? 만나자마자 결혼했더라면 얼마나 좋았을까! 그동안 갈등하며 흘려보낸 시간이 너무 아깝다."

일할 수 있는 기회, 선물입니다

'허니문'이라는 말 그대로 우리에겐 꿀처럼 달콤한 신혼이었습니다. 그런데 그 기간은 딱 한 달에서 멈췄습니다. 우리 부부에게 불청객이 찾아온 것입니다. 어느 날 불안과 걱정이 마구 문을 두드렸습니다. 은행 잔고가 눈에 띄게 줄어들면서 가슴이 조마조마했습니다. 차를 사고, 살림에 필요한 최소한의 물건을 사고, 납부금을 내고 나니 몇천 불밖에 남지 않았습니다.

남편이 먼저 일자리를 구했습니다. 우리가 첫 번째로 한 일은 신문 배달입니다. 새벽 3시 30분에 일어나서 두 시간 정도 신문을 돌리면 월 5백 달러를 벌 수 있다고 했습니다. 처음에는 시간이 좀 걸리겠지만 한 달만 지나면 익숙해진다는 것이 선배 배달부들의 말이었습니다.

남편의 반대를 무릅쓰고 새벽에 일어나 무조건 거리로 따라나섰습니다. 내가 도우면 시간이 반으로 줄어들 거라고 생각한 것이지요. 지국에서 배달할 신문을 할당받아 기세 좋게 거리에 나섰습니다. 며칠 전에 담당 구역과 주소를 미리 받아 답사를 마쳤기 때문에 자신만만했습니다. 그런데 이게 웬일입니까? 새벽의 거리는 너무나 낯설었습니다. 길 찾기도 어려웠고, 어둠 속에서 주소를 확인하는 일도 쉽지 않았습니다. 신문을 제대로 던져 넣기란 거의 마술에 가까웠습니다. 그보다 운전이 문제였습니다. 운전을 시작한 지 얼마 되지 않다 보니 이제 막 걸음마를 배우는 아기처럼 모든 것이 서툴렀습니다.

4시에 시작해 두 시간이 지났는데 배달은 절반도 마치지 못했습니다. 처음이라서 어려우리라 예상은 했지만 이 정도일 줄은 몰랐습니다. 날이 밝아오는데 아직도 많이 남은 신문들을 보니 한숨이 나왔습니다. 해가 중천에 떠오른 후에야 우리 부부는 파김치가 되어 지국에 도착했습니다.

"휴." 긴 한숨을 내쉬는데 수퍼바이저가 손짓을 했습니다. '우리가 뭘 잘못했나!' 혹시 첫날부터 해고를 당하는 게 아닐까, 가슴이 철렁 내려앉았습니다. "수고했어요. 첫날은 다 이렇게 힘든 거예요. 그래도 이 정도면 성적이 좋은 편인데요?" 그의 격려가 참으로 고마웠습니다.

집으로 오는 길에 남편과 나는 한마디도 나누지 않았습니다. 상대에 대한 연민으로 가슴 아팠던 것입니다. 이 일을 계속할 수 있을까 하는 의문이 들 정도로 충격적인 새벽 노동 현장이었습니다. 집에 와서 잠시 쉴 짬도 없이 남편은 아침을 뜨는 둥 마는 둥 등교했습니다. 새벽부터

진을 다 빼버리고 공부는 제대로 할 수 있을지 걱정이 되었습니다.

남편이 수업을 마치고 돌아와서 우리는 저녁을 먹고 일찍 잠자리에 들었습니다. 한 시간 정도 더 일찍 일어나 신문배달을 가기로 했습니다. 단단히 마음을 먹어서 그랬는지 두 번째 날은 첫째 날보다는 확실히 수월했습니다. 어제 새벽 헤매면서 보았던 길들이 눈에 들어왔습니다. 40분 정도가 앞당겨져 7시 50분에 일이 끝났습니다. 일주일이 지나자 한 시간이 넘게 단축되었고, 시작한 지 한 달 만에 두 시간 내로 배달을 마칠 수 있게 되었습니다.

남편의 운전 실력도 몰라보게 향상되었습니다. 신문을 던지는 속도에도 가속도가 붙고 정확도 면에서도 엄청난 진전이 있었습니다. 두 달째 되어서 남편은 배달 범위를 늘려 한 지역을 더 맡고 싶다고 신청했습니다. 세 시간 반 정도 일하면 수입이 1천 불이 되니 욕심을 내었던 것이죠. 양이 두 배가 되니 차 안은 신문으로 가득했습니다. 짧은 시간에 남편은 베테랑 배달부가 되었습니다. 오른쪽, 왼쪽 집을 향하여 거의 동시에 던지는 신문이 정확히 제자리에 떨어집니다. 그 모습을 뒤에서 보고 있노라면 웃음이 나왔습니다.

"신문 던지는 실력 정말 굉장해요. 혼자 보기 아까운데 어디 콘테스트 같은 거 없을까요? 1등은 따놓은 당상인데!"

우리는 이제 신문을 돌리며 농담을 할 만큼 여유를 되찾았습니다. 많은 양의 신문을 배달하느라 몸은 피곤하고 힘이 들었지만 아파트 렌트비와 생활비를 벌 수 있으니 감사했습니다.

청소부가 된 소크라테스의 아내

결혼 후 3개월이 지났을 때 나는 낮에 할 수 있는 일을 알아보았습니다. 생활비는 간신히 마련되었지만 남편의 학비를 준비해야 했으니까요. 신문광고를 보고 제일 먼저 달려간 곳이 부자 노인들을 위한 초호화 사립 양로원이었습니다. 간단한 인터뷰를 마친 다음 접시닦이 일자리를 얻을 수 있었는데 일을 시작한 지 열흘 만에 영주권이 없어서 쫓겨나고 말았습니다.

쓸쓸한 마음을 달래며 기도하던 중 이번에는 내게 청소부 자리가 왔습니다. 옆 아파트에 사는 유학생 부인이 '할러데이 인(Holiday Inn, 미국의 호텔 중 2등급 정도 되는 호텔)'에서 일자리가 나왔다며 신청을 해보라는 것이었습니다. 오후 3시부터 11시까지 근무하며 호텔 로비와 프런트 주위를 청소하는 비교적 쉬운 일이었습니다. 유리창을 닦고, 화장실을 청소하고, 현관 주변에 떨어진 쓰레기를 줍고 나서 할 일이 없으면 수퍼바이저를 도왔습니다.

보통 두 시간 정도 청소를 하고 나면 할 일이 없습니다. 닦은 데를 다시 닦고, 쓴 데를 다시 쓸고, 그러고도 시간이 남으면 화장실에서 시간을 보냈습니다. 변기뚜껑을 내려놓고 앉아 있노라면 신세한탄이 절로 나왔습니다. 미국까지 와서 신문배달부에 호텔 청소부 일이라니! 자존심이 상했습니다.

부모 잘 만난 유학생들은 손 하나 까딱하지 않고도 호화로운 생활을 영위하는데 우리 부부는 밤낮으로 뛰고도 늘 허덕여야 했습니다. 거기다 이공계 학생들은 연구 조교니 교육 조교니 학교에서 일자리를 쉽게도 찾는데 역사학을 전공하는 남편에게는 그런 자리도 돌아오지 않았습니다. 그리하여 청소부가 된 '가난한 소크라테스'의 아내는 자신도 모르게 잠시 악처가 되고 말았습니다.

그런데 또 세상은 얼마나 요지경인지, 나를 부러워하는 사람들도 적지 않았습니다. 내가 하는 일이 편하다고 알려져 낮에 객실을 청소하는 사람들은 부러워하는 데 그치지 않고 호시탐탐 내 자리를 노렸습니다. 머쓱했습니다. 영어를 조금 한다는 이유로 편한 자리를 차지해놓고는 감사할 줄 모르고 불평불만을 늘어놓은 것입니다.

밤 11시에 퇴근해 집에 돌아와서 두어 시간 눈을 붙이고 일어나 신문 배달을 나가는 그런 생활이 반복되다 보니 나도 모르는 새 감사를 잊어버렸습니다. 감사하지 못한 날은 내게 패배의 날이나 다름없었습니다. 어느 날 그 사실을 자각하자 내가 처한 현실이 달리 보이기 시작했습니다. 우리는 꿈을 꾸고 기도하며 미국생활과 유학생활에 적응해갔고, 움츠린 마음도 조금씩 여유를 찾게 되었습니다.

주말이면 교회 봉사하는 일로 시간을 보냈습니다. 우리는 하나님께 수입 중 십이조를 드리기로 약속했습니다. 십일조를 드릴 때는 미처 느끼지 못했는데, 십이조를 드리는 건 쉬운 일이 아니었습니다. 어느 날 교회에서 청소할 사람을 찾는 광고가 눈에 띄었습니다. 우리 부부는 당장 자원했습니다. 교회 청소는 자원봉사직이 아니어서 많지는 않아도 약속된 보수가 있었습니다. 우리는 청소를 하고 받은 수고비를 전액 헌금했습니다.

토요일 아침, 신문배달이 끝나고 나면 부족한 잠을 보충하고 남편과 함께 한 주간의 삶을 돌아보는 시간을 가졌습니다. 감사와 기쁨이 넘쳐 났습니다. 특별히 기도할 제목이 생기면 금식기도를 했습니다. 예수님을 우리 가정의 주인으로 모시고, 예수님이 기뻐하시는 삶을 살고자 했습니다. 생각해보니 감사한 일투성이었습니다. 믿음 좋은 남편을 주신 하나님께 감사하고 또 감사했습니다. 성실하고 책임감이 강하며 남을 돕는 일이라면 앞장 서는 남편, 나를 끔찍이 사랑해주는 남편이 내 눈에는 최고로 보였습니다.

자녀, 선물입니다

결혼한 지 1년이 지나면서 우리 부부는 아이를 간절히 기다리게 되었습니다. 기도를 시작했습니다. 아들을 달라는 구체적인 기도였습니다. 기도를 시작한 지 얼마 되지 않았을 때 꿈을 꾸었습니다. 하늘에서 나에게 빛이 쏟아져 내리더니 "하나님께서 너에게 좋은 선물을 주시리라"는 목소리가 들려왔습니다. '하나님께서 우리의 기도를 들으셨구나!' 하나님께 감사의 기도를 드리고 다시 잠자리에 들었습니다. 아침에 남편에게 꿈 이야기를 했습니다. 남편도 떨 듯이 기뻐했습니다.

2주 정도가 지났을 때 갑자기 하혈이 시작되었습니다. 의사는 유산의 가능성이 있다며 무조건 안정을 취하라고 했습니다. 한동안 침대에 누워 지냈습니다. '하나님이 주신 선물인데 잘못될 리가 없어!' 하는 확신이 있어 크게 걱정하진 않았습니다.

어떤 아이일까? 우리 부부는 아이의 이름을 먼저 짓기로 했습니다. 평생 쓸 이름이니 멋진 이름을 선물하고 싶었습니다. 성경에 나오는 수많은 인물 중에서 가장 선량하고 지혜로운 인물이 누굴까 찾아보았습니다. 구약에서부터 신약까지 훑어나가는 중에 '다니엘'이라는 이름이 눈에 들어왔습니다. 그렇습니다. 다니엘서의 그 다니엘입니다. 하나님만 경외하는 다니엘, 기도하는 다니엘, 환상을 보는 다니엘, 지혜로운 다니엘의 모습을 만날 수 있었습니다.

다니엘서의 마지막 장을 읽을 때 나도 모르게 눈이 크게 떠졌습니다. "지혜 있는 자는 궁창의 빛과 같이 빛날 것이요 많은 사람을 옳은 데로 돌아오게 한 자는 별과 같이 영원토록 빛나리라."(다니엘서 12:3)

그날의 꿈처럼 빛을 만나는 순간 나는 마음속 소원을 담아 아이에게 말을 걸었습니다. "아들아! 지혜로운 자, 많은 사람을 옳은 데로 인도하여 별과 같이 빛나는 인생을 사는 자가 되어라."

지금 생각하면 웃음이 나옵니다. 아이의 성별도 모르면서 이름도 미리 정해놓고, 배 속의 아이에게 '아들아!'라고 부르다니! 어디서 오는 확신이었을까요? 아들 달라고 기도했으니까 분명히 아들을 주시리라는 믿음! 믿음대로 이루어지리라는 확신을 갖고 하루하루를 보냈습니다. 다행히 열흘 후엔 하혈이 완전히 멎었습니다. 호텔에도 다시 나갔습니다. 입덧도 그치고, 5개월이 된 아이는 태동으로 자신의 존재를 우리 부부에게 확인시켜주었습니다.

몸이 무거워져서 일을 그만두었습니다. 모처럼 나만의 시간을 가질 수 있었습니다. 기도하고 성경 읽고 그동안 읽고 싶었던 책들을 읽다가 남편이 돌아올 시간에 맞춰 식사를 준비했습니다. 그러던 어느 날 귀에 이상이 생겼는데 중이염이었습니다. 귀가 아픈데도 의사를 찾지 않고 끝까지 버텼습니다. 가난한 살림에 병원비를 지출하는 것이 부담스러웠기 때문입니다. 중이염을 낫게 해달라고 기도하는 중에 좋은 아이디어가 떠올랐습니다. '내가 직접 안수기도를 해보는 건 어떨까?' 귀에 손을 갖다 대고 바로 안수를 했습니다.

"예수의 이름으로 통증은 물러가라! 중이염은 물러가라!"

그런데 이게 웬일입니까? 그렇게 심했던 통증이 감쪽같이 사라졌습니다. 통증을 멎게 해주신 하나님께 나는 즉각 감사의 기도를 올렸습니다.

귀국출산

임신 8개월에 접어들자 날마다 부모님과 고향이 어찌나 그리운지 이른바 향수병에 시달리게 되었습니다. 특별히 엄마가 너무 보고 싶었습니다. 딸을 갑자기 미국에 보내놓고 3개월 동안 하루도 빠짐없이 우셨다는 엄마를 생각하면 눈물이 절로 흘러내렸습니다.

나는 한국에 돌아가 엄마 옆에서 아이를 낳기로 결심했습니다. 중이염처럼 향수병을 안수로 낫게 할 자신은 없었던 것입니다. 주위의 만류도 대단했습니다. 한국에 사는 사람도 미국에 와 아이를 낳으려고 원정출산이다 뭐다 기를 쓰는 판인데 왜 한국에서 아이를 낳으려는 거냐고 물었습니다. 나는 앞으로 미국에서 살 생각이 전혀 없었기 때문에 그런 말은 귀에 들어오지도 않았습니다. 남편의 공부가 하루빨리 끝나 고국으로 돌아갈 날만 기다렸습니다.

9월, 만삭의 몸으로 나는 한국 땅을 밟았습니다. 1년 9개월 만에 돌아온 딸을 우리 가족은 열렬히 환영해주었습니다. 고국의 가을 하늘은 여전히 높고 푸르렀고, 무엇보다 그토록 먹고 싶었던 음식을 실컷 먹을 수 있어서 좋았습니다. 그런데 예정일이 3주나 지났는데 아이는 나올 기미가 없었습니다. 할 수 없이 유도분만을 시도했고, 그것도 사정이 여의치 않아 수술을 하기에 이르렀습니다. 나의 아들 준용(Daniel)은 그렇게 세상에 태어났습니다. 처음부터 끝까지 믿어 의심치 않았던 대로 아들이었습니다. 하나님이 인간에게 주는 선물 중 아이만큼 소중하고 어여쁜 것이 또 있을까요? 마지막에 애를 좀 먹였지만 준용이는 온 가족의 열렬한 환영 속에 무사히 엄마 품에 안착했습니다.

방긋방긋 웃으며 하루가 다르게 무럭무럭 커가는 아이를 바라보면 웃음이 절로 나왔습니다. 하루 종일 지켜보고 있어도 싫증이 나지 않았습니다. 그런데 드디어 준용이와 헤어져야 할 시간이 다가왔습니다. 여러 가지 형편을 고려하여 준용이를 잠시 한국에 두고 가기로 한 것입니다. 남편의 뒷바라지도 뒷바라지지만 나도 하고 싶었던 공부를 시작하기로 해서 준용이는 1, 2년 시어머니가 봐주시기로 했습니다.

아이를 남겨두고 갈 것을 생각하면, 이 사랑스러운 생명을 볼 수 없고 만질 수 없다 생각하면 미칠 것 같았습니다. 그러나 우리 부부에겐 선택의 여지가 없었습니다. 쌔근쌔근 잠든 아이를 뒤로하고 미국으로 떠나던 날을 잊지 못합니다. 만남은 너무나 큰 기쁨이었지만 헤어짐은 이루 표현할 수 없는 아픔이 되었습니다.

배울 수 있는 기회, 선물입니다

미국에 돌아와 시차적응을 하며 일자리를 알아보았습니다. 성실, 하면 자타가 공인하는 남편은 2년이 넘도록 신문배달 일을 계속했는데 나도 가끔 그 일을 도왔습니다. 그러면서 낮에 할 수 있는 일을 찾다 보니 베이비시터 일자리를 구할 수 있었습니다. 남편이 다니는 학교의 교수님 댁 아이였는데 곰곰 생각해보니 준용이를 데리고 다니며 아이를 함께 돌보는 것이 가능했습니다. 그리하여 준용이는 태어난 지 10개월 만에 미국의 엄마 아빠 품으로 올 수 있었습니다. 아이를 내 손으로 키우며 돈도 벌 수 있으니 더 이상 바랄 것이 없었습니다.

3년 동안의 베이비시터 일은 한편으로 영어를 배울 수 있는 좋은 기회가 되었습니다. 엘리자베스와 텔레비전도 함께 보고 책도 같이 읽고 많은 이야기를 나누었습니다. 아이는 그 예쁜 입술로 조잘조잘 떠들면서 나의 영어 교사가 되어주었습니다.

일을 하는 중에도 나는 하나님께 신학교에 갈 수 있는 길을 열어달라고 기도하기를 멈추지 않았습니다. 하나님께 '추수할 일꾼'으로 헌신한 지도 벌써 6년이 지났습니다. 1989년 1월, 그때 내가 처음으로 한 일은 '소명에 대한 부르심'을 확인하는 작업이었습니다. '새생활 세미나'를 통해 추수할 일꾼으로 나를 부르셨는데, 정말 주님이 나를 부르셨는지 아니면 내가 착각을 한 것인지 확인하고 싶었습니다. 어떻게 확인할 수 있을까 궁리하는 중에 기드온의 기도가 생각났습니다.

구약성경 사사기 6장을 보면 하나님의 천사가 기드온에게 나타나

"너의 힘으로 이스라엘을 미디안의 손에서 구원하라 내가 너를 보낸 것이 아니냐"(사사기 6:14)고 말합니다. 기드온은 반신반의하면서 표증을 통해 증명해 보여달라고 간구했습니다. 그러자 천사는 기드온이 제안한 대로 시행했습니다. 기드온과 약속한 대로 그가 제물을 가져오기까지 그 자리를 떠나지 않았고, 기드온이 무교전병과 고기를 가져다가 반석 위에 두었을 때, 그가 손에 잡은 지팡이 끝을 내밀 때, 불이 반석에서 나와 고기와 무교전병을 불사름으로 기드온에게 자신의 예언이 참됨을 확신시켜주었습니다.

그다음 날 기드온은 하나님께 두 번째 표징을 구했습니다. "주께서 이미 말씀하심같이 내 손으로 이스라엘을 구원하시려거든 보소서 내가 양털 한 뭉치를 타작 마당에 두리니 만일 이슬이 양털에만 있고 주변 땅은 마르면 주께서 이미 말씀하심같이 내 손으로 이스라엘을 구원하실 줄을 내가 알겠나이다."(사사기 6:36-37)

다음 날 아침 일찍 일어난 기드온은 자신이 구한 대로 양털에만 이슬이 있음을 발견합니다. 그는 다시 한 번 하나님께 나아갑니다. "주여 내게 노하지 마옵소서 내가 이번만 말하리이다 구하옵나니 내게 이번만 양털로 시험하게 하소서 원하건데 양털만 마르고 그 주변 땅에는 다 이슬이 있게 하옵소서."(사사기 6:39)

그날 밤, 하나님은 그가 구한 대로 양털은 마르고 땅이 이슬에 젖는 기적을 보여주심으로 기드온에게 확신을 주셨습니다.

이 구절을 읽으며 나는 믿음이 연약한 기드온을 나무라지 않고 기드온이 요청한 대로 행하시는 하나님께 감사의 마음을 금할 수가 없었습니다. "왜 이렇게 믿음이 없느냐?"고 꾸중하지 않으시는 하나님이 너무 좋았습니다. 나도 기드온처럼 기도해보고 싶었습니다. 기드온을 통해 아이디어와 용기를 얻은 나는 당장 기도에 들어갔습니다. "하나님께서 정말 나를 사역을 위해 부르셨다면 이 모두를 응답하심으로 확인시켜주십시오."

나는 네 가지의 제목으로 기도를 드렸는데, 하나님은 놀랍게도 정확히 1년 동안 네 가지 모두 이루어지게 하심으로써 나로 하여금 사역의 소명을 확인하게 했습니다. 그 네 가지는 다음과 같습니다. 한국에 계신 어머니를 내 곁으로 보내주실 것과, 6개월 내에 토플 점수를 550점 이상 받고 싶다는 것, 1년간 일하지 않고 공부에 전념할 수 있도록 1만 달러를 주실 것과, 나에게 건강을 주실 것 등입니다.

이 모든 기도에 응답함으로 내게 확신을 주신 주님을 찬양합니다! 사막에 길을 내시는 주님을 찬양합니다!

가정사역의 비전

1990년 1월, 감격과 흥분 속에서 4년간의 오스틴 생활을 접고 '서남침례 신학교(Southwestern Baptist Theological Seminary)'가 있는 포트워스로 이사를 갔습니다. 그때 남편은 석사와 박사 과정을 마치고 학위 논문만 남겨둔 상태였습니다. 나는 오랜만에 하는 공부, 게다가 영어로 하는 공부라 걱정이 많았습니다. 새학기 과목 스케줄이 정해질 때마다 온몸에 두드러기가 날 만큼 긴장했습니다.

기독교 교육학과 원서를 받은 나는 평소에 가장 관심이 많았던 청소년 교육을 선택해 1년 정도 공부했습니다. 청소년 교육을 공부하다가 부모 교육의 필요성을 절감해 이에 관한 공부를 병행했습니다. 책을 번역해 세미나 교재로 사용하면서 자녀양육에 대한 강의를 시작했습니다. 강의 때마다 부모와 자녀의 변화를 목도하는 기쁨은 정말이지 컸습니다. 한 1년 정도 부모 교육을 공부하고 나니 범위는 가정 전체로 확대되었습니다. 당연한 일이었습니다. 가정의 평화야말로 모든 교육의 기본이고 근간이니까요.

그렇게 해서 '가정사역'이 나의 가장 큰 관심사가 되었습니다. 가정사역의 비전을 보여주신 분은 하나님이었습니다. 여러 가지 길을 우회하여 나는 내가 마땅히 도달해야 할 곳에 도착할 수 있었습니다. 효과적인 사역을 위해 부전공으로 심리와 상담을 선택한 건 필수였습니다. 그때만 해도 한국의 가정사역은 미개척 상태. 미국에서 공부하는 몇 안 되는 전문가들에 의해 그 중요성이 알려지긴 했지만 여전히 초기 단계에 머물러 있는 형편이었습니다.

포트워스 한인교회에서는 교육 전도사로 일했습니다. 현장에서 교회 사역을 배우고 실습하는 기간을 거치며 사역자에 한 걸음 가까이 다가갔습니다. 남편은 나의 공부를 위해 협조를 아끼지 않았습니다. 그때 유학생들은 주로 저녁시간에 오피스 건물 청소하는 일을 했습니다. 남편도 그 일을 했습니다. 그 외에도 경제적으로 도움될 만한 일이라면 가리지 않고 달려들었습니다. 교인들의 가게에서도 일했고, 토요일도 쉬지 않았습니다. 박사학위 논문을 남겨놓고 있는 상태여서 1992년 6월에는 프랑스로 가서 자료들을 직접 수집해 왔습니다. 하지만 그의 논문 작업은 큰 진전이 없었습니다.

천국은행의 장학금

1994년 5월, 남편은 기한 내에 논문을 제출하지 않으면 더 이상 기다려줄 수 없다는 학교측의 최후통첩을 받았습니다. 남편은 극도의 실의에 빠졌습니다. 그동안 공부했던 게 모두 수포로 돌아갈 수도 있는 급박한 상황이었습니다. 아내의 공부 뒷바라지와 가족 부양을 위해 열심히 뛰다 보니 이런 사태에 이르게 된 것입니다. 모든 것을 떨쳐버리고 오스틴으로 가서 당장 논문을 써야 하는데 경제적인 이유 때문에 그럴 수도 없었습니다. 남편은 공부를 포기하겠다고 했습니다. 나는 나대로 나의 공부를 중단하고 이제부터 그를 돕겠다고 했습니다. 그가 그토록 하고 싶어했던 공부를 여기서 중단하게 내버려둘 수는 없었습니다.

며칠 밤을 뜬눈으로 새워도 해결책을 찾을 수가 없었습니다. 결국 우리의 힘으로는 아무것도 할 수 없음을 깨달았습니다. 주님을 붙들고 늘어지는 수밖에 없었습니다. 우리에게 비전을 주시고 이 먼 미국까지 인도하신 주님께 나아가자. 때마다 일마다 우리를 도와주신 에벤에셀의 하나님께로 가자! "네 입을 크게 열라 내가 채우리라."(시편 81:10)고 약속하지 않으셨던가?

"하나님, 도움이 필요합니다. 남편과 제가 돈 때문에 공부를 포기하지 않도록 장학금 좀 주세요. 지난 8년간 우리 부부 닥치는 대로 일하며 얼마나 열심히 살았습니까. 아시지 않습니까! 공짜로 달라고 하진 않겠습니다. 공부 끝나면 갚을 테니 천국은행 장학금 좀 보내주십시오."

밤이고 낮이고 울부짖는 기도를 하나님은 외면하지 않으셨습니다. "내가 환난 중에서 여호와께 아뢰며 나의 하나님께 부르짖었더니 그가 그의 성전에서 내 소리를 들으심이여 그의 앞에서 나의 부르짖음이 그의 귀에 들렸도다."(시편 18:6)

새벽에 도우시는 주님 앞에 애타는 심정으로 기도의 무릎을 꿇은 지 3개월 후, 한국에 사는 믿음의 한 선배 부부로부터 연락이 왔습니다. 하나님께서 그들 마음속에 우리를 '도우라는 강한 부담감'을 주셨다는 것입니다. 1만 달러를 보내주겠다는 전화였습니다. 자신들이 주는 게 아니고 하나님이 주시는 것이니 마음 편하게 받으라는 당부도 잊지 않았습니다. 전화를 받는데 심장이 멎을 것 같았습니다.

"주님 감사합니다. 이렇게 멋진 방법으로 응답해주셔서요!"

한국에서 보내온 그 1만 달러가 첫 번째 기도 응답의 신호탄이었습니다. 주님이 우리의 '공급자'요 '여호와 이레'임을 확인하는 일은 그 뒤로도 계속되었습니다. 주님은 신실하게 우리의 필요를 채우셨습니다. 둥지의 아기 새에게 먹이를 물어주는 어미 새처럼 자상하게 우리를 돌봐주셨습니다.

일곱 식구를 부양하는 가운데 넉넉지 못한 생활비에서 얼마를 떼내어 보내준 친구 목사의 장학금, 유산으로 받은 돈 일부를 주님이 주신 선물로 알라며 보내준 사랑의 장학금, 이름을 밝히지 말라며 네 번에 걸쳐 보내온 잊을 수 없는 장학금, 믿음의 형제자매와 친구들로부터 받은 우정의 장학금…… 주님은 이런저런 경로를 통하여 소름이 돋을 정도로 정확하게 딱 필요한 만큼의 장학금을 그때그때 보내주셨습니다.

2만 달러가 넘는 금액입니다. 화수분처럼 자꾸 채워지는, 조금도 모자람이 없는 천국은행의 장학금이었습니다.

사랑의 원자탄

남편은 오스틴으로 떠났습니다. 주중에는 그곳에 머물면서 논문을 쓰고 주말에는 포트워스로 오는 주말부부 생활이 2년 2개월 동안 계속되었습니다. 남편의 논문 준비 작업은 상상할 수 없을 정도로 어려운 과정의 연속이었습니다. 자료들은 16세기 프랑스어 필기체로 쓰여 있어서 해독이 쉽지 않았고, 번역 작업에 아주 많은 시간을 할애해야 했습니다. 남편은 마치 끝이 보이지 않는 터널을 아주 천천히 지나가는 것 같았습니다.

1년 6개월이 지나자 희미하게나마 논문 완성의 끝이 보이기 시작했고, 어느덧 새해가 밝았습니다. 1996년은 결혼 10주년이 되는 해입니다! 1월 3일 결혼기념일에 나는 남편으로부터 팩스를 받았습니다. '사랑의 원자탄'이라는 좀 우스운 제목을 붙인 편지였습니다. 아침과 저녁에 각각 한 통씩 모두 두 통이었는데, 그렇게 길고 애절한 편지를 받고도 나는 답장 쓸 엄두를 내지 못했습니다. 일주일 후에 있을 시험 준비로 정신이 없었기 때문입니다.

박사 과정 종합시험을 무사히 마치고 나는 만신창이가 된 기분이었습니다. 시험 전에 예상문제를 뽑아 50페이지 정도를 간추린 다음 모조리 달달 외웠으니 그럴 만도 했지요. 다행히 나의 예상문제 리스트에서 여러 문제가 출제되어 답안을 작성할 수 있었습니다.

시험이 끝나고 우리는 조금 늦었지만 결혼기념일을 챙기기로 했습니다. 주일예배를 마치고 세면도구만 챙겨 가지고 남편을 따라나섰습니다. 어디를 가는지 무엇을 할 것인지 물어도 "그냥 따라만 오라!"고 했습니다. 어차피 함께하는 시간인데 어디를 가면 어떻고 무엇을 하면 어떠랴 싶어 더 이상 묻지 않았습니다.

오후 4시, 맛집으로 소문난 중국 식당에서 이른 저녁을 먹었습니다. 그리고 다시 차에 올랐습니다. 오스틴으로 가는 고속도로를 타고 한 시간 정도 달려 도착한 곳은 힐스보로라는 작은 도시의 '베스트 웨스턴' 호텔이었습니다. 추운 거리에 어둠이 짙게 내렸습니다. 미국생활 초창기에 홀리데이 인 호텔 청소부 일을 해서인지, 나는 어디를 가든 호텔을 평가하는 버릇이 있었습니다. 지은 지 얼마 안 된 깨끗한 호텔이었습니다. 목욕을 하고 나니 그동안의 피로가 한꺼번에 몰려왔습니다. 잠을 자려는 내게 남편이 말했습니다.

"피곤하겠지만 무드 없이 그냥 자지 말고 우리의 결혼 10주년을 돌아보고 이야기를 좀 나누는 게 어때?"

그가 무안하지 않게 침대에서 일어나 앉았습니다. 이민 가방 네 개로 시작한 살림이 제법 많이 는 것, 준용이와 재인이 남매를 얻은 일, 학위 과정을 잘 마치고 남편의 박사논문이 마무리 단계로 접어든 일, 너무 늦지 않게 공부를 시작하여 박사 과정 종합시험을 무사히 치른 것, 힘들고 어려운 일들을 지혜롭게 잘 통과한 일, 삶의 경험이 풍성해진 일, 신학교 수업과 교회 봉사를 통해 사역의 길을 준비해온 일…… 공부와 여러 가지 일들은 아직 진행 중이지만 주거니 받거니 정리해보니 우리 부부 그동안 생각보다 많은 일을 이룬 것 같았습니다.

'정말 열심히 살았구나. 후회 없이 살았구나!' 하는 생각에 눈물이 핑 돌았습니다. 감사와 자축의 눈물이었습니다. "이렇게 좋은 날 왜 울어?" 하는 남편의 눈도 역시 젖어 있었습니다. 우리는 앞으로의 10년을 계획해보기로 했습니다. 남편이 이루고 싶은 일, 내가 이루고 싶은 일, 준용이를 위한 일, 재인이를 위한 일들을 각각 나누어 노트에 적었습니다. 그리고 구체적인 기도 제목도 작성했습니다. 결혼 20주년 기념일에 오늘처럼 평가해보기로 약속했습니다. 서로에게 진심 어린 감사의 말을 전하고 우리는 길고긴 포옹을 했습니다. 그리고 잠자리에 들었습니다. 결혼 첫날밤과는 비교도 할 수 없는 최상의 만족과 열락 속에서 우리는 하나가 되었습니다.

다음 날엔 늦게까지 실컷 잠을 잤습니다. 눈을 뜨니 아침 10시였습니다. 체크아웃을 하고 호텔을 나왔습니다. 아침을 먹고 나서 남편은 호텔 맞은편의 아웃렛 몰로 차를 몰더니 나를 보석가게로 데리고 갔습니다. 결혼반지 하나 변변하게 못 해주었는데 10주년 기념으로 예쁜 반지를 선물하고 싶다고 했습니다. 나는 세일 중인 150달러짜리 반지를 하나 골라들었습니다. 반지를 선물하고 싶어하는 남편의 마음이 그대로 전해져 고르지 않을 수 없었습니다. 미진한 얼굴로 보석상을 나온 남편이 나에게 크레딧 카드를 하나 건네주었습니다.

"5천 달러까지 쓸 수 있는 카드야. 그동안 쇼핑 한번 제대로 못 하게 하고 얼마나 미안했는지 몰라. 오늘 아무 생각 말고 쇼핑이나 실컷 해 봐. 나는 차에서 책 읽고 있을게. 하루 종일 걸려도 상관없으니 시간 구애받지 말고!"

그가 떠나고 혼자 쇼핑몰에 남겨지니 어리둥절했습니다. 본래 우리 부부는 함께 다니지 않고 떨어져서 따로 쇼핑하는 것이 더 편했습니다. 결혼 후 몇 번 쇼핑몰에서 다툰 뒤로 그런 습성이 굳어졌습니다. 특별히 함께 사야 할 물건이 있지 않는 한 백화점에서도 만날 시간과 장소를 정한 후 우리는 각자 볼일을 봤습니다.

남편이 주로 가는 곳은 서점과 음악 관련 코너입니다. 그의 취미 중 하나는 클래식 음악 시디를 모으는 것이었습니다. 하나둘 모은 것이 나중에는 수백 장이 되어 한곳에 쌓인 걸 보니 덩달아 흐뭇해지기도 했습니다. 나는 느긋하게 여기저기 구경하며 쇼핑을 했습니다. 엄마 것, 아들 것, 딸 것, 그리고 내 것 하나, 남편 것도 하나 골랐습니다. 세일 품목들 중에서 주로 고르다 보니 170달러 정도를 썼습니다. 그러고는 더 이상 할 일이 없어 쇼핑몰을 빠져나왔습니다.

쇼핑을 즐기는 정도가 되려면 시간과 함께 돈의 여유는 필수입니다. 그런데 나는 이 둘과 거리가 아주 먼 사람이라고 스스로 생각했습니다. 나를 본 남편은 의아한 표정을 지었고 모두 합해 170달러 정도 썼다고 했더니 기가 막혀했습니다.

'크레딧 카드로 물건 사고 나면 누가 대신 돈 갚아주나요? 쓸 때는 좋지만 그게 다 우리가 갚아야 할 빚인데. 당신 마음은 고맙지만 이것으로 충분하네요.'

나중에 남편을 통해 들었는데 호텔 선정도 신경을 많이 썼다고 합니다. 댈러스에서 오스틴을 오가는 사이 그 호텔이 완공되어가는 모습을 유심히 지켜보다가 10주년 기념일을 깨끗한 새 호텔에서 보내기로 결정했다는 겁니다. 큰 쇼핑몰이 가까이 있는 것도 결정 요건 중의 하나였답니다. 알고 보면 꽤 섬세하고 용의주도한 면이 있는 남자였습니다. 늦은 점심을 먹고 집으로 향했습니다. 여러 가지 긴장과 스트레스, 경제적인 어려움, 공부와 일에 쫓기어 정신없이 살아온 우리 부부가 결혼 10년 만에 처음으로 가져본 오붓하고 가슴 설레는 시간을 뒤로하고.

하룻밤 자고 오스틴으로 내려간 남편은 주말이 되어 다시 돌아왔습니다. 그는 선물이라며 내게 쇼핑백을 하나 건네주었습니다. 보기에도 비싼 브라운 컬러의 가죽 재킷이었습니다. 내가 결혼기념 선물을 시원치 않게 골라 성이 차지 않은 남편이 직접 골라온 것입니다. 색깔도 디자인도 마음에 쏙 들었지만 가격표를 보고 입이 딱 벌어졌습니다. 그러나 큰맘먹고 고른 남편의 선물이라 고맙게 받아 입기로 했습니다. 감사하다고, 정말 마음에 드는 옷이라고 몇 번이고 남편에게 치사했습니다.

만남과 결혼, 꿈을 이루기 위한 유학생활, 그 꿈을 이루기 위해 지불했던 땀과 노력의 대가들⋯⋯ 아직 가야 할 길은 멀지만 우리의 지난날은 꿈을 향해 줄기차게 달려온 세월이었습니다. 우리 부부의 결혼 10주년은 산 중턱에서 잠깐 휴식을 취하는 동안 올라야 할 정상을 올려다보며 신발끈을 다시 묶는 시간이었습니다.

두 번째 이야기
열매 맺는 삶을 위하여

삶의 목적 발견하기

　이 세상에 존재하는 모든 것들은 저마다 존재의 이유와 목적을 가지고 있습니다. 그것은 창조자에게서 비롯됩니다. 하나님이 세상을 만드셨습니다. 이 세상을 만드실 때 하나님의 심중에는 목적이 있었습니다. 피조물을 통해 영광을 받으시는 것이었습니다. 하나님이 인간을 창조하실 때 목적이 있었습니다. 인간을 통해서 영광을 받으시는 것이었습니다. 그런데 하나님이 영광을 받으신다는 것이 무슨 뜻일까요? 하나님이 기뻐하시는 일을 한다는 뜻입니다.

　그러면 어떻게 하나님을 기쁘게 해드릴 수 있을까요? 사랑으로 기쁘게 해드릴 수 있습니다. 첫째, 하나님을 사랑함으로, 두 번째, 사람들을 사랑함으로 기쁘게 해드릴 수 있습니다. 하나님은 이것을 위해 우리를 만드셨습니다. 그러므로 이 땅을 사는 동안 우리의 할 일은 사랑하는 일입니다. 위로 하나님 사랑, 아래로 이웃을 사랑하는 일입니다. 이것이 우리를 만드신 목적입니다.

나는 어려서부터 신앙생활을 했지만 하나님의 영광을 위해 사는 삶이 구체적으로 무엇인지를 몰랐습니다. 중학교 1학년 때 예수님 믿고 그분이 너무 좋으니까 아무 뜻도 모르면서 "주님이 기뻐하는 일을 하면서 살고 싶다, 하나님의 영광을 위해 살고 싶다"고 기도했습니다. 그런데 주님이 그 기도를 들으시고 내 소원대로 그분의 영광을 위한 삶을 살도록 한 걸음씩 인도해주셨습니다. 그때부터 내 인생의 목적은 '하나님의 영광을 위해'가 되었습니다.

누구든 삶의 목적이 분명해야 합니다. 그 이유를 미국 국무장관을 지냈던 헨리 키신저 박사는 이렇게 말했습니다. "어디로 가는지 방향을 모르면 어떠한 도로도 당신을 목적지까지 데려다줄 수 없다." 목적은 인생의 방향 설정을 위해 꼭 필요합니다. 목적이 없으면 우왕좌왕하고 시간을 낭비하게 됩니다. 그러나 목적이 있으면 초점을 맞춘 삶을 살게 됩니다. 우리의 노력과 에너지를 한곳에 집중하도록 해주기 때문입니다. 목적이 있으면 삶이 단순해집니다. 무엇을 해야 하고 무엇을 하지 말아야 할 것인지 우선순위가 명확해지기 때문입니다.

목적과 목표를 구별하지 않고 사용하는 경우가 많지만, 엄밀하게 따져보면 분명히 다른 점이 있습니다. 목적은 다른 말로 표현하면 '사명감'이라고 할 수 있습니다. '인생철학이나 신조'라고도 할 수 있습니다. 목적은 이루려고 하는, 혹은 나아가려고 하는 방향을 말합니다. 그런데 목표는 어떤 일을 이루려는 시간상의 한계나 그 시간 내에 완수해야 하는 일들을 말합니다. 목적은 인생 전반에 관한 것이며, 목표는 목적을 향해 가는 과정마다 이루어야 할 크고작은 과업들을 말합니다. 목적은 다소 이상적이고 추상적이고 우주적인 데 비해, 목표는 구체적이고 실질적이며 측정 가능한 것들입니다. 목적은 항해 중인 배를 위한 등대와 같습니다. 비행을 위해 필요한 나침반과 같습니다. 목표는 최종 목적지에 도착하기 전에 거쳐야 하는 중간 역과 같습니다.

  삶의 목적을 찾는 일은 빠를수록 좋습니다. 성취를 위해 그만큼 일찍 준비할 수 있기 때문입니다. 성공한 많은 사람들의 전기를 읽어보면, 그들은 십대에 인생의 방향을 찾고 그 때부터 줄기차게 그 목적을 향해 뛰었던 사람들입니다. 삶의 목적을 발견하는 일은 그 무엇보다도 우선되어야 합니다.

  아직도 목적을 찾지 못하고 고민하는 분들을 위해 릭 워렌 목사님의 『목적이 이끄는 삶』을 추천하고 싶습니다. 또한 위인전기를 많이 읽도록 권하고 싶습니다. 특별히 관심이 있는 분야에서 성공적인 모델을 찾아 집중적으로 관찰하고 연구하라고 권하고 싶습니다. 자서전을 읽는 가운데 통찰력을 얻으므로 목적 설정과 성취를 위한 좋은 지침을 전수받을 수 있기 때문입니다.

목적 달성을 위한 목표 세우기

나는 이 세상 모든 사람이 한 목적을 가지고 태어났다고 믿습니다. '하나님 사랑과 이웃 사랑'을 위해서입니다. 모두가 추구해야 할 목적은 동일한데, 사람마다 다른 것이 있다면 각 개인이 그 목적을 어떤 방법으로 성취하느냐입니다. 모두가 한 방향을 향해 가고 있지만 그 목적지에 이르는 길이 다양하다는 것입니다. 사업가, 공학도, 과학자, 의사, 변호사, 정치가, 교사 등 전문직과 비전문직을 망라하면 수없이 많은 직종들이 있습니다. 직업 종류 사전을 보면 1천 가지가 훨씬 넘는 직종들이 있습니다. 시대가 가고 문명과 기술이 발달할수록 신직종들이 생겨나고 있습니다. 그처럼 다양한 직종들을 제각기 관심 분야와 재능과 은사에 맞추어가면서 조금씩 폭을 좁혀가는 것입니다. 이 일을 위해 하나님의 인도하심을 구하는 기도가 첫 번째가 되어야 하고, 자신이 잘하는 것이 무엇인지 즐거움을 주는 것이 무엇인지 지칠 줄 모르고 집중할 수 있는 것이 무엇인지 살펴야 합니다. 또한 직접 시도도 해보아야 합니다. 재능 검사나 은사 검사를 참고하는 것도 좋은 방법입니다. 특별히 부모와 가족들이 자녀가 가진 재능과 특기, 은사를 발견하도록 관찰을 통해 조언해주는 것은 목표 설정에 중요한 안내 역할을 하게 됩니다.

일단 목표를 설정하고 나면 자신의 목표를 종이에 적는 것이 좋습니다. 이에 대한 이유를 설명해주는 설문 조사가 있습니다. 조사에 따르면, 약 95퍼센트의 사람들이 각기 인생의 목표를 전혀 글로 써본 적이 없으며, 글로 써본 적이 있는 사람은 5퍼센트에 불과했습니다. 그런데 종이에 글로 써본 적이 있는 5퍼센트의 사람들 중 95퍼센트가 인생 목표를 성취했다는 것입니다. 미국의 명문 사립대인 예일대학교에서 시행한 설문 조사 내용입니다. 1953년 예일대학 졸업생들 가운데 3퍼센트가 자신들의 인생 목표를 써서 제출했습니다. 그로부터 20년이 지난 1975년에 목표 달성 결과를 조사하고 분석해보았습니다. 그런데, 20년 전 인생 목표를 써냈던 3퍼센트의 학생들은 목표를 써내지 않았던 나머지 학생들을 모두 합친 결과보다 더 많이 목표 달성에 이르렀다는 사실을 확인했습니다.

나는 대학교 3학년 때 앞으로의 생을 어떻게 살까 고민하며 기도하다가 하나님의 부르심을 감지하게 되었고, 구체적인 인도하심을 구하며 삶의 행로를 설계하기 시작했습니다. 관심 있는 일들을 중심으로 생각해보았습니다. 무엇을 하는 것이 내게 가장 잘 맞는 일인가를 생각했습니다. 그때 나의 관심 분야는 '배움과 가르침'이었습니다. 나는 공부하기를 좋아했습니다. 가르치는 것을 좋아했습니다. 고등학교 때부터 교회에서 학생들을 가르치는 교사가 되었고, 대학을 졸업하고 미국에 올 때까지 여중에서 학생들을 가르쳤는데, 가르치는 일은 내게 큰 보람을 안겨주었습니다. 나름대로 자신감도 있었습니다. 그런데 사역에로 부르심을 받고 보니 자연스레 '기독교 교육'과 연결이 되었습니다. 그 길로 가기로 일단 마음을 정했습니다.

기독교 교육을 공부한다는 큰 목표 아래 그 일을 이루기 위해 구체적인 과정 목표를 정했습니다. 목표를 종이에 기록했습니다. 그때 나는 한국보다는 미국에 가서 공부를 하고 싶었습니다. 미국에 가서 신학교에 입학, 석사와 박사 과정 공부를 하리라고 마음먹었습니다.

미국에 가서 공부하기 위해 나름대로 계획을 세우고 영어 공부를 했습니다. 미국 문화원에 가서 CNN 방송도 시청하고, 시사 주간지인 〈뉴스 위크〉지의 그룹 스터디에 들어가기도 했습니다. 학교 시청각실에 들러 영어 듣기 연습을 했습니다. 토플 책도 사서 틈나는 대로 공부를 했습니다. 유학을 갈 길이 없었지만, 가능성 또한 거의 없었지만 준비를 했습니다.

성취를 향한 비전 품기

비전(Vision)이란 미래를 바라보는 눈입니다. 미래를 내다보는 능력입니다. 이재철 목사님은 "눈에 보이지 않는 것을 볼 수 있는 통찰력"이라 했고, 리치 디보스는 "밝고 낙관적인 미래를 상상하는 능력"이라고 했습니다. 나에게는 비전의 뜻이 무엇인지를 피부로 느끼며 배우게 된 계기가 있었습니다. '패밀리 터치'가 창립된 지 3년이 지나자 사무실 공간이 비좁아 확장해야 하는 시점에 와 있을 때였습니다. 사무실 임대하는 곳을 수소문하다가 드디어 마음에 드는 한 장소를 발견했습니다. 그때 당시에 사용하던 공간보다는 세 배 정도나 더 넓었고, 깨끗하게 단장되어 있어서 그곳으로 결정을 하려던 참이었습니다.

결정하기 바로 전, 패밀리 터치 사역에 이모저모로 충고와 도움을 아끼지 않던 한 분에게 공간을 보여드렸습니다. 그분은 석연치 않은 표정을 지으며 고개를 갸우뚱거리셨습니다. 이 건물 안에 대여하는 다른 공간이 없느냐고 물으셨습니다. 중개인이 말하길 지하실이 현재 비어 있다고 했습니다. 그곳으로 가보자고 했습니다. 위층에서 보았던 공간보다 크기가 두 배라는 사실과 가격이 위층에 비해 싸다는 것을 빼고는 마음에 들지 않았습니다. 지하실을 모두 둘러보신 그분은 나에게 그곳을 임대하는 쪽이 더 좋겠다는 말씀을 하셨습니다. 위층에 있는 사무실은 지금 현재로는 만족하겠지만 패밀리 터치의 성장률로 보았을 때 1년이 지나지 않아 더 큰 공간이 필요할 것이라고 했습니다. 나는 내부 구조며 환경이 너무 열악하다고 말했습니다. 그리고 큰 방이 없어서 마음에 들지 않는다고 했습니다. 그때 그분의 말을 잊을 수가 없습니다.

"나는 건축을 하는 사람이에요. 원장님은 이 사무실의 현재 상태를 보지만 나는 이 사무실이 용도에 맞게 고쳐지고 꾸며진 후를 봅니다. 미래의 완성된 사무실 말입니다."

그 이야기를 들은 나는 충격을 받았습니다. 내가 보는 것과 그분이 보는 것 사이에 엄청난 차이가 있음을 알았기 때문입니다. 그분에게는 현재의 상태를 보지 않고 미래의 상태를 마음으로 그려보는 눈이 있었습니다. 나에게는 가려져 보이지 않는 부분이 그분에게는 선명하게 보였습니다. 그것이 바로 '비전'이란 것입니다.

그분의 조언에 따라 패밀리 터치는 지하실 보수 공사를 마치고 이사를 했습니다. 감당해야 할 재정적인 부담도 있었지만 원하는 모습으로 새롭게 단장된 사무실을 보며 얼마나 기뻤는지 모릅니다. 정말 그분 말씀을 안 들었으면 큰일 날 뻔했습니다. '비전'의 중요성을 깨닫는 값진 기회였습니다.

비전은 우리로 하여금 목표를 달성하도록 열정을 불러일으킵니다. 뿐만 아니라 비전은 우리로 하여금 역경을 극복할 수 있는 힘을 제공해 줍니다. 앤드류 카네기는 한 달에 4달러씩 받고 일을 했으며, 존 록펠러는 주당 6달러씩 받고 일했습니다. 토마스 에디슨은 기차에서 신문을 파는 소년이었고, 베토벤은 듣지를 못 했고, 찰스 디킨스와 헨델은 다리를 절었습니다. 그러나 그들 모두가 장애와 역경을 극복할 수 있었던 것은 그들이 가진 비전 때문이었습니다. 그 비전은 아무도 끌 수 없는 열정의 불꽃이었습니다. 나폴레온 힐이 말했습니다. "비전과 꿈을 키우시오. 그것들은 당신의 영혼이 낳은 자녀이기 때문이오. 또한 당신의 궁극적 목표가 이루는 청사진이라오."

비전을 갖되 젊고 어린 시절에 빨리 가질수록 좋습니다. 빌 게이츠는 대학교 때 세계 모든 가정에 컴퓨터가 들어갈 것을 예견했습니다. 록펠러는 30년을 미리 내다볼 수 있는 능력을 하나님이 주셨다고 고백했습니다. 타이거 우즈는 다섯 살 때 돈 벌어서 남을 주어야겠다는 결심을 하며 꿈을 키웠다고 합니다. 열일곱 살에 꿈을 꾸었던 요셉, 열다섯에 예수를 믿고 중국 선교에 대한 비전을 갖게 된 선교사 허드슨 테일러, 역시 열다섯 살 때 예수님을 영접하고 위대한 설교자로서의 꿈을 키웠던 찰스 스펄전, 열세 살 때 하나님께서 보여주신 비전으로 인해 세계 선교를 꿈꾸었던 국제 YWAM의 창설자 로렌 커닝햄, 이 밖에 하나님께 쓰임받은 수많은 사람들과 자신의 분야에서 전설적인 업적을 이룬 사람들은 어린 시절부터 확고한 비전을 갖고 그것을 키워나간 이들이었습니다.

유학을 가기로 마음은 정했지만 우리 집 형편에는 유학을 도저히 꿈꿀 수가 없었습니다. 길이 없었습니다. 하지만 나는 굽히지 않았습니다. "뜻이 있는 곳에 길이 있음"을 믿었기 때문입니다. 반드시 길이 생기리라 믿었습니다. 길을 내는 방법은 기도밖에 없었습니다. 기도 응답에 대한 성경구절들을 외웠습니다. 그중에 특별히 두 구절을 골랐습니다. 누가복음 11장 9절에서 10절의 말씀과 이사야 43장 19절 말씀이었습니다.

"내가 또 너희에게 이르노니 구하라 그러면 너희에게 주실 것이요 찾으라 그러면 찾아낼 것이요 문을 두드리라 그러면 너희에게 열릴 것이니 구하는 이마다 받을 것이요 찾는 이는 찾아낼 것이요 두드리는 이에게는 열릴 것이니라."

"보라 내가 새 일을 행하리니 이제 나타낼 것이라 너희가 그것을 알지 못하겠느냐 반드시 내가 광야에 길을 사막에 강을 내리니."

구하는 이에게 주시는 하나님, 광야에 길을 내시는 하나님, 사막에 강을 내시는 하나님, 불가능을 가능으로 바꾸시는 하나님! 나는 그 하나님이 너무 좋았습니다. 내 삶에 없던 길을 새로 만드시는 하나님! 그 하나님 생각하면 흥분하지 않을 수 없었습니다. 그 하나님을 생각하며 틈나는 대로 기도했습니다. 마음에 꿈을 가득 품고서 새벽에도 퇴교 길에도 교회에 갔습니다. 『성공하는 사람들의 7가지 습관』의 저자인 스티븐 코비 박사는 이렇게 말했습니다. "모든 일은 두 번씩 창조된다. 첫 번째 창조는 마음속의 창조이다. 두 번째 창조는 현실로 나타나는 것, 즉 물리적인 창조이다. 특히 마음속의 창조는 건물을 짓기 전에 청사진을 만들고, 연극을 상연하기 전에 각본을 쓰고, 비행기가 출발하기 전에 비행 계획을 작성하는 것과 비슷하다."

나는 목표를 설정한 뒤 그 목표가 성취될 것이라는 믿음을 간직하고 갈망하며 코비 박사의 말처럼 마음속에서 첫 번째 창조를 했습니다. 꿈꾸는 일이었습니다. 원하는 미래의 모습을 꿈꾸는 일이었습니다. 파울로 코엘료의 『연금술사』에 나오는 말입니다. "자네가 무언가를 간절히 원할 때, 온 우주는 자네의 소망이 실현되도록 도와준다네."

목표를 달성할 때까지 포기하지 않기

고등학교 때 내 별명은 '오뚝이'였습니다. 이것은 내가 직접 지은 별명이었습니다. 오뚝이처럼 다시 일어나는 정신으로 인생을 살고 싶은 마음의 소원에서였습니다. 그래서 오뚝이 인형을 사다 책상 앞에 놓아두었습니다. 별명 때문인지 어릴 적부터 나는 유난히도 잘 넘어졌습니다. 그때마다 손바닥을 털고 일어나면서 말했습니다. "오뚝이처럼 다시 일어나는 거야."

지금 생각하면 참 우습습니다. 어린 게 뭘 안다고 그랬는지. 위인전기를 읽으면서도 실패에서 다시 일어나는 에디슨, 다시 시도하는 아인

슈타인, 포기하지 않고 다시 일어나는 링컨 대통령이 참 멋있어 보였습니다. 위대해 보였습니다. 부러웠습니다. 그런데 그들 모두를 성공하게 한 힘은 쓰러진 자리에서 포기하지 않고 다시 일어선 '칠전팔기'의 정신 때문이었다고 했습니다. 나도 그런 자세로 세상을 살고 싶었습니다. "대저 의인은 일곱 번 넘어질지라도 다시 일어나느니라."(잠언 24:16)

그러나 목표를 세워놓고 포기하고 싶은 적도 많았습니다. 너무 힘들고 지치면 포기하고 싶었습니다. 편하게 살고 싶은 생각 때문에 포기하고 싶었습니다. 그럴 때마다 하나님은 나로 하여금 포기하지 않도록 힘을 주셨습니다. 남편을 통해, 환경을 통해 그렇게 하셨습니다. 박사 과정 중 정말 공부를 그만두고 싶은 때가 있었습니다. 심신이 지치고 경제적으로 어려움을 겪을 때 포기하고 싶었습니다. 딸 재인이를 임신했을 때, 퉁퉁 부은 몸을 가누며 수업을 듣고 밤샘 숙제를 해야 했을 때, 앞뒤 돌아보지 않고 당장 그만두고 싶었습니다. 그때마다 남편은 냉정하고 단호하게 말했습니다. "절대 포기해서는 안 돼. 너무 힘들면 잠깐 쉴 수는 있겠지만 '포기'만은 안 돼요. 힘들면 한 학기고 두 학기고 한 번 쉬어봐요." 남편의 그 말이 포기하고 싶은 순간 저를 지탱해주었습니다. 오뚝이 별명이 나를 지켜주었습니다. 그리고 내 삶을 이끄는 목적이 나로 하여금 포기하지 않게 해주었습니다.

루즈벨트 대통령과 더불어 제2차 세계대전을 승리로 이끈 전쟁 영웅이자 영국의 수상이었던 윈스턴 처칠, 『제2차 세계대전』을 써서 노벨 문학상을 받았던 그가 한 졸업식에 참석하여 했던 연설인데 이것은 가장 짧지만 힘있는 연설이었습니다. "결코, 결코, 결코 포기하지 말라"

는 것이었습니다. 목표를 설정하고 그 목표를 이루기 위해 달려가는 분들에게 이 메시지를 드리고 싶습니다. "조금만 더 참으십시오. 멈추지 마십시오. 다시 일어나십시오. 목표 지점에 이를 때까지 계속 전진하십시오. 당신의 생애에서 포기라는 단어를 제거하십시오."

정상까지 올라가기

아들 준용이가 UCLA를 졸업하고 뉴욕의 맨해튼에서 직장생활을 시작할 무렵 재인이는 고등학교 2학년이었습니다. 여름방학 동안 재인이가 당시 회장직을 맡고 있던 크리스천 클럽의 선후배들을 중심으로 2주 동안 베네수엘라 단기 선교를 다녀왔습니다. 가족이 함께 모여 가정예배를 드린 후 재인이가 베네수엘라 단기 선교에서 받은 은혜와 도전들에 대해 이야기를 나누었습니다.

"하나님께서 부족한 우리를 사용해주신 게 감사해요. 그곳에서 일하시는 선교사님들과 이번 선교활동을 위해 우리 팀을 도와준 그곳 교회 교인들의 사랑에 감동받았어요. 조금만 사랑을 주어도 마음을 여는 순수한 아이들의 영혼을 바라보며 그들을 위해 할 수 있는 일이 무엇일까 생각해보았어요. 그곳에 가보니 나와 비슷한 나이의 청소년들이 벌써 서너 명 정도의 아이를 둔 부모들이 되어 있었고, 미래에 대한 희망도 없이 남자아이들은 마약과 술에 찌들어 있었어요. 또 여자아이들은 성의 도구가 되어버린 안타까운 모습을 여러 곳에서 보았는데 마음이 너무 아팠어요. 근데 엄마, 그처럼 불쌍한 나라와 그곳에서 자라고 있는 아이들을 도우려면 무슨 공부를 해야 할까요?"

그동안 재인이는 사회복지에 관심이 많았습니다. 나의 영향인지 아빠의 유언 영향인지 모르지만 불쌍한 사람들을 보면 마음이 동하는 아이였습니다. 자원봉사를 열심히 했던 이유도 그중의 하나였습니다. 또한 학생들에게 국제 문제를 어떻게 풀어가야 할 것인지 도전하고 모의 문제를 만들어 그 문제를 해결하도록 자극하고 격려하는 '모델 유엔(Model UN)'을 통해서 받은 영향이기도 했습니다. 내가 먼저 말문을 열었습니다.

"재인아, 그런 아이들을 도우려면 사회복지나 상담 또는 교육을 공부하는 게 좋겠지? 근데 거기에는 많은 한계가 있어. 직접 현지에서 일하는 교사나 상담가, 사회복지사가 된다면 도와줄 수 있는 아이들의 수나 지역, 혹은 네가 도울 수 있는 방법상의 한계가 있다는 말이지. 여러 나라를 돕고 싶거나 가난한 지역의 많은 사람들을 돕고 싶다면 국제적인 스케일의 일을 할 때 가능해져. 한 나라의 정책에 영향을 미치려면 그만큼 정책결정과 집행과정에 영향력을 미치는 위치에 있어야 그 일이 가능해지지. 교육계에 영향을 미치려면 교육 행정이나 교육 개혁을 위한 이론과 방법론을 연구해야 할 것이고, 국제 정치나 행정 혹은 국제법이나 사회복지법 등을 공부하면 네가 원하는 일들을 여러 방면에서 할 수 있을 거야."

"그렇다면 엄마, 유엔에서 일을 하게 되면 그 일이 가능할까요?"

"그럼. 그런 일을 하기에 유엔은 아주 좋은 곳이지. 그 외에도 가능한 일들이 많이 있겠지만 말이야. 유엔에서 일하려면 우리 재인이 공부 많이 해야겠네. 그것도 좋은 학교에서……."

"목표를 높은 곳에 두어라. 높이높이 날아라, 성취를 극대화하라." 우리 가족은 지난 몇 달 동안 가정예배 시간이면 창세기를 중심으로 요셉의 생애를 함께 읽고 배우는 시간을 가졌습니다. 요셉은 꿈 때문에 구덩이에 던져지고 애굽의 종으로 팔려가는 밑바닥 인생이 되었으며 보디발의 집에서 감옥으로, 감옥에서 궁전으로 옮겨가는 순간까지 파란만장한 삶을 살았습니다. 그런 그의 생애를 살펴보면서 정상을 향해 가는 자가 갖추어야 할 자질이 무엇인지, 준비해야 할 것들이 무엇인지, 피해야 할 것들이 무엇인지를 배웠습니다. 그리고 정상까지 올라가야 함의 중요성에 대해서도 이야기했습니다. 아이들에게 어렵고 힘들어도 정상까지 올라가자고 도전을 했습니다.

혹독한 시련과 고난을 통과한 요셉에게 애굽의 2인자의 자리에 오르는 순간이 찾아왔습니다. 정상에 오르는 순간이 온 것입니다. 애굽의 왕 바로가 요셉을 국무총리 자리에 앉힐 때 한 말입니다. "너는 내 집을 다스리라 내 백성이 다 네 명령에 복종하리니 내가 너보다 높은 것은 내 왕좌뿐이니라."(창세기 41:40) 바로 왕은 자신보다 더 실질적인 권한을 가진 자가 요셉이라고 말했습니다. 바로 왕 자신은 보좌가 갖고 있는 상징성 때문에 왕이지, 요셉의 영향력이 훨씬 더 크다는 것입니다. 왕의 말과 같이 요셉의 영향력이 애굽 온 땅에 미쳤습니다. 그뿐이 아닙니다. 애굽의 주변 나라들과 요셉의 조국인 가나안 땅까지 미쳤습니다. 요셉이 차지한 정상은 요셉 자신의 부귀영화나 권력을 행사하도록 주어진 것이 아니었습니다. 나눔과 베품을 위해서 하나님이 주신 자리였습니다.

낮은 곳에서 올라가면 올라간 만큼 멀리 볼 수 있습니다. 낮은 곳에서 올라가면 올라간 만큼 영향력의 원이 확대됩니다. 영향력의 지경이 그만큼 확대됩니다. 한국의 지도자가 되면 한국에 영향을 미치고, 미국의 지도자가 되면 지도자의 영향력이 미국에 미칩니다. 세계의 지도자의 자리에 오르면 그 영향력이 세계로 확대됩니다. 자신이 몸담고 있는 전문분야에서 정상의 위치에 오르면 그 사람은 적어도 그 분야에 미치는 영향력을 극대화할 수 있습니다.

어떤 직종이든 내가 바닥에서 올라간 만큼의 크기가 영향력을 미치는 범위를 결정합니다. 이런 이유 때문에 나는 할 수만 있다면 정상까지 올라가고 싶습니다. 기회가 주어지는 대로 정상까지 올라가고 싶습니다. 힘들고 피곤해도 올라가고 싶습니다. 이유는 단 하나, 영향력의 확대를 위해서입니다. 지경의 확장을 위해서입니다. 이것이 바로 내가 성장해야 하는 이유이고 '패밀리 터치'가 성장해야 하는 이유입니다.

세상에 지워지지 않을 영향력을 미치기 원하는 사람들에게 정상까지 올라가라고 도전하고 싶습니다. 권력이나 야망, 자신의 사리사욕을 채우기 위해서가 아닙니다. 선한 영향력을 끼치기 위해서, 그리고 그 영향력의 범위를 땅끝까지 넓히도록 하기 위해서입니다. 정상의 자리는 지배하고 군림하는 자리가 아닙니다. 정상의 자리는 섬김의 자리입니다. 섬기기 위해서 정상까지 올라가라는 것입니다.

섬김과 나눔으로 열매 맺기

궁극적인 삶의 목적은 사랑에 있습니다. 궁극적인 성공의 목적은 사랑 실천에 있습니다. 하나님을 사랑하고 이웃을 사랑할 때 인간은 행복합니다. 사랑 속에서 의미를 발견하기 때문입니다. 사랑 속에서 자신의 존재 가치를 발견하기 때문입니다. 우리는 단순히 자신의 만족만을 위해 지음받은 존재가 아닙니다. 우리는 사랑을 위해 지음받은 존재입니다. 그런데 사랑의 구체적인 표현은 나눔과 베풂입니다.

성공이나 행복에 관해서 이야기하는 책들은 거의 예외 없이 '나눔과 베풂'의 중요성을 강조합니다. 저자가 기독교인이든 비기독교인이든 성공에는 나눔이 따라야 한다는 사실을 이야기합니다. 세계 제1의 부자 빌 게이츠는 성공한 사업가로서 최정상에 올랐습니다. 그가 가진 부의 영향력이 전 세계에 미쳤습니다. 102개국의 6만 명이 넘는 사람들에게 직장이 주어졌고, 전 세계에 컴퓨터를 통한 네트워크가 형성되었으며, 퍼스널 컴퓨터 시대의 문을 활짝 열어주었습니다.

그의 능력과 기술, 그리고 그가 가진 부가 이 같은 영향력을 산출해냈지만, 그보다 더 크게 영향을 미친 것은 그가 설립한 자선사업 단체 '빌 멜린다 게이츠 파운데이션'에서 찾을 수 있습니다. 그는 최근 5백억 달러의 자산 가운데 자신의 가족을 위한 1천만 달러 외에는 모두 세상에 환원하기로 결정했습니다. 또한 촌각을 다투는 바쁜 일정 속에서도 매주 15시간 정도를 따로 떼어내 자선사업 참모들과 시간을 보낼 정도로 자선사업에 열을 올리고 있습니다. 그가 운영하는 자선단체의 기금 중 60퍼센트는 전 세계 빈민들의 건강을 위해서 사용되는데, 그 일과 직접 관련이 있는 세계 보건 기구는 "빌 게이츠 파운데이션의 적극적인 참여로 지구촌 건강이 현저하게 달라지고 있다"고 말했습니다. 그는 거기서 멈추지 않습니다. 2008년에는 자선사업에 더 많은 시간과 에너지를 투자하기 위해 마이크로소프트 회장직을 그만두겠다고 발표했습니다.

빌 게이츠의 충격적인 발표에 뒤이어 세계 제2의 부자인 워렌 버핏도 자신의 재산 가운데 85퍼센트가 되는 310억 달러를 빌 게이츠 재단에 기부하기로 결정했습니다. 그처럼 거액을 기부하기로 한 동기는 빌 게이츠가 운영하는 자선단체의 활동을 보며 감명받았기 때문이라고 말했습니다. 자신의 재산과 남은 생애를 가장 보람 있는 일에 쓰기로 결단한 빌 게이츠와 자신의 돈을 가장 보람 있는 일에 가장 잘 쓸 것으로 믿고 맡기는 버핏과의 의기투합은 전 세계 방방곡곡에 걸쳐 건강증진과 교육에 혁신을 가져올 것입니다. 그들의 나눔과 베품은 세상을 더 밝고 아름답게 할 것입니다. 생명을 살리는 일과 미래의 지도자를 키우는 일에 투자하는 그들의 나눔은 오고가는 세대에 결코 잊히지 않는 귀감이 될 것입니다.

베풀기를 즐겨하는 사람들, 나누기를 기뻐하는 사람들은 돈이 고여 있으면 썩는다는 것을 아는 사람들입니다. 돈을 계속 나누고 선한 일에 사용하면 다시 돌려받게 된다는 사실을 아는 사람들입니다. 유통의 원리를 아는 사람들입니다. 나눔과 베품은 확실한 보상이 따르는 재투자이며 가장 소득이 높은 투자임을 아는 사람들입니다. 『긍정의 힘』의 저자 조엘 오스틴 목사님은 이렇게 말합니다. "남에게 베풀 때 우리는 하나님의 창고에 은혜를 쌓고 있는 것이다. 우리가 어려울 때 하나님은 그 창고에 쌓인 은혜를 꺼내 우리에게 돌려주신다. 오늘 당장은 어려움이 별로 없는가? 그렇다면 얼마나 큰 복인지 모른다. 그렇다 하더라도 베풀기를 멈추지 말아야 한다. 미래를 대비해야 하기 때문이다. 열심히 베풀어놓으면 우리가 어려울 때 하나님이 나서서 도와주실 것이다. 베푸는 행위는 보험에 드는 것과 비슷하다. 베푸는 일은 하나님의 은혜를 저장해놓는 일과 같다."

이에 대해 성경은 이렇게 말씀하고 있습니다. "가난한 자를 보살피는 자에게 복이 있음이여 재앙의 날에 여호와께서 그를 건지시리로다."(시편 41:1)

나눔과 베품에 있어서 우리가 간과해서는 안 되는 것이 있습니다. 빌 게이츠나 워렌 버핏처럼 성공한 사람만 나누는 것이 아니라는 사실입니다. 부자만 나누는 것이 아닙니다. 돈만 나누는 것도 아닙니다. 지식도, 경험도 나누는 것입니다. 재능과 은사도 나누고 시간도 나누는 것입니다. 꿈도 나누는 것입니다. 이런 면에서 볼 때 나누지 못할 만큼 아무것도 가지지 못한 사람은 세상에 없습니다. 우리는 모두 누군가에게 줄 수 있는 무엇인가를 갖고 있습니다. 많이 가진 자도 적게 가진 자도 가진 것 중의 일부를 나누어야 합니다. 미국인의 평균 기부금은 연간 1,894달러로 세계 최고입니다. 남부나 서부 지역은 연간 2,200달러 이상이며 세계 경제의 중심지라고 불리는 뉴욕과 뉴저지 주의 평균 기부금은 1,404달러라고 합니다. 이 통계는 우리가 나누는 기부금이 전체

평균 기부금에 어떤 영향을 미치는지 생각하게 만듭니다.

  나눔과 베품은 씨를 뿌리는 일입니다. 열매를 기대하며 씨를 뿌리는 일입니다. 30배, 60배, 100배의 결실을 기대하며 나를 통해서 축복의 열매가 거듭거듭 맺히도록 축복의 씨를 뿌리는 것입니다. 은혜가 다른 사람들에게 계속적으로 전달되도록 은혜의 씨를 뿌리는 것입니다. 사랑으로 생명을 살려내고, 사랑으로 아픔을 치료하고, 사랑으로 변화되기를 바라며 사랑의 씨를 뿌리는 것입니다. 사랑으로 세상이 아름다워지도록 씨를 뿌리는 것입니다.

  패밀리 터치는 씨 뿌리는 일을 위해 세워졌습니다. 섬김과 나눔의 사랑 실천을 위해 세워졌습니다. 패밀리 터치의 사명은 "영원한 것을 위해 가정을 터치한다(Touching Families for Eternity)"입니다. 그래서 이름을 '패밀리 터치(Family Touch)'라고 정했습니다. 상담을 통해 가정을 치료하고 교육을 통해 가정을 건강하게 세워주면 건강해진 가정이 또 다른 가정을 일으켜 세워주고, 그 가정이 또 다른 가정을 세웁니다. 이렇게 해서 계속적으로 바통이 이어져가 지구상의 수많은 가정들에까지 그 영향력이 미칠 것을 기대하며 그 비전을 가지고 날마다 씨를 뿌리고 있습니다.

즐겁고 기쁠 때는 우리에게 속삭이시는 하나님의 음성을 잘 듣지 못합니다.
고통이라는 메가폰으로 말씀하시는 하나님 앞에 그제야 우리는 시선을 맞춥니다.
하나님을 향해 우리의 영혼과 삶의 조율을 시작합니다.
이것이 바로 고난이 주는 유익입니다.
고통은 자기 자신이 아니라 하나님이 삶의 주인이라는 걸 배우는 과정입니다.

2부
고난, 선물입니다!

"하나님은 쾌락 속에서 우리에게 속삭이시고, 양심 속에 말씀하시며,
고통 속에서 소리치십니다.
고통은 귀먹은 세상을 불러 깨우는 하나님의 메가폰입니다."
— C. S. 루이스

세 번째 이야기
고난, 선물입니다!

고난의 전주곡

1995년 여름방학을 맞아 나는 준용이와 함께 오스틴에 있는 남편에게 갔습니다. 일주일 예정이었습니다. 부자는 함께 서점에 가는 걸 좋아해서 그날도 산책 가듯 서점 나들이를 했습니다. 남편이 그날 고른 건 스티븐 호킹 박사의 책이었습니다. 준용이에게 스티븐 호킹 박사의 책을 읽어주는 남편의 모습을 보고 그냥 심상하게 넘겼습니다. 아빠가 어린 아들에게 책을 읽어주는 평온한 일상 속에 상상할 수도 없는 무서운 일이 숨어 있으리라는 걸 어떻게 알았겠습니까.

스티븐 호킹은 1942년에 태어나 옥스퍼드 대학을 졸업하고 케임브리지 대학원에서 박사학위 과정을 밟던 스물한 살 때 병마의 습격을 받았습니다. 몸속의 운동신경이 차례로 파괴되어 전신이 뒤틀리는 근위축증 진단과 함께 앞으로 1, 2년밖에 살지 못한다는 시한부 인생을 선고받았습니다. 그러나 그의 학문과 삶은 중단되지 않았습니다. 그는 몸속에서 나날이 진행 중인 병마에 굴복하지 않고 더욱 가열차게 연구를 계속하여 마침내 뉴턴, 아인슈타인의 뒤를 잇는 물리학계의 거장이 되었습니다. 그는 '양자 역학'과 '상대성 이론'을 하나로 통합하는 '양자 중력론' 연구에 몰두했으며, 수십 권에 달하는 저술을 통해 어렵디어려운 물리학을 대중들이 쉽게 이해하도록 하는 데 기여했습니다.

남편은 아이에게 그의 생애를 소개하며 그림과 사진을 곁들인 어린이용 과학책들을 보여주었습니다. 고난 속에서 이처럼 놀라운 업적을 남긴 그를 침이 마르도록 칭찬하며 아들에게 스티븐 호킹이 졸업한 옥스퍼드 대학과 케임브리지 대학 진학에 대한 꿈을 심어주려는 것 같았습니다. 하지만 일곱 살짜리 어린 아들에게는 너무 무겁고 어려운 삶과 이론이었습니다. 아빠는 왜 하필이면 그 많은 과학자 가운데 스티븐 호킹의 삶과 학문을 아들에게 소개했을까? 우연이었을까? 아니면 앞으로 자기 삶에 일어날 일을 예견했던 것일까? 아무리 생각해봐도 우연이라고 할 수는 없을 것 같습니다.

살아오면서 사실 꽤 오랫동안 나를 괴롭히는 문제가 있었는데 그것은 한 단어로 표현하면 '고난'이었습니다. 신학 공부를 하고 성경의 인물들을 연구하면서, 그리고 신학자와 철학자를 비롯하여 위대한 인생 선배들의 책을 읽으며 깨달은 사실이 있습니다. 그들은 거의 예외 없이 고난의 길을 걸었다는 사실입니다. 히브리서 11장에 기록된 믿음의 조상들은 말할 수 없는 시련과 고통과 고난 속에서 믿음으로 그것들을 극복한 사람들이었습니다.

  그들의 삶과 신앙 여정을 바라보며 한 가지 의문이 생겼습니다. '성숙한 믿음의 사람이 되기 위해 고난은 꼭 필요한 것인가? 고난 없이는 하나님께 쓰임받는 일이 불가능한 것인가? 성숙한 믿음을 갖고 싶은데 고난은 싫다. 될 수 있으면 고난은 당하고 싶지 않다. 고난 없이 주님께 나의 믿음을 인정받을 수는 없을까?' 주변 사람들의 사는 모습을 보다가도, 책을 읽다가도 '고난'이란 단어만 나오면 나도 모르게 민감해졌습니다. 피하고 싶은 마음과 어쩌면 꼭 밟아야 하는 과정일지도 모른다는 생각 속에서 불안감을 떨칠 수 없었습니다.

알고 난 뒤의 충격

  호사다마라고 했던가요? 남편의 박사논문 마감을 얼마 앞둔, 그러니까 우리 부부가 결혼 10주년을 즐겁고 멋지게 보낸 바로 그 무렵 남편의 몸에 이상한 증상이 나타났습니다. 오른손에 힘이 없어지는 것입니다. 무겁고 부피가 큰 물건을 떨어뜨리는 일이 잦더니 점점 작은 소지품으로 옮아갔습니다. 공부를 하다가 펜을 떨어뜨리거나 식사 중에 숟가락을 놓치는 일이 자주 일어났습니다. 남편의 그런 모습을 목격할 때마다 이상하게 가슴이 철렁했습니다. 주변 사람들은 걱정 말라고 했습니다. 그 모든 증상이 스트레스에서 생기는 것이라며, 논문을 쓰다가 갑자기 눈이 먼 사람이라든가 입이 돌아갔던 사람들이 논문을 마친 다음 거짓말처럼 멀쩡하게 돌아온 사례들을 열거했습니다. 그래도 걱정이 되어 학교 보건소를 찾아 피검사 등 간단한 검진을 받았지만 특별한 이상은 발견되지 않았습니다.

그 후 몸은 계속 나빠져 4월 말경에는 오른손을 거의 쓸 수 없게 되었고 6월부터는 왼손에도 비슷한 증상이 나타나기 시작했습니다. 더 이상 테니스도 칠 수 없었습니다. 그러나 논문 쓰는 일은 중단할 수가 없어 왼쪽 손가락 두 개로 컴퓨터 자판을 쳐서 간신히 마무리 단계에 들어갔습니다.

그런데 병원 예약일이 가까워지면서 갈등이 생겼습니다. 우리는 스트레스로 말미암은 일시적인 증상이라 생각했기 때문에 논문만 마치고 나면 금방 회복될 거라고 믿었습니다. 비싼 진료비에 대한 부담도 적지 않았습니다. 그래서 학위를 받으면 바로 귀국하여 한국의 병원에서 검진을 받기로 생각을 바꿨습니다. 그러는 사이 남편의 몸은 점점 더 나빠져 논문을 제출하던 8월 중순경에는 양손을 전혀 쓸 수 없을 정도가 되었습니다. 남편을 위해 내가 모든 일을 대신해야 했습니다.

기쁨과 두려움

끝이 보이지 않는 터널과도 같았던 남편의 박사논문 과정이 드디어 끝났습니다. 그 기쁨을 만끽할 새도 없이 10년간의 유학생활을 마감하고 남편은 9월 1일, 비행기에 몸을 실었습니다.

호남 신학대학에서 4일부터 강의를 하기로 일정이 잡혀 있었습니다.

남편은 충분한 휴식을 취하면 병세가 호전되리라 믿어 의심치 않았습니다. '종교개혁'에 관한 논문들과 함께 한국 교회의 문제점들을 나름대로 진단하여 체계적으로 정리했습니다. 한국 장로제도의 재조정과 평신도 사역의 중요성을 절감하며 한국 교회의 변화를 다각도로 모색했습니다. 이제 10년간의 연구결과를 널리 알리고 대학 강단과 교회 등 그가 서고 싶은 곳에서 직접 실천해볼 일만 남았습니다.

사랑하는 가족을 미국에 두고 혼자 귀국길에 오른 남편은 오랫동안 그리워했던 부모님과 형제자매를 만나 즐거운 시간을 가졌습니다. 그러나 그런 즐거움도 잠시, 불편한 몸으로 인하여 겪어야 하는 문제들이 한두 가지가 아니었습니다. 목요일의 네 시간 강의를 위해 남편은 왼쪽 손가락 두 개로 하루 종일 컴퓨터 앞에서 강의안을 짜느라 씨름했습니다. 시내버스를 타고 가다가 급커브나 급정차에 좌석에서 굴러떨어지기도 여러 번, 앉을 자리가 없어 서 있다가 중심을 잃고 넘어지거나, 심지어는 다 내리지도 않았는데 버스가 출발하여 승강장에서 내동댕이쳐지는 일도 있었습니다. 듣기만 해도 식은땀이 흐르는, 위험하기 짝이 없는 순간들이었습니다.

그의 건강이 좀처럼 좋아질 기미가 보이지 않자 지켜보기만 하던 형제들이 종합병원에 가서 정밀검진을 받아보자고 그의 등을 떠밀었습니다. 한 개인병원에서는 유전질환이라는 진단을 받았고, 전남대학교 병원에서는 모든 검사를 받는 데 2개월이 걸린다고 하여 검진받기를 포기했습니다. 서울의 종합병원들은 서너 달 전에 예약을 해야 한다고 해서 아는 분의 소개로 수원 아주대학교 병원을 찾았습니다.

11월 23일에 입원하여 나흘 동안 검사를 받는데 이상하게도 주치의는 남편의 병명에 대해 한마디도 언급하지 않았습니다. 한 여자 수련의가 희귀병일지도 모른다고 했다는데, 어느 날 아침 형제들이 모두 함께 병원에 모였습니다. 지방에 사는 형님도 비행기를 타고 와서 남편은 이상한 느낌이 들었다고 했습니다. 나중에 안 사실이지만 그 전날 여동생이 병원에서 병명을 듣고 형제들에게 급히 알린 것입니다. 영문도 모르고 가족에게 둘러싸여 집으로 돌아온 남편에게 형제들은 삼성의료원에서 다시 검진해볼 것을 권했습니다. 치료방법이 없다는 근위축증, 불치병 판정을 믿을 수가 없었던 것입니다. 그러나 재검진 결과도 똑같았습니다.

검사 3주 후 남편은 직접 전문의로부터 진단 결과를 들을 수 있었습니다. 병명은 '근위축증(A. L. S. 혹은 Motor Neurone Disease)'으로, 모든 근육이 눈 녹듯이 사라져 점점 움직일 수 없게 되는 병입니다. 발병 원인도 알려져 있지 않고, 손이나 다리에서부터 시작하여 근육이 서서히 위축되어가다가 급기야 호흡이 불가능해져 죽음에 이른다는데 한국에만 해도 2, 3천 명의 환자가 있으며 별다른 치료방법이 없다는 것입니다. 더 이상 병원에 올 필요가 없다는 이야기였습니다. 환자들은 발병 후 대부분 1년에서 3년 정도 살다가 죽음을 맞는데, 더욱 기가 막힌 건 남편의 경우 다른 환자들보다 병의 진행 속도가 훨씬 빠르다는 것이었습니다.

남편은 처음 자신의 병명을 듣는 순간 '아! 이렇게 사람이 죽는구나!' 하는 생각과 함께 큰 충격을 받았다고 합니다. 몸에서 점점 힘이 빠져나가고 컴퓨터 자판을 치는 것조차 힘에 겨울 정도로 쇠약해졌는데도 이런 결과는 전혀 예상 못 했답니다. 미국에서 공부하게 된 것도, 어려운 과정 중에 박사학위를 마치게 된 것도 전부 주님의 뜻이요 인도하심이라 믿고 있었던 그로서는 어쩌면 당연한 일이었습니다. 앞날이고 뒷날이고 전부 주님 뜻에 맡기고 있는데 죽음이라니!

그가 한국에 머물러야 할 이유가 사라졌습니다. 두 손을 거의 쓸 수 없게 된 그로서는 앞으로 강의는커녕 언제까지 자신의 발로 걸어다닐 수 있을지조차 모르는 상황에 처하게 된 것입니다. 1월 이후에는 학회에도 참석하지 않았습니다. 논문 발표 후 다들 함께 식사를 하는데 불편한 모습을 다른 동료 교수들에게 보이고 싶지 않아서였습니다. 학교에 이력서를 제출할 엄두도 내지 못했습니다. 형제들과 부모님께 부담을 드리는 것도 싫은 그로서는 미국에 있는 가족 곁으로 돌아오는 수밖에 다른 길이 없었습니다.

"뭐라고요? 불치병, 희귀병이라고요?" 처음 남편의 전화를 받고 나는 눈앞이 깜깜했습니다. 수화기를 떨어뜨릴 뻔했습니다. 아무 말도 할 수가 없었습니다. 그를 위로할 말도 떠오르지 않았습니다. 근위축증 판정은 내가 받은 것이나 마찬가지였으니까요. 그만큼 충격이 컸습니다. 가슴이 무너져내렸습니다.

전화를 끊고 어지러워 잠시 소파에 몸을 기댔습니다. 시간이 얼마나 흘렀을까요? 우리에게 닥친 이 믿을 수 없는 상황을 어떻게 해석해야 할까 하는 데 생각이 미쳤습니다. 혼자 읊조렸습니다. "오히려 다행인지 몰라! 병원 다니느라 에너지 낭비, 시간 낭비, 돈 낭비 하지 않고 오직 하나님께만 매달리게 되었으니! 병을 꼭 낫게 해주시겠지? 하나님이 고치지 못할 병이 어디 있겠어!"

하루에도 몇 번씩 희망과 절망 사이를 오갔습니다. 모든 것이 주님의 뜻이라고 찬양하며 감사하다가도 문득 고개를 드는 의문과 불안감에 다시 가슴이 무너졌습니다. 꿈에서도 상상해보지 못한 일이 내 인생에 찾아왔습니다. 내가 이럴진대 남편의 마음은 어떨까 생각하니 가슴이 미어졌습니다. 공부는 죽을 때까지 계속해야 하는 거지만 이제부터 자신의 뜻을 펼칠 일만 남아 있다고 가슴 부풀었던 사람입니다. 강의와 집필 계획 등이 힘이 모두 빠져나간 그의 손가락 사이로 전부 빠져나가고 그는 이제 주먹을 쥐기조차 힘든 몸이 되었습니다. 죽을 둥 살 둥 10년 동안 공부해서 받아낸 박사학위가 아무 소용 없게 되었습니다.

안개가 잔뜩 낀 듯한 미로 속에서 고통스런 시간을 보내는 사이 열한 번째 결혼기념일이 다가왔습니다. 아직 한국에 머물고 있는 남편에게 위로의 편지를 썼습니다. 빨간 장미 한 송이가 그려진 예쁜 편지지를 골랐습니다.

11주년 결혼기념일을 앞두고 당신을 생각하며 글을 씁니다. 올해 당신은 마흔 살이 되는 해이고 나와 함께한 삶으로는 열한 돌이 되네요. 작년 한 해 힘든 세월 살았으니 올해는 기적 같은 일이 일어나지 않을까 기대하며 새해를 맞았는데 오늘은 영 기분이 저조하네요. 이유는 단 하나, 당신과 함께하지 못하는 아쉬움 때문이지요.

매일 힘겨운 시간을 보내고 있을 당신을 생각하며 눈도 마음도 흠뻑 젖어 지냈습니다. 오후까지 우울한 생각을 떨쳐버리지 못하고 있다가 이래선 안 되겠다 싶어 우리의 즐겁고 행복한 시간들을 반추해보기로 했답니다. 힘들고 어려울 때 즐겁고 기쁜 일들을 생각하며 행복한 순간들이 많았음을 기억하면 어려운 순간들도 너끈히 이길 수 있겠다는 생각이 들어서요. 당신도 나와 함께 아름다운 추억의 순간들을 더듬어보지 않을래요? 우리의 결혼식을 생각하면 지금도 피식 웃음이 나와요. 엉뚱한 시간에 엉뚱한 방법으로 보내준 당신의 프러포즈에서부터 시작해…… (중략)

힘들고 고생스런 유학생활 10년을 보내고 결혼 10주년을 맞이했던 작년 이맘때, 우린 세상에서 가장 행복하고 달콤한 시간을 함께했지요. 결혼 후 처음 가져보는 신혼여행 같은 결혼기념일! 1박 2일의 결혼 10주년 기념 이벤트는 정말 멋있고 근사했어요.

그러나 그렇게 행복하고 아름다운 시간도 잠깐, 너무나 두렵고 떨리는, 예기치 않은 소식이 날아들었어요. 우린 캄캄한 시간들을 보내었지요. 하지만 여보 힘내세요! 하나님은 우리 편이니까요. 우리는 그분의 자녀이고, 그분은 우리의 아버지잖아요. 아버지가 설마 자녀에게 나쁜 것을 주시겠어요? 자녀에게 최상의 것을 주고 싶지 않으시겠어요? 새해엔 당신의 아픔도 육체의 불편함도 모두 사라질 거예요. 우리에게 주어진 이 힘든 시간들은 우리의 인내를 키우는 시간으로, 우리의 믿음을 연단하는 시간으로 충실하게 보내도록 해요. 내게는 그런 확신이 있어요. 하나님께서 당신을 치료해주시고 당신을 통해 영광 받으시리라는 확신 말이에요. 그런 배짱 때문인지 믿음 때문인지 난 쓰러지지 않고 한 해를 잘 달려왔어요.

7일간의 금식을 오늘 무사히 마치고 하나님께 감사드렸답니다. 새로운 마음으로 우리 올 한 해도 힘차게 달려가기로 해요. 주님만 바라보고 하늘만 바라보며 주님께 우리 삶 전체를 맡기기로 해요. 주님께서 마음껏 우리를 사용하시도록 말이에요.

댈러스의 세미나

결혼기념일이 지나고 1월 말쯤, 남편은 호남 신학대학교에서 한 학기 강의를 간신히 마치고 두 손을 모두 쓸 수 없게 된 몸으로 돌아왔습니다. "6개월 전 한국에 갈 때는 꿈으로 가득했는데 한국을 떠날 때는 가족을 만난다는 사실 외에는 내게 아무런 희망이 없었소. 당신과 아이들을 만난다는 기쁨 외엔……."

오랜만에 보는 내게 남편은 반가움도 잠시, 씁쓸한 표정을 숨기지 못했습니다. 여독을 푸는 중에도 그는 자신의 병과 관련된 책자와 자료들을 모으고 긴장된 표정으로 하나하나 읽어나갔습니다. 어느 날 근위축증의 증상과 진행과정에 대한 책자를 읽다가 그는 눈물을 흘리고 말았습니다. 자신의 병에 대한 실망과 절망으로 그는 하루 종일 울기만 했습니다. 세 살 난 딸아이가 아빠를 위로해주고 싶었는지 다가가 재롱을 떨었습니다. "재인아, 아빠 몸이 점점 죽어가고 있어. 하지만 아빠는 이대로 끝낼 수 없어. 너 때문에라도 살아야겠어."

그런 부녀의 모습을 보며 울음을 참을 수 없었습니다. 집을 뛰쳐나가 차를 달려 신학교 교정에 도착했습니다. 겨울이 아직 다 가지 않았는데도 여린 싹을 품은 나무가 눈에 띄었습니다. 푸른 하늘을 보며 다시 울음을 터뜨렸습니다. 그리고 간절히 기도했습니다. "우리에게 닥친 이 절망의 순간을 잘 이기게 해주십시오. 자신의 힘으로 어찌지 못하는 한계상황에서도 그를 붙들어주시고, 혹여 삶을 포기하고 싶은 순간이 찾아올 때 이길 수 있는 힘을 주십시오!"

집에 돌아오니 남편은 아무 일 없었다는 듯한 얼굴로 반갑게 나를 맞아주었습니다. 그는 자신을 추스르려고 무진 애를 썼습니다. 병이 점점 깊어가는데 아무런 치료방법이 없어 손을 놓고 기다려야 하는 우리의 현실이 너무 슬프고 버거웠습니다. 그런데 남편은 자신의 슬픔과 두려움을 아내인 나에게조차 보여주지 않으려 애썼습니다. 그는 도리어 그렇게 거부하던 운동을 매일 조금씩 하기 시작했습니다. 마지막까지 희망의 끈을 놓지 않으려고 애썼습니다. 우리 가족을 위해……

6개월 정도가 지났을 때 댈러스에서 근위축증 환자와 가족들을 위한 세미나가 열렸습니다. 70명에서 80명 정도가 참석했는데 환자는 30여 명, 그 외는 가족이나 보호자들이었습니다. 환자들은 막 발병한 초기 환자부터 말기 환자에 이르기까지 다양했습니다. 휠체어를 탄 사람, 산소호흡기를 부착한 사람, 음식물을 씹거나 삼킬 수가 없어 호스를 통해 위에 음식을 투여하는 사람, 목을 가눌 수 없어서 목받침대를 한 사람, 목소리가 안 나와 보드판에 쓰인 글씨를 짚어가며 의사소통을 하는 사람, 호흡장애가 심각해 금방이라도 숨이 넘어갈 것처럼 보이는 사람…… 그들을 보면서 받은 충격은 이루 말할 수가 없습니다. 정확하게 표현하면 공포의 순간이라고 할까요. '내 남편도 머지않아 저런 모습이 된다고요? 저것이 우리가 맞닥뜨려야 할 최후의 모습인가요?'

미래의 남편의 모습을 미리 보여주시는 하나님의 의도가 무엇인지 궁금했습니다. 세미나에 참석한 것을 후회하기 시작했습니다. 치료제가 개발되었다거나 하는 등의 희망적인 소식을 들을 수 있지 않을까 하여 참석한 세미나였습니다. 그런데 결과는 참혹했습니다. 기대하던 좋은 소식은 하나도 만나지 못했습니다.

집으로 돌아오는 길에도, 집에 돌아와서도 우울한 기분을 떨쳐버릴 수 없었습니다. 침대에 누워 하염없이 눈물만 흘리는 나를 위로하느라 남편은 온갖 애를 썼습니다. 산책하러 가자고도 해보고, 옛날 노래를 불러보자고도 했습니다. 역할이 뒤바뀌었다는 사실을 알았지만 어쩔 수 없었습니다. 시간이 조금 지나자 눈물을 떨치고 일어나지 않을 수 없었습니다. 남편의 마음이 어떨지 생각하니 울면서 침대에 누워 있는 것도 사치였습니다.

처방받아 온 약은 없지만 마냥 손을 놓고 있을 수는 없었습니다. 온갖 좋다는 약은 다 해서 먹이고, 식사법을 바꾸고, 단전호흡을 배우고, 운동하고, 마사지를 하고, 할 수 있는 모든 노력은 다 했습니다. 기도원을 찾아가고, 신유의 은사를 가진 목사님들을 불원천리 찾아가 안수받고, 신유 집회에도 참석했습니다. LA의 기도원에서 열리는 신유집회에도 참석하고, 기도로 환자들을 치유하신다는 한국의 목사님께 전화를 걸어 수화기 너머로 안수기도를 받기도 했습니다. 집회차 미국에 오신 은사자들이 있으면 그곳이 어디든 달려갔습니다. 작정기도, 새벽기도, 금식기도 등 온갖 기도로 하나님께 매달렸습니다.

그럼에도 불구하고 남편의 증상은 조금도 차도가 없었습니다. 양손은 이미 쓸 수 없게 되었고, 다리도 많이 악화되어 천천히 가도 10분 이상 걸을 수 없게 되었습니다. 산책을 나갔다가 조그만 돌에 걸렸을 뿐인데도 전신주가 쓰러지듯 몸이 쾅 앞으로 넘어져서 얼굴, 팔, 무릎을 심하게 다쳐 돌아올 때도 있었습니다. 그뿐만이 아닙니다. 호흡기에도 조금씩 증상이 찾아와 숨쉬기가 불편해졌습니다. 사랑하는 아들딸의 재롱을 보면서도 손 내밀어 힘껏 안아줄 수 없어 안타까워하는 모습을 보면 가슴이 무너졌습니다.

더욱 안타까운 것은 혼자 힘으로는 아무것도 할 수 없다는 그의 절망감이었습니다. 번역하던 책도 그만 덮어야 했고, 쓰던 연구논문도 중단했습니다. 집필과 관련해 아이디어가 떠올라도 메모를 할 수 없어서 중요한 생각을 그만 놓쳐버리는 일이 잦아졌습니다. 그렇게 좋아하는 책 읽기도 마음껏 할 수 없는 것이 그의 현실이었습니다. 읽고 싶은 책을 눈앞에 두고도 꺼내어 읽을 수 없는 상황이라니! 나중에 안 사실이지만 남편은 죽고 싶은 유혹을 여러 번 느꼈다고 합니다. 그 유혹을 떨쳐버리기 힘들었다고 했습니다. "교회에서 집으로 돌아올 때도, 신학교 교정을 돌 때도 죽을 방법을 곰곰이 생각해볼 때가 많았어. 죽어버리면 이 모든 고통을 끝낼 수 있을 것 같아서 말이야. 근데 죽고 싶어도 일단 손을 쓸 수가 있어야지. 손을 움직일 수 없으니까 아무리 죽고 싶어도 죽을 수가 없더라고."

남편은 이제껏 자신의 뜻대로 삶을 펼쳐오다가 갑자기 브레이크가 걸렸습니다. 그 브레이크는 사람의 힘으로는 어떻게 할 수 없는 것이었습니다. 그는 심지어 죽음도 선택할 수 없었습니다. 그가 자신의 손으로 직접 할 수 있는 건 아무것도 없었습니다.

가리어진 길

병세는 급격히 진행되어 남편은 두 다리도 이제 거의 쓸 수 없는 지경에 이르렀습니다. 호흡도 힘들었고, 음식을 씹어 삼키는 것도 용이하지 않았습니다. 그런 가운데 우리는 1998년 새해를 맞았습니다. 나의 졸업 논문이 거의 막바지에 이르렀고 졸업은 5월로 잡혀 있어 당장은 남편의 병보다 앞으로 나의 사역지가 큰 관심사요 우리 가족의 기도 제목이었습니다.

뉴저지에서 지구촌교회를 새로 여신 김두화 목사님과 가끔 통화를 했는데 목사님은 교육 전담 사역자가 필요하다며 나에게 청빙 제의를 해오셨습니다. 신학교에 다니던 때부터 나는 순수하면서도 열정적인 김 목사님을 좋아했습니다. 목사님의 설교도 좋아했습니다. 그의 설교는 깊이가 있었고 나의 영감을 일깨우는 특별한 힘이 있었습니다. 그렇지만 개척교회 사역은 하고 싶지 않았습니다. 너무 고생스럽다고 들었기 때문입니다. 그래서 지구촌교회는 기도 제목에 아예 넣지 않았습니다. 크고 안정된 교회에 가서 사역하겠다고 마음먹었기 때문입니다.

그런데 참 이상합니다. 기도만 시작하면 '지구촌교회'가 먼저 생각나는 것이었습니다. 다른 내용의 기도를 하다가도 나도 모르게 이렇게 끝을 맺곤 했습니다. "하나님, 보내시면 가겠습니다. 하나님이 원하시면 개척교회 사역도 마다하지 않겠습니다." 석 달 동안의 기도 끝에 나는 마침내 지구촌교회를 내 첫 사역지로 정했습니다. 하나님의 인도하심을 확신했기 때문입니다.

1998년 우리 가족은 미국에 머무는 13년 동안 고향이 되어준 텍사스를 뒤로하고 뉴저지를 향하여 출발했습니다. 남편의 친구 두 분이 짐을 싸는 것부터 시작해 무려 7일 동안 우리 가족의 이사를 도왔습니다. 뉴저지까지 직접 운전도 해주었으니 정말 쉽지 않은 일입니다. 두 분의 우정과 친절은 지금도 잊을 수가 없습니다.

사흘간의 여정 끝에 물 설고 낯선 땅 뉴저지에 도착했습니다. 몇 년 전 미국 땅을 여행하면서 나는 이런 말을 한 적이 있습니다. "미국 어디에서나 다 살 수 있지만 뉴욕, 뉴저지에서만은 절대 안 살 거야. 교통은 복잡하고, 사람들은 불친절하며, 물가도 비싸고, 좁은 땅에 좁은 길과 넉넉지 못한 주차공간, 다리를 건널 때마다 톨비를 내야 하다니 세상에 이런 곳이 어딨어! 뉴저지는 정말 사람 살 곳이 아니야." 그런데 넓은 미국 땅 하고많은 지역 중 가장 살고 싶지 않은 곳에 와서 살게 될 줄은 꿈에도 몰랐습니다. 이곳이 나의 첫 사역지가 되리라고는 상상도 못 했습니다.

인생은 왜 이 모양일까요? 무엇 하나 예상대로 되는 게 없습니다. 경제적인 어려움은 겪었지만 남편의 공부만 마치면 모든 일이 잘 풀릴 거라고 생각했습니다. 그때그때 필요한 만큼의 학비와 생활비가 여러 경로를 통해 조달되는 것도 그런 기대를 품게 했습니다. 공부 스트레스로 인한 일시적인 증상이라 생각했던 남편의 병도 이처럼 치료가 불가능한 중병일 거라곤 꿈에도 생각 못 했습니다. 남편의 병세가 악화되기 전에는 이렇게 생각했습니다. 공부만 끝나면 만사 오케이일 거라고.

유학생활 중에 맞닥뜨린 몇 가지 어려움도 하나님의 훈련이나 광야

체험 과정으로 가볍게 생각했습니다. 이 과정이 지나면 남편은 대학에서 학생들을 가르치는 교수가 될 것이고, 교회에서도 눈부신 지도력을 발휘하며 한편으로 하나님을 섬기고 봉사하는 자가 되리란 걸 믿어 의심치 않았습니다. 나 또한 한국에 돌아가면 신학생들을 가르치는 교수로서, 세미나를 인도하는 전문강사로서, 저술가로서 다방면의 활동을 할 것이라 생각했습니다. 꿈이 너무 컸던 걸까요? 우리의 능력을 너무 과대평가했던 것일까요? 우리가 꿈꾸던 미래는 하나님의 계획과 너무나 달랐습니다.

꿈속의 숫자 8

뉴저지의 봄은 아름다웠습니다. 주州 별칭이 '가든 스테이트(Garden State)'로 널리 알려진 만큼 가는 곳마다 온갖 꽃으로 가득했습니다. 각양각색의, 앞다투어 피어나는 꽃들의 자태에 시선을 빼앗겼습니다. 남편은 그런 광경을 보며 무슨 생각을 했을까요?

창밖은 그렇게 봄이 흐드러지는데 우리 집은 여전히 세찬 바람이 부는 한겨울이었습니다. 뉴저지에 온 후로 남편의 상태는 더욱 악화되었습니다. 숨쉬는 것이 힘들어 좀처럼 잠을 이루지 못하니 기진맥진했습니다. 소파에 몸을 기댄 채 쪽잠을 자다가 깨어나기를 몇 번씩 반복하는 중에 날이 밝았습니다. 숨을 편히 못 쉬고 잠을 이루지 못하는 것은 손발을 쓸 수 없는 불편함과는 비교도 할 수 없는 고통이었습니다. 먹을 것도 삼키기 어려워 남편의 몸은 무섭게 말라가고 있었습니다.

6월, 새로 바뀐 달력 앞에서 남편은 큰 결심을 했습니다. 금식기도로 하나님께 죽기살기로 매달려보기로 한 것입니다. 일단 사흘을 정하고 기도에 들어갔습니다. 그 여윈 몸에 금식은 가당치 않았지만 말릴 수 없었습니다. 결심이 너무나 확고했고 그의 기도가 너무 간절했기 때문입니다.

쓰러질 듯 쓰러질 듯 위태한 시간들이 지나갔습니다. 누가 보더라도 주님의 붙드심이 아니면 감당할 수 없는 상황 속에서 아슬아슬하게 줄을 타듯 이어가는 날들이었습니다. 금식 이틀째 되던 날 밤, 잠에서 깨어난 남편이 이상한 꿈을 꾸었다고 했습니다. 꿈속에서 뒤로 넘어졌는데 천장에 숫자가 적혀 있더라는 겁니다. 8! 앞에 있는 숫자는 가물가물한데(숫자? 숫자 = 8) 뒤에 있는 8 자는 기억난다고 했습니다. 그 숫자를 물끄러미 바라보고 있는데 어디선가 목소리가 들려왔답니다. "이게 무슨 뜻인지 아느냐?"

우리는 8이란 숫자가 무엇을 뜻하는지 알아내려고 무진 애를 썼지만 알 수가 없었습니다. 8이란 숫자의 의미는 나중에, 아주 나중에야 알게 되었습니다. 남편이 천국으로 떠나고 난 뒤에 알게 된 사실입니다. 숫자는 '8년'의 투병생활 기간을 의미했습니다. 숫자를 보여주신 건 하나님만 집중해서 바라보며 하나님의 도우심을 간절히 구하는 그의 기도에 대한 응답이었습니다. 발병해서 3년, 앞으로 5년의 삶을 더 연장해주신다는 약속의 숫자였습니다.

저녁 6시면 사흘간의 금식기도가 끝나는 날, 우리 가족은 그 시간을 안타까운 마음으로 기다렸습니다. 6시가 되어 기도를 마친 남편은 내가 대령한 숭늉을 한 모금 힘겹게 넘겼습니다. 위기의 순간을 넘겼구나 싶었는데 남편의 몸이 픽, 모로 쓰러졌습니다. 숨을 쉬지 못해 헐떡이던 남편은 곧 정신을 잃고 말았습니다. 눈이 돌아가는 걸 보고 놀라 응급구조대에 전화를 걸었습니다. "도와주세요. 남편이 죽어가고 있어요."

　얼마 지나지 않아 경찰과 응급의료 팀이 사이렌 소리를 요란하게 울리며 달려왔습니다. 한 사람이 달려들어 인공호흡을 하기 시작했습니다. 다행히 금방 숨이 돌아왔습니다. 그의 얼굴에 산소마스크를 씌웠습니다. "휴우!" 그와 함께 우리 모두 길고긴 한숨을 내쉬었습니다. 안도의 한숨이었습니다.

　앰뷸런스에 실린 남편과 보호자인 나는 병원으로 직행했습니다. 코마 상태에 있던 남편이 몇 시간 지나자 눈을 떴습니다. 그는 자신에게 무슨 일이 일어났는지 몰라 불안한 눈빛으로 나를 바라보았습니다. 그는 이미 말을 잃었습니다. 혼자 힘으로 호흡이 불가능해서 목에 구멍을 뚫고 산소호흡기를 달았습니다. 더 이상 자력으로 음식을 삼킬 수 없다고 판단한 의사는 나의 동의를 얻어 복부에 음식을 투여하는 장치를 설치했습니다. 순식간에 그의 몸에는 몇 개의 호스가 주렁주렁 달렸습니다.

인생 필름

　급성폐렴이 시작되었습니다. 폐의 상태가 급속하게 나빠져 곧 파열될지 모른다는 의사의 말에 가슴이 철렁했습니다. 주말을 넘기기 어려우니 장례 준비를 하는 게 좋겠다고 의사가 말했고, 주말 내내 남편은 코마 상태였습니다. 나중에 남편이 말해준 사실인데 의식을 잃고 있는 동안 그는 시편 23편을 수천 번 반복해 암송했다고 합니다. 시편 말씀이 자신의 생명을 살리는 능력이 되었다고 고백했습니다.

여호와는 나의 목자시니 내게 부족함이 없으리로다
그가 나를 푸른 풀밭에 누이시며 쉴 만한 물가로 인도하시는도다
내 영혼을 소생시키시고 자기 이름을 위하여 의의 길로 인도하시는도다
내가 사망의 음침한 골짜기로 다닐지라도 해를 두려워하지 않을 것은 주께서 나와 함께하심이라 주의 지팡이와 막대기가 나를 안위하시나이다
주께서 내 원수의 목전에서 내게 상을 차려주시고 기름을 내 머리에 부으셨으니 내 잔이 넘치나이다
내 평생에 선하심과 인자하심이 반드시 나를 따르리니 내가 여호와의 집에 영원히 살리로다

보스턴에서 친구 부부가 달려왔고 한국에서 큰형님이 일주일 휴가를 내어 오셨습니다. 그의 임종을 지키기 위해서였습니다. 그런데 조금씩 그의 몸이 살아나기 시작했습니다. 고비는 일단 넘겼지만 2, 3개월 정도밖에 살지 못할 것이라고 담당의사는 말했습니다. 친구 부부가 떨어지지 않는 발걸음을 옮기고 형님은 동생 곁에 남았습니다.

주말이 지나고 한 주가 새로 시작되었습니다. 의식을 회복한 남편은 형님과 가족 이야기, 어린 시절 이야기를 나누며 울다가 웃다가 했습니

다. 남편은 제대로 말을 할 수 없어서 그의 말에 익숙한 내가 중간에 통역을 했습니다.

"형님이 내일 한국으로 가시는데, 오늘 저녁은 모시고 식당에 가서 밥을 먹고 오면 좋겠어. 내 걱정은 하지 말고."

그의 당부대로 아이들과 어머니, 형님을 모시고 저녁식사를 하고 세 시간 정도 지나 병원에 돌아왔습니다. 그런데 그의 베개가 흥건히 젖어 있었습니다. 남편이 절규했습니다.

"여보, 나는 지금 죽으면 안 돼. 지금 죽을 수는 없어. 여보, 나를 위해 기도해주어요."

"아니, 도대체 무슨 소리를 하는 거예요? 당신이 왜 죽어요? 왜 갑자기 그런 소리를 하는 거예요?"

남편이 자초지종을 얘기했습니다. 우리가 병실을 나가고 나서 그는 하나님께 기도를 시작했습니다. "부족하지만 주님, 저는 이제 주님께 갈 준비가 다 되었습니다. 이제는 저를 천국으로 인도해주시고 주님 품에 안아주세요." 그런데 그 기도를 마치자마자 병실 벽에 큰 스크린이 나타났고, 그 위에 자신의 생애가 필름처럼 돌아가는 것을 보게 되었습니다. 예수님 앞에 서 있는데 어릴 때부터의 인생이 장면 장면 바뀌면서 잊고 있었던 일들이 주마등처럼 스쳐가더라는 것입니다. 좋은 일, 선한 일보다는 부끄럽고 죄송한 일들이 많아 놀랍고 두려웠답니다. 그는 생각지도 못 한 죄목과 자신의 죄상을 스크린을 통해 지켜봤습니다. 마음으로 지은 죄, 말로 지은 죄, 행동으로 지은 죄 등 이루 말할 수 없는 죄를 짓고도 몰랐다는 사실이 부끄러웠습니다.

예를 들어 유학생활 중에 취미로 수집한 클래식 음반도 죄 중의 하나였습니다. "너 혼자만을 위해 사용한 돈!"이라며 주님이 기뻐하지 않으신다는 말씀에 그는 쥐구멍이라도 찾고 싶었답니다. "주님, 저 이대로는 주님 앞에 설 수 없습니다. 주님 제발 제게 기회를 한 번만 주세요. 한 번만 더 기회를 주시면 다시는 이렇게 살지 않겠습니다. 주님, 제발 부탁입니다!"

스크린이 사라지자마자 남편은 눈물로 통회의 기도를 올렸습니다. 그의 기도와 눈물은 우리가 식당에서 나와 병원으로 올 때까지 계속되었습니다. 남편의 이야기를 들으며 나도 그 스크린 앞에 선 듯 몸이 떨리고 눈물이 났습니다.

형님이 떠나고 난 후에도 남편은 사흘 동안 울기만 했습니다. 뼈아픈 회개의 눈물이었습니다. 자신의 인생 필름으로 본 장면들을 돌려보고 또 돌려보며 통회하고 자복했습니다.

스마일링 가이

사실 그는 몸이 아프기 시작하면서부터 자신의 삶을 안으로 안으로 계속 들여다보고 성찰하는 습관을 들이고 있었습니다. 대부분의 그리스도인들은 죄에서 자유롭지 못합니다. '나 같은 죄인'을 살리기 위하여 예수님이 십자가에 못 박히셨기 때문입니다. 살다가 고난이 찾아오거나 중한 병에라도 걸리면 나도 모르는 죄 때문이 아닌가 하여 혼비백산하는 것이 우리 인간입니다. 그리고 주님 앞에 엎드려 죄를 자복하고 회개하는 과정을 밟습니다. 내 남편도 다르지 않았습니다.

그는 중학교 때 예수님을 믿기 시작한 후로 올바른 신앙생활을 하기 위해 최선을 다하려고 나름대로 애썼던 사람입니다. 늘 깨어 있는 사람이고자 했고 행동하는 신앙인이 되려고 노력을 아끼지 않았습니다. 자신이 하는 공부도 모두 하나님을 기쁘게 하고 영광을 돌려드리기 위한 것이었습니다. 특히 그의 관심 분야였던 종교개혁과 장로제도를 연구하여 한국 교회의 갱신에 조금이라도 이바지하고 싶어했습니다. 시대에 뒤처지지 않고 교회가 교회다워지려면 변화를 모색하는 것이 당연하고, 교인들은 물론 세상 사람들과도 소통해야 한다고 생각했습니다. 그럴 때에야 비로소 교회가 세상의 빛과 소금으로서의 역할을 감당할 수 있다고 믿고, 자신이 할 수 있는 일을 하려고 끊임없이 노력했습니다. 아내의 눈에 비친 그의 모습은 죄인과는 거리가 멀었습니다.

사흘간의 기도를 마치고 난 남편의 얼굴에는 평안과 기쁨이 넘쳤습니다. 하나님의 강권적인 은혜를 체험한 자만이 맛볼 수 있는 기쁨이었습니다. 24시간을 침대에 누워 꼼짝할 수 없는 상황인데도, 온몸에 주렁주렁 호스가 달려 있는데도, 싱글벙글 웃으며 문병객을 맞이했습니다. 그와 함께하시는 하나님, 하나님의 임재를 분명히 느낄 수 있는 시간이었습니다.

지난 3년 동안도 하나님과 함께했지만 지금은 전보다 한 단계 더 높은 영적 차원으로 발돋움했습니다. 그는 분명 다른 사람이 되었습니다. 늘 해맑게 웃는 모습을 보며 의료진이 이런 별명을 붙여주었습니다. '스마일링 가이(Smiling guy)'. 그에게 참 잘 어울리는 별명입니다. 마음 깊은 곳에서 우러나와 짓는 그의 미소는 사람들을 무장해제시키고 기분 좋게 했습니다. 그는 더 이상 불치병을 선고받은 불행한 사람이 아니었습니다.

입원할 당시 남편은 한마디도 말을 할 수 없었습니다. 궁즉통입니다. 궁리 끝에 나는 글자판을 만들었습니다. ㄱ, ㄴ, ㄷ, ㄹ……, ㅏ, ㅑ, ㅓ, ㅕ……, 이렇게 자음과 모음을 전부 적어 나열해놓고 글자판 전체를 오가며 손가락으로 짚어가다가 간신히 한 글자를 맞추고 단어를 맞춰가는 식입니다. 남편이 고개를 끄떡이면 거기에 한 글자를 완성하고, 이렇게 모아서 문장으로 완성했으니 보통 힘든 일이 아니었습니다. 말을 할 수 없는 고통, 말을 알아들을 수 없는 고통이 얼마나 큰 것인지 처음으로 깨달았습니다. 말을 할 수 있다는 사실이 얼마나 감사한지, 말을 알아듣고 대화를 나눌 수 있다는 일이 얼마나 감사한지 깨달았습니다.

시간이 지나면서 남편은 기력을 조금씩 회복하여 어눌하게나마 글자판 없이도 말을 할 수 있게 되었습니다. 나는 그의 말을 알아들을 수 있었습니다. 기적 같은 일이 아닐 수 없었습니다.

연장된 생명

33일간의 긴 병원생활을 마치고 마침내 남편은 퇴원했습니다. 그가 집으로 돌아오자 우리 가족은 삼교대로 조를 짜 환자를 돌보았습니다.

오전에는 어머니가 사위를 돌보았고, 방과 후부터 저녁시간 전까지는 아이들이 아빠를 도왔고, 퇴근해 돌아온 저녁시간부터 다음 날 아침까지는 내가 그의 옆에 머물렀습니다. 남편의 침대 옆에 간이침대를 펴고 짬짬이 눈을 붙이며 그를 간호했습니다.

그의 하루는 보통 이렇게 시작됩니다. 아침에 일어나면 제일 먼저 찬송을 부릅니다. 잠시 하나님을 만나고 와서 그런지 그는 살아 계신 하나님을 온몸으로 느끼며 노래했습니다. 찬송을 부르는 중에 그는 더 깊은 은혜의 세계로 빠져들곤 했습니다. 이처럼 기막힌 찬송의 세계를 왜 이제야 알게 되었는지 모르겠다고 탄식했습니다. 찬송이 끝나면 세수를 하고 이를 닦습니다. 물론 제가 모두 해주어야 합니다. 호흡기와 피딩 튜브도 깨끗이 닦고 청소합니다. 석션기로 목 안에 고여 있는 침과 가래를 뽑고 나서 튜브로 유동식을 투여합니다. 아이들이 학교에 가고 내가 출근하고 나면 오전은 그에게 온전히 기도하는 시간입니다. 오후엔 성경과 설교 테이프를 듣고 주변 사람들을 위한 중보기도로 시간을 보냈습니다. 텔레비전을 시청하기도 했습니다.

남편은 유난히도 사람들을 좋아했습니다. 사람들과 대화하는 것을 즐겼습니다. 처음 우리 집을 방문한 분들 중에는 병상에 누워 있는 남편에게 무슨 이야기를 해야 할지 몰라 안절부절못하는 사람도 많았습니다. 그런데 남편이 먼저 그들을 반갑게 맞이하고 즐거운 표정으로 이야기를 꺼내니 우리 집에 오는 것을 더 이상 부담스러워하지 않게 되었습니다. 남편은 문병객을 만나면 그의 처지를 먼저 살폈습니다. 대화 중 그에게 무슨 어려움이 있는 것을 알게 되면 위로와 격려를 아끼지 않았습니다. 그리고 그 짧은 시간에 자신이 생각해본 문제해결 방안을 제안하기도 했습니다. 무엇보다도 그는 문병객이 하나님을 믿는지 구원의 확신이 있는지에 관심이 많았습니다. 믿지 않는 분이나, 교회는 출석하는데 구원의 확신 없이 미지근한 신앙생활을 하는 분에겐 자신의 이야기를 들려주며 복음을 전했습니다.

아픈 사람을 위로하러 왔던 사람들이 오히려 위로와 격려를 받고 돌아가는 일도 많았습니다. 남편을 보고 소망을 갖게 되었다고 말하는 분도 있었습니다. 하루 스물네 시간 침대 위에 붙박여 살아가는, 손가락 하나 까딱할 수 없는 중환자의 해맑은 미소에 사람들은 놀라움을 금치 못했습니다. 고개를 갸우뚱거리며 돌아가는 이도 적지 않았는데 인간의 눈으로는 도무지 이해할 수 없는 상황을 눈앞에서 목도했기 때문입니다. 그는 어떻게 그럴 수 있었을까요? 답은 간단합니다. 하나님의 은혜! 말로 설명할 수 없는 하나님의 은혜 때문입니다. 오늘을 살게 하시는 하나님의 은혜, 하루 더 생명을 연장시켜주시는 하나님의 은혜, 우리와 함께하며 우리를 책임져주시는 하나님의 은혜. 바로 그 은혜 때문입니다.

그 은혜 때문에 그는 사람이 바뀌었습니다. 자신을 바라보던 눈을 돌려 다른 사람들의 삶으로 시선이 옮아갔습니다. 그는 아무것도 가진 것이 없었지만, 사람들은 그에게서 많은 것을 얻어갔습니다. 아무것도 줄 것이 없다고 여겼는데, 그가 가진 것은 조금도 줄어들지 않았습니다. 그가 가진 것은 풍성했습니다. 그는 하나님의 영광을 드러내는 데 부족함이 없는 하나님의 동역자였습니다.

러브 이즈 터치

정신적인 어려움은 어려움대로, 그가 하루 종일 겪는 육체적인 고통도 한두 가지가 아니었습니다. 목 안에 고여 있는 가래를 뽑아내는 것도 그중의 하나입니다. 하루에도 몇 번이나 잠긴 튜브의 뚜껑을 열고 석션을 하는데, 갑자기 산소공급이 중단되어 식은땀을 흘리는 일도 부지기수였습니다. 침도 뱉을 수 없어 석션기로 뽑아야 했습니다. 폐렴 증세라도 있을라치면 하루에 백 번도 넘게 침을 받아냅니다. 환자는 환자대로 힘이 들고, 시중드는 사람도 힘이 듭니다. 컨디션이 좋지 않을 때는 600cc의 용기가 침으로 가득 찼습니다. 이런 날은 온 가족이 석션 심부름에 지쳐 기진맥진입니다.

뉴비전 청소년 복지재단에서 상담가로 일하고 있을 때 일입니다. 친정어머니로부터 낮에 다급한 전화가 걸려왔습니다. 준용이 아빠의 목에 부착된 산소호흡기가 빠졌다는 것입니다. 빨리 오라고 소리를 지르고 나서 그의 곁으로 달려갔는지 전화가 뚝 끊겼습니다. 정신없이 집으로 차를 달리며 하늘을 향해 외쳤습니다. "하나님, 살려주세요. 지금 데려가시면 절대 안 돼요. 주님이 인공호흡 좀 시켜주세요!"

집에 왔더니 요행히 빠진 호흡기를 어찌어찌 다시 부착해 위기상황은 넘겼습니다. 남편은 식은땀을 흘리며 새파랗게 질려 있었습니다. 급히 손을 씻고 와서 그의 요동치는 가슴에 내 가슴을 갖다 대고 싸늘한 그의 손을 잡았습니다. 가슴이 쿵쾅거렸습니다. 얼마가 지났을까, 그의 몸에 온기가 돌기 시작했습니다. 그가 조금씩 안정을 되찾는 게 느껴졌습니다. 큰숨을 내쉰 그가 한마디 했습니다. "휴우, 이제야 살 것 같네!"

존 레논의 노래 「Love」의 가사('Love is touch')처럼 '터치'의 위력을 온몸으로 실감한 하루였습니다. 여러 차례의 경험과 실험을 통해 '터치'의 효과를 알게 된 후로 나는 남편의 건강상태가 갑자기 나빠지거나 폐렴 증세가 있을 때, 유난히 불안할 때, 혈압과 맥박이 비정상 수치를 보이며 오르락내리락할 때, 내 가슴을 그의 가슴에 포개고 그를 꼬옥 안아주었습니다. 그리고 손발을 만져주고 온몸을 마사지했습니다. 그러면 한참 있다 맥박이 정상으로 돌아오고 혈압 수치도 제자리를 찾았습니다. 그때마다 남편은 이렇게 말했습니다. "당신이 날 꼬옥 안아주고 손을 만져주면 마음이 편해지면서 긴장이 확 풀려. 온몸의 세포가 다시 살아나는 것 같아. 고마워, 여보!"

나는 지금도 죽음을 눈앞에 둔 환자나 중병 환자를 방문하면 간절히 기도하며 차갑디차가운 손과 팔을 주물러주거나 만져줍니다. 이런저런 아픔과 상처로 고통스러워하거나 외로워하는 사람들을 상담하고 헤어질 땐 꼬옥 안아줍니다. 사랑은 터치입니다. 포옹입니다. 열 마디 말이 필요 없습니다.

알고 보니 '터치 치료(Touch Therapy)'는 20년 전 플로리다 주 마이애미 의과대학의 '터치 리서치 인스티튜트(Touch Research Institute)'에서 시작되었습니다. 뒤이어 듀크 대학과 매릴랜드 대학, 하버드 대학의 공동연구로 그 효과가 입증된 치료법입니다. 연구결과에 의하면 터치나 마사지 치료만으로도 미숙아의 체중이 증가하며 면역기능이 눈에 띄게 향상되고, 우울증 증세가 차도를 보입니다. 심한 통증이 감소하고 스트레스가 완화되는 효과도 있다는 사실이 밝혀졌습니다.

조엘 오스틴 목사의 베스트셀러 『긍정의 힘』에 '생명을 구하는 포옹'이라는 이야기가 나오는데, 바로 터치의 효과에 대한 좋은 예입니다. 세상에 태어난 지 며칠 안 된 쌍둥이 중 하나에게서 심장결함이 발견되었는데, 어느 날 손을 쓸 수 없을 정도로 병세가 악화되어 죽음 직전에 이르렀습니다. 한 간호사의 제안에 따라 의사는 나머지 쌍둥이가 있는 인큐베이터 안에 그 아이를 넣었습니다. 건강한 아이가 팔을 뻗어 인큐베이터 안에 들어온 동생을 감싸 안았습니다. 그러자 기적 같은 일이 일어났습니다. 아픈 아이의 병세가 눈에 띄게 호전되면서 얼마 지나지 않아 완전히 건강을 되찾은 것입니다.

나는 책 속의 이 에피소드가 사실임을 믿습니다. 여러 차례 내가 직접 경험했기 때문입니다. 남편에게 가장 고통스러운 일 중의 하나는 아마 먹지도 마시지도 못 하는 일이었을 것입니다. 식사 시간에 평소 좋아하던 음식을 코앞에 두고서도 먹을 수 없는 고통, 맛있는 냄새를 맡으면서도 그 음식을 맛볼 수 없는 고통은 상상이 안 됩니다. 침이 고여도 꿀꺽 삼킬 수 없고 뱉을 수 없는 고통을 남편은 자그마치 5년 동안 겪어야 했습니다.

그때 나는 생각했습니다. 보지 못하는 고통, 듣지 못하는 고통, 말하지 못하는 고통도 크겠지만 남편이 지금 겪고 있는 고통과는 비할 수 없을 것이라고. 나는 틈만 나면 기도했습니다. "하나님, 다른 건 다 못해도 호흡만이라도 편하게 할 수 있으면 좋겠어요. 저 지긋지긋한 호흡기 떼어버리고 휠체어에 태워서 세상 구경 마음껏 시켜주고 싶어요. 호흡만이라도 혼자 할 수 있다면 얼마나 좋을까요."

월요일 단 하루 쉬는 날에도 쉬지 못하고 시장을 보고 밀린 일을 하고 남편 목욕시키고 하다 보니 나의 건강에도 적신호가 켜졌습니다. 남편 목욕을 시키고 나면 온몸에 힘이 다 빠졌습니다. 오른쪽 팔과 손, 등뼈의 고통이 심해 병원에 갔더니 의사는 무조건 휴식을 취해야 한다는 말만 되풀이했습니다.

목욕시키는 일보다 더 힘든 건 밤에 잠을 제대로 자지 못하는 것이었습니다. 하룻밤에 여섯 번에서 열 번쯤 일어나 남편의 시중을 들어야 했습니다. 컨디션이 좋을 때는 대여섯 번, 어떤 때는 스무 번도 부족했습니다. 팔과 다리를 옮겨주어야 하고, 더울 땐 침대 시트를 걷었다가 다시 덮어주고, 추울 땐 담요를 하나 더 덮어주고, 같은 자세로 있으면 통풍이 되지 않으니까 몸을 뒤집어주고, 시간이 지나면 다시 원위치해주고, 가려운 데는 긁어주고, 여러 차례 석션해주느라 잠을 제대로 잘 수 없었습니다. 그래서 소원이 잠 한번 제대로 실컷 자보는 것이었습니다.

나의 건강을 염려하여 보약을 지어주겠다고 성화를 내시던 분을 따라 한약방에 들렀을 때의 일입니다. 진맥을 마친 중국 한의사가 내게 직업이 무엇이냐고 물었습니다. 무슨 일을 하고 있기에 간의 상태가 이 모양이 되었느냐고 했습니다. 간의 상태가 최악이라고 했습니다. 그렇게 힘든 상황 속에서 쓰러지지 않고 버틸 수 있었던 것도 기적입니다.

고난의 유익

"고난당한 것이 내게 유익이라 이로 말미암아 내가 주의 율례들을 배우게 되었나이다."(시편 119:71)

인간의 고통을 천착해온 작가 C. S. 루이스는 이렇게 말합니다. "하나님은 쾌락 속에서 우리에게 속삭이시고, 양심 속에 말씀하시며, 고통 속에서 소리치십니다. 고통은 귀먹은 세상을 불러 깨우는 하나님의 메가폰입니다." 즐겁고 기쁠 때는 우리에게 속삭이시는 하나님의 음성을 잘 듣지 못합니다. 또한 영적으로 아주 민감하지 않으면 여러 가지 사건들을 통해 우리의 양심 속에 말씀하시는 하나님의 음성을 잘 듣지 못합니다. 그런 우리를 향해 하나님은 결국 확성기를 꺼내 드십니다. "자 주목해서 나를 보아라. 내게 집중해서 들으라. 내가 네게 할 말이 있다. 내가 너와 함께 할 일이 있다. 자, 나와 함께 그 일을 시작하자!"

고통이라는 메가폰으로 말씀하시는 하나님 앞에 그제야 우리는 시선을 맞춥니다. 하나님을 향해 우리의 영혼과 삶의 조율을 시작합니다. 이것이 바로 고난이 주는 유익입니다. 고통은 자기 자신이 아니라 하나님이 삶의 주인이라는 걸 배우는 과정입니다. 이것이 그의 저서 『고통의 문제』의 핵심입니다.

고난이나 시련을 좋아하는 사람은 없을 것입니다. 본성적으로 사람들은 고난을 싫어합니다. 고난은 아프기 때문입니다. 절망적으로 보이기 때문입니다. 예측할 수 없는 미래와 변화에 대한 두려움을 가져다주기 때문입니다. 아무리 고난과 시련이 주는 유익이 많을지라도 사람들은 고난을 반갑게 받아들이지 못합니다. 그래서 강준민 목사님은 고난을 일러 "검은 보자기에 싸인 보배"라고 했습니다. 외형이 어둡고 부정적으로 보이기 때문에 검은 보자기이며, 그 안에 유익이 있기 때문에 보배가 된다는 말입니다.

고난은 사람이 살아가는 동안 예상치 않은 시간에 예상치 않은 경로로 찾아드는 불청객 같습니다. 그래도 고난이 선물이라고 말하는 것은 고난이 주는 유익 때문입니다. 『빙점』의 작가 미우라 아야꼬는 일평생 병마와 싸우면서도 자신의 삶을 '보석의 산'이라고 고백했습니다. 고통이 가져다준 유익을 깨달았기 때문입니다. 우리 부부도 이루 말할 수 없는 고통 속에서 여러 가지 유익을 얻었습니다.

감사를 배우다

"내가 궁핍하므로 말하는 것이 아니니라 어떠한 형편에든지 나는 자족하기를 배웠노니 나는 비천에 처할 줄도 알고 풍부에 처할 줄도 알아 모든 일 곧 배부름과 배고픔과 풍부와 궁핍에도 처할 줄 아는 일체의 비결을 배웠노라."(빌립보서 4:11-12)

고난 가운데 하나님은 우리로 하여금 감사하는 자가 되게 하셨습니다. 남편이 한국에서 돌아와 처음으로 만난 분은 예언과 병 고치는 은사를 가진 집사님이었는데 그분을 통하여 많은 위로를 건네셨습니다. "몸은 불편하지만 나는 그에게 고통은 주지 않았단다." 집사님의 기도 중에 전해 들은 하나님의 말씀입니다. 그때까지도 그의 몸이 불편한 것만 생각했지 고통이 없다는 사실에 대해서는 생각하지 못했습니다. 집사님의 이야기를 듣고 나서야 근위축증을 앓는 사람들 중에는 극심한 고통 때문에 괴로워하는 사람들이 많다는 사실을 알게 되었습니다. 『모리와 함께한 화요일』의 주인공 모리 교수는 통증 때문에 겪은 괴로움을 '포크로 찌르는 아픔'이었다고 표현하고 있습니다. 그런데 평소에 육체적인 고통을 잘 견디지 못하는 남편의 특성을 너무나 잘 아시는 하나님은 이처럼 세심하게 그를 배려하고 계셨던 것입니다. 그 사실을 깨닫고 나서 우리는 두고두고 하나님께 감사드렸습니다.

추수 감사절 무렵이었습니다. 잠자리에 들기 전 남편과 함께 올 한 해 동안 감사한 일에 대해 이야기를 나누었습니다. 남편이 먼저 말을 꺼내었습니다. 지난 일주일 동안 감사한 일들을 생각했다고 합니다. 그러면서 수십 가지나 되는 감사의 제목을 열거했습니다.

"병을 주심도 감사합니다."

그래도 그건 아니라는 생각이 들었습니다.

"여보, 진심으로 그렇게 느껴요?"

"감정적으로는 어려웠지만 의지적으로 그렇게 생각했지. 사실 너무 무서운 병이어서 당황했고, 하나님, 꼭 이렇게 하지 않으면 안 되었나요? 하는 마음도 들었지만 지금은 진심으로 그렇게 생각해. 병을 통해 많은 걸 깨달았으니까."

살아 계신 하나님을 삶 속에서 생생히 체험하는 기쁨, 시련을 통해 정금같이 나올 믿음에 대한 기대, 영적으로 전과는 비교할 수 없이 하나님과 가까워진 점, 이 모든 것들이 자신의 병으로 경험하는 감사의 조건이라고 했습니다. 무엇보다도 하나님 마음에 합당한 자로 만드시기 위해 매일 자신을 빚으시는 하나님의 손길을 느낄 때 감사하지 않을 수 없다고 했습니다.

시간이 지날수록 남편의 병은 더 깊어졌지만, 그에 따라 감사할 일들도 새롭게 생겨났습니다. 1년 동안 병원에 두 번밖에 입원하지 않은 것도 감사했습니다. 다른 날보다 침과 가래가 적게 나온 것에 감사했고, 컨디션이 조금 나아진 것도 감사했습니다. 욕창이 생기지 않은 것도 정말정말 감사했습니다.

한번은 연세가 지긋한 여자 목사님이 오셔서 남편을 위해 기도하며 말씀하셨습니다. "하나님께서 천사들을 보내 이 아들을 위해 피를 돌리고 계십니다!" 그래서 피가 깨끗하다고 했습니다. 침대에 늘 누워 지내는데도 욕창이 생기지 않는 이유를 알고 감사했습니다. 피가 자유로이 순환하지 못해 생기는 게 욕창 아닙니까. 하나님께서 천사를 보내 남편을 위해 피를 돌리고 계시다는 이야기를 듣고, 감격하고 감사했습니다.

기도를 마치고 목사님은 나를 위한 기도를 따로 해주셨습니다. "너는 내가 너무나 사랑하는 딸!"이라고 하셨습니다. "내가 너를 상하지 않도록 나의 천사들을 보내 너를 눈동자처럼 지키며 보호하고 있다"고 말씀하시는 순간 온몸에 소름이 돋았습니다. 그 말씀이 무엇을 의미하는지 잘 알고 있었기 때문입니다.

오랜 시간 계속된 수면부족으로 인해 나는 졸음운전을 할 때가 많았습니다. 신호등 앞에서 빨간불만 켜지면 그 짧은 사이에도 잠이 들곤 했습니다. 뒤에서 기다리던 차가 경적을 울리면 놀라 깨어 다시 운전하다가 그다음 신호등에서 다시 잠이 드는 식이었습니다. 그뿐만이 아닙니다. 졸음운전 중 일방통행로인지 모르고 차를 몰다가 반대편에서 오는 차와 부딪칠 뻔한 적도 많았습니다. 생각해보면 참으로 아찔한 순간들입니다. 그런데 그때마다 하나님께서 천사를 보내어 나를 지켜주셨다니! 위험과 사고로부터 나를 상하지 않도록 보호하고 계셨다니!

남편이 말을 할 수 있는 것도 감사했습니다. 근위축증을 앓고 있는 대부분의 환자들은 어느 정도 시간이 지나면 말을 할 수 없게 됩니다. 남편과 내가 의사소통을 할 수 없었다면 어떻게 되었을까? 상상만 해도 끔찍한 일입니다. 말하기를 좋아하는 남편에게 그 기능이 멈추어버렸다면, 그는 극심한 절망을 맛보아야 했을 것입니다. 복음을 전할 수 없었을 테고 삶의 간증을 나눌 수도 없었을 겁니다. 가족들과 사랑의 대화를 나눌 수도 없었을 것입니다.

갑자기 쓰러져 말을 할 수 없던 시간이 그에게도 있었습니다. 그때 나는 글자판을 만들어 간신히 그와 의사소통을 할 수 있었습니다. 그는 얼마 후 기적처럼 다시 말을 할 수 있게 되었습니다. 그러니 어떻게 감사하지 않을 수 있겠습니까. 그리고 또 감사했습니다. 오늘 먹을 것이 있음에 감사했습니다. 그를 돌보느라 밤에 겨우 다섯 번만 일어난 날도 감사했습니다. 집에 전기가 나가지 않은 것도 감사했습니다. 전기가 나가면 그의 생명을 지켜주는 모든 기구들이 작동을 멈출 텐데 그런 일이 한 번도 없었으니 감사했습니다. 한번은 천둥번개로 인해 바로 옆 타운의 전기가 끊어졌는데 우리가 사는 타운은 괜찮았습니다. 그날 밤 우리는 우리를 보호해주시는 하나님께 감사했습니다. 고난 중에서 우리와 함께하며 감사를 깨닫게 하시는 분께 감사했습니다.

기도를 배우다

고난을 통해 얻은 두 번째 유익은 기도를 배운 것이었습니다. 신앙생활을 시작한 후로 기도는 계속해왔지만 어떻게 생각하면 습관 같은 기도였습니다. 고난 가운데서 나의 죄악과 무능을 자복하고 하나님께 모든 것을 맡기는 기도가 처음으로 터져나왔습니다. 마음을 다해 부르짖는 강청기도, 금식기도와 철야기도, 할 수 있는 모든 종류의 기도를 배우고 실천하게 되었고 기도의 응답을 받는 기쁨도 누리게 되었습니다. 우리의 기도에 변화가 생겼습니다. 기도에 힘이 생겼습니다. 기도의 깊이가 더해졌습니다. 기도의 폭이 넓어졌습니다.

우리의 신앙이 유아기에 머물러 있을 때는 주로 '나' 중심적인 기도를 하게 됩니다. 기도의 초점이 나의 필요나 가족의 필요에 맞추어져 있습니다. 이것도 잘못된 기도는 아닙니다. 기도가 바로 그 자리에서 출발하기 때문입니다. 그런데 신앙이 성숙하면서 기도에도 변화가 찾아옵니다. 필요와 구함에서 시작하여 성찰과 반성, 회개로 나아갑니다. 포기와 성숙을 향해 전진해갑니다. 그리고 헌신의 자리까지 이르게 됩니다. '하나님 중심'으로 기도가 바뀝니다. 나에게서 눈을 돌려 하나님께로 시선을 향하게 됩니다. 오로지 주님만 바라봅니다. 하나님이 어떤 분이신가 묵상하고 그분이 나를 위해 행하신 일을 생각하면 마침내 찬양이 터져나옵니다. 그래서 기도가 찬양으로 바뀝니다. 감사로 바뀝니다. 마침내 기도가 찬양이 되고 찬양이 기도가 됩니다. 시편 기자의 시와 찬양이 기도의 중심부를 이룹니다.

기도의 마지막 단계는 이웃을 향한 '중보기도'입니다. 다른 사람을 위한 기도이며 전도와 선교를 위한 기도입니다. 이 단계에 이르면 기도는 끝이 없습니다. 누에고치에서 실이 빠져나오듯 끊임없이 기도가 나옵니다. 시간의 부족을 느낍니다. 하나님은 고난 가운데 있는 우리를 위해 기도해줄 많은 사람들을 허락해주셨습니다. 그들의 기도 덕분에 우리는 고난을 이길 힘과 능력을 전해 받았습니다. 기도에 빚진 자들이 된 것입니다.

기도의 힘과 중요성을 깨닫고 나니 다른 사람들을 위한 기도를 게을리할 수 없었습니다. 타인의 고통이 그대로 마음속에 전달됩니다. 뉴스 시청 시간도 남편에겐 세계와 인류를 위한 중보기도 시간이 되었습니다. 세계 각국에서 일어난 사건들이 더 이상 남의 일이 아닙니다. 나의 문제와 고통에만 머물러 있으면 우리는 앞으로 나아갈 수 없고 깊이 있는 삶을 살 수 없습니다. 지진이나 홍수 등의 자연재해나 내전 등 특별히 위급한 상황에 처한 지구촌 사람들을 위하여 기도할 때, 고통받는 사람들을 위해 기도할 때 나의 기도는 더욱 간절해집니다. 기도에 즉각적인 응답을 해주실 때도 있습니다. 어떤 기도는 몇 달이나 몇 년 후 이루어지기도 합니다. 기도의 묘미는 거기에 있습니다. 중보기도의 보람과 즐거움도 바로 거기에 있습니다.

주님만 의지하다

고난이 준 세 번째 유익은 주님만 온전히 의지하게 된 것입니다. 고난 속에서 속수무책일 때, 나의 힘으로 아무것도 할 수 없는 상황에서 비로소 나는 주님께 시선을 고정시킬 수 있었습니다.

우리가 처한 상황을 생각하면 이해가 잘 되지 않아 기가 막힐 때도 많았지만 모든 것은 합력하여 선을 이룹니다. 고통을 통하여 하나님이 내 삶의 주인이라는 사실을 깨달았습니다. 절망에 빠지지 않으려고 하나님만 바라보았습니다. 베드로가 주님만 바라봤을 때 물 위를 걸을 수 있었지만 바다를 바라보는 순간 두려움과 함께 첨벙 물속에 빠졌듯이, 우리도 베드로와 같은 종류의 두려움과 맞닥뜨렸습니다. 고난의 한복판에서 온전히 하나님만 바라보았더니 그물이 가득했습니다. 주님께 모든 것을 내어맡기는 것만이 우리가 할 수 있는 최선이었습니다.

나의 것이라 믿었던 힘과 지혜, 능력이 모두 바닥났을 때, 나의 건강과 생명까지도 내 것이 아님을 깨달을 때 우리는 하나님을 대면합니다. 모든 능력과 지혜의 원천이시고 건강과 생명의 주관자이시며 문제해결의 열쇠를 갖고 계신 그분은 고통을 통해 우리를 치유하십니다. 바울은 이렇게 말했습니다. "형제들아 우리가 아시아에서 당한 환난을 너희가 모르기를 원하지 아니하노니 힘에 겹도록 심한 고난을 당하여 살 소망까지 끊어지고 우리는 우리 자신이 사형선고를 받은 줄 알았으니 이는 우리로 자기를 의지하지 말고 오직 죽은 자를 다시 살리시는 하나님만 의지하게 하심이라."(고린도후서 1:8-9)

사형선고를 받은 상황에서 바울이 할 수 있었던 건 하나님만 의지하는 일이었습니다. 내가 가진 것이 하나님 외엔 아무것도 없다고 생각될 때, 그때 비로소 우리는 하나님께 나아가며 그분만 의지하게 됩니다. 욥은 "침 삼킬 동안도 놓아두시지 않는 하나님"이라고 고백했습니다. 구체적인 고난을 겪으며 그 말이 무엇을 뜻하는지 비로소 알게 되었습니다.

하나님만 의지한 결과 많은 것이 바뀌었습니다. 그만 바라보고 의지했더니 하나님과 훨씬 가까워졌습니다. 하나님은 실제입니다. 우리와 친밀한 교제를 원하십니다. 우리가 하나님께 더 가까이 다가가기를 원하십니다. 인생의 문제와 풍랑이 하나님과 내가 더 가까워지는 계기가 되기도 합니다.

성경은 이렇게 말합니다. "여호와는 마음이 상한 자를 가까이하시고⋯⋯."(시편 34:18) 우리가 사망의 음침한 골짜기를 지날 때, 그분은 정말 우리와 가장 가까이에 계셨습니다. 문제에 봉착했을 때, 우리의 마음이 무너져내리고 세상에 홀로 버려진 것처럼 생각될 때, 아무것도 선택할 수 없고 극심한 고통으로 신음조차 할 수 없을 때, 그분은 우리 가까이에서 속삭이고 위로하고 격려하고 힘을 주셨습니다. 그래서 우리는 하루에도 몇 번씩 넘어졌다가 일어나 하나님 앞에 나아갔습니다. 우리와 하나님 사이엔 막힌 것이 아무것도 없었습니다. 우리는 하나님과 친한 사이가 되었습니다. 아버지 되신 하나님과 친구가 되는 기쁨은 이루 말로 표현할 수 없습니다.

남편은 고난 중에 누렸던 하나님과의 친밀한 교제를 이렇게 고백했습니다. "하나님께서는 내 입술에 찬송의 은혜를 허락해주셨습니다. 기도를 시작하기 전 찬송을 부르노라면 마치 주님께서 나를 끌어안고 마음 문을 활짝 열듯 나에게 찾아오십니다. '영 죽은 나를 살리려 그 영광 버리고 그 부끄러운 십자가 날 위해 지셨네. 날 위해 지셨네.' 나의 기쁨, 나의 소망 되시며 나의 생명이 되신 주, 밤낮 불러서 찬송을 드려도 늘 아쉰 마음뿐일세⋯⋯. 나의 진정 사모하는 예수여, 음성조차도 반갑고, 나의 생명과 나의 참 소망은 오직 주 예수뿐일세.' 주님을 찬송하면서 저의 가련한 모습을 하나님께 하소연하기도 합니다. '주님이시여, 이 손을 꼭 잡고 가소서, 약하고 피곤한 이 몸을, 폭풍우 흑암 속을 헤치사 빛으로 손잡고 날 인도하소서. 인생이 힘들고 고난이 겹칠 때 주님, 날 도와주소서. 외치는 이 소리 귀 기울이시사 손잡고 날 인도하소서.' 어느새 주님은 나를 찾아와 이런 위로의 가사를 입술에 허락하십니다. '어둔 밤 지나면 새날 오고 겨울이 가면 봄이 오듯, 이 세상 슬픔이 지나고 나면 광명한 새날이 밝아오네. 예수님은 나의 생명, 믿음, 소망, 사랑이시니 십자가 보혈 자비의 손길로 상처 입은 나를 고치시리.' 빛이 없는 캄캄한 곳에서 찬송하다 보니 찬송가 가사를 모조리 외우게 되었습니다. 과거에는 5절까지 부르면 또 한 번 부르기가 힘들었는데 이제는 두세 번도 부족하여 부르고 또 부릅니다. 찬송과 기도를 통해 주님과 교제하는 기쁨은 전에 알지 못하던 기쁨입니다. 고통 가운데 경험한 하늘의 기쁨과 평강이 어떠한지 운좋게 맛보게 되었습니다. 참 좋으신 하나님이십니다!"

하나님을 경험하다

고난 기간은 하나님의 특별한 임재와 은혜를 경험하는 때입니다. 하나님은 자신이 어떤 분인지 말로 설명하기보다, 우리의 삶 속에 직접 개입하심으로 우리가 경험적으로 알기를 원하십니다. 성경의 인물들을 보면, 그들은 자신의 삶 속에서 실제적으로 하나님을 경험하고 난 후 하나님이 어떤 분이신지 구체적으로 알게 되었습니다.

아브라함이 100세에 얻은 귀한 아들 이삭을 제물로 바치려는 순간, 이삭을 대신한 번제물을 준비해두신 하나님을 경험하게 되었습니다. 아브라함은 감격하여 그 땅 이름을 "여호와 이레"라고 했습니다. 만약 아브라함이 믿음으로 순종하지 않았다면, 그런 위기의 순간을 지나지 않았다면, 아브라함은 미리 준비해주시는 공급자 하나님을 경험하지 못했을 것입니다.

하갈은 또 어떻습니까. 주인 사라의 학대와 멸시를 견디지 못해 도망하던 절망적인 상황에서 하나님의 도우심과 위로를 받고 감격한 하갈은 "내가 어떻게 나를 감찰하시는 주님을 뵈었는고!"라고 고백했습니다. 고난을 통하지 않고는 나올 수 없는 독백이었던 것입니다. 여호와의 종 모세는 아말렉과의 전쟁에서 하나님의 도우심으로 승리한 후 단을 쌓았습니다. 그리고 "여호와 닛시"라고 명했는데 '여호와의 깃발'이라는 뜻입니다.

사사기에서 기드온은 여호와의 사자를 직접 대면하고 죽을까 두려워 불안에 떨고 있을 때 "두려워 말라, 죽지 아니하리라!"는 확신의 말씀을 듣고 거기에 단을 쌓은 후 "여호와 살롬"이라 칭했습니다. 평강을 주시는 하나님을 거기서 경험했던 것입니다.

하나님께서 모든 대적의 손과 사울의 손에서 건지신 날에 다윗은 이렇게 고백합니다. "여호와는 나의 반석이시요 나의 요새시요 나를 건지시는 이시요 나의 하나님이시요 내가 그 안에 피할 나의 바위시요 나의 방패시요 나의 구원의 뿔이시요 나의 산성이시로다."(시편 18:2) 그는 막연한 상상력을 통해 하나님을 묘사하고 있는 것이 아니라, 원수들이 죽이려고 하는 생사의 고비에서 사망의 올무가 그를 얽어매고 있을 때 하나님을 만나고 이런 고백을 드릴 수 있었습니다.

극심한 장애 가운데서 하나님을 경험한 조니 에릭슨 타다는 말했습니다. "삶이 잘 풀릴 때 우리는 예수님을 아는 지식으로 슬쩍 넘어갈 수도 있고, 그분을 모방하고 인용하고 그분에 대해 이야기하면서 넘어갈 수도 있습니다. 하지만 고통 속에서만이 우리는 예수님을 제대로 알게 됩니다." 그녀의 고백처럼 우리도 고통 속에서 다른 방법을 통해서는 결코 배울 수 없는 하나님에 대해 배우게 되었고, 다른 방법을 통해서는 결코 경험할 수 없는 하나님을 경험하게 되었습니다.

삶의 모든 순간에 늘 함께하시는 하나님을 전하는 라비 재커라이어스도 "직접 경험한 사람의 말이 가장 큰 권위를 갖는다"고 했습니다. 회복하시는 하나님의 능력을 가장 잘 아는 사람은 바로 그 회복을 경험한 사람입니다. 인간의 모든 고통과 함께하시는 하나님은 욥을 버리지 않고 끝까지 그의 곁을 지켰습니다. 욥은 고난을 통하여 귀로만 듣던 하나님을 실제적으로 경험하게 되었습니다. "내가 주께 대하여 귀로 듣기만 하였사오나 이제는 눈으로 주를 뵈옵나이다."(욥기 42:5)

고난의 체험을 통해 욥은 하나님을 실제로 만나게 된 것입니다. 하나님의 실제를 경험하는 것, 이것이 바로 고난이 주는 신비입니다. 이것이 바로 고난이 주는 유익입니다. 우리 부부도 고난 가운데서 여러 가지 경로를 통해 놀라우신 하나님을 경험하게 되었습니다. 모든 것이 잘 풀리고 인생이 편안할 때는 결코 경험할 수 없는 하나님이었습니다. 남편은 이렇게 고백했습니다.

"투병생활을 통하여 하나님께서는 성경 말씀이 정말 살아 있는 말씀이라는 사실을 입증시켜주셨습니다. 복음서에서 예수님께서는 믿는 자들에게 이 땅에서 먹고 마시는 것에 대해 염려하지 말고 그 나라와 의를 구하라고 말씀하셨습니다. 이 말씀을 대할 때마다 혼란이 일어나곤 했습니다. 들의 풀과 공중의 새를 먹이신 하나님께서 그의 자녀들을 먹이고 입히시지 않겠느냐며 '하물며 너희일까보냐'라고 말씀하셨지만, 실제로 저는 모든 염려를 내려놓지 못했습니다. 그런데 지난 몇 년 사이 저희 가족을 입히시고 먹이신 하나님의 은혜는 실로 놀라웠습니다. 가뭄 가운데 까마귀를 통하여 3년 반 동안 엘리야를 먹이신 하나님을 실제로 저의 삶 속에서 경험했습니다."

핸리 블랙가비 목사님의 제자 훈련 교재로 유명한 『하나님을 경험하는 삶』에는 유난히도 돈 이야기가 많이 나옵니다. 거기에 인용된 예들을 보면 처음엔 잘 믿기지 않습니다.

하나님은 사역에 필요한 돈을 가장 필요할 때 정확한 액수로 제공해주시는데 필요한 돈과 주시는 돈 액수가 번번이 너무 딱 맞아떨어지는 겁니다. 정말 신기했습니다. '와! 정확한 시간에 정확한 액수를 세계 곳곳의 사람들을 통해 보내시는 하나님! 내 삶에도 과연 이런 일이 일어날 수 있을까?' 그런데 미국 유학생활 속에서 또 긴 시간 고난을 통과하면서, 그 목사님의 간증이 우리 삶에도 동일하게 적용됨을 깨달았습니다. 8년 가까운 투병생활 기간 동안, 아니 그보다 훨씬 전부터 하나님은 신실하게 우리의 필요를 채워주셨습니다. 갑작스레 거액이 필요할 때면 한국, 캐나다, 또 다른 나라에서 우리를 위해 기도하던 사람들이 어떻게 알고 필요한 금액을 송금해왔습니다. 5천 달러가 필요한 달은 정확하게 5천 달러가 누군가를 통해 전해졌습니다. 우리의 필요를 채우기 위해 천사들을 보내신 겁니다. 신기한 건 돈을 보내며 대부분 이런 말을 덧붙였다는 사실입니다. "왠지 급하게 돈이 필요할 것 같아서", "하나님께서 기도 중에 너와 네 가족을 도우라는 마음을 주셔서". 이런 일이 끝도 없이 반복되다 보니 핸리 블랙가비 목사님처럼 일일이 노트에 적어내려가다가 중간에 포기할 정도였습니다.

우리 가족의 애마가 된 토요타 캠리가 어떻게 우리 집에 오게 되었는지 소개하고 싶습니다. 2000년도의 어느 해였습니다. 10년 넘게 우리 가족은 18만 마일을 달린 낡은 차 미쯔비시 겔란트를 사용하고 있었습니다. 너무 낡아서 늘 마음이 조마조마했습니다. 우리 가족은 모일 때마다 하나님께 차를 보내주십사 기도했습니다.

나는 차에 오르면 먼저 기도를 하고 나서 운전대를 잡았습니다. "하나님, 오늘도 무사한 운전이 되게 해주세요. 차가 고속도로 중간에서 고장 나지 않게 해주세요. 외딴 곳에서 고장 나지 않게 해주세요. 정기검사 때 미리 문제를 찾아 고치게 해주세요. 혹시 문제가 생기더라도 집 가까운 곳이나 정비소 가까운 곳에서 생기게 주세요." 이렇게 기도하며 조마조마한 마음으로 차를 몰고 있을 때, 우리 교회의 한 자매가 공부를 마치고 한국에 돌아가게 되었습니다. 그녀의 차는 2년밖에 몰지 않아 새 차나 다름없었습니다.

우리는 차를 팔 생각이냐고 물었습니다. 돌아온 대답은 시카고에 사는 사촌오빠가 그 차를 가져가기로 했다는 것입니다. 욕심 때문에 묻긴

했지만 사실 그때 우리에게는 차를 살 수 있는 돈이 없었습니다. 얼마 동안 계속해서 기도하고 있을 때, 산호세에 살고 있는 친구로부터 전화가 왔습니다. 한국에 있는 텍사스 대학 동문들이 우리의 처지를 알고 모금운동을 전개해서 돈을 모았는데 송금할 계좌번호를 알려달라는 것입니다. 얼마 지나지 않아 7천 달러가 약간 안 되는 돈이 내 계좌로 들어왔습니다. 그리고 산호세의 친구가 5천 달러 수표를 보내왔습니다. 또 얼마 후 한국에서 1천 달러가 추가로 입금되었습니다. 도합 1만 3천 달러였습니다.

한국으로 돌아갈 예정인 그 자매에게서 갑자기 연락이 왔습니다. 사촌 오빠가 더 이상 차가 필요하지 않게 되었으니 생각이 있으면 1만 3천 달러만 지불하고 인수하라는 것이었습니다. 우리 수중에 있는 돈의 액수와 한 치의 오차도 없었습니다. 귀를 의심했습니다. "아니 이럴 수가! 이렇게 멋진 방법으로 차를 선물하시다니!" 우리는 흥분과 감격 속에서 거의 헐값으로 그녀의 차를 인수받게 되었습니다. 타던 차는 어떻게 할까 생각하다가, 낡았지만 그동안 별문제 없이 잘 타고 다녔기에 고쳐서 차가 필요한 사람에게 주기로 했습니다. 8월이면 정기검사를 받아야 했기에 정비소에 갔습니다. 엔진과 트렌스미션, 브레이크 등 중요한 모든 부품들이 손을 쓸 수 없을 정도로 망가진 상태라고 했습니다. 폐차 처분을 받았습니다. 8월이면 더 이상 쓸 수 없는 차의 상태를 아신 하나님이 천사들을 통해 돈을 미리 준비해놓으시고 가장 가까운 곳에서, 가장 좋은 차를, 가장 좋은 가격으로, 최적의 시기에 살 수 있도록 모든 것을 계획해놓으신 겁니다. 그런 하나님을 생각하면 전율하지 않을 수 없습니다.

그뿐이 아닙니다. 8년간의 투병생활 중 병원비와 치료비를 합하면 1백만 달러가 훨씬 넘는데 여러 가지 방법으로 면제시켜주시고 필요한 금액은 채워주셨습니다. 참 고마우신 하나님, 우리 힘으로는 감당할 수 없는 의료비와 생활비를 채워주신 하나님, 우리 살림은 하나님이 알아서 모두 다 해주셨다고 해도 과언이 아닙니다. 그뿐만이 아닙니다. 돈이 없어 막막한 상황이 되면 하나님께서 친히 나서서 우리의 고민거리를 해결해주셨습니다.

1994년 텍사스 대학의 최후통첩을 받고 남편의 박사논문이 중단될 뻔한 위기상황 속에서 주변 분들이 보내주신 무려 2만 달러의 천국 장학금 이야기도 빠뜨릴 수 없습니다. 우리 가족은 그 천국 장학금으로 2년 동안 열심히 공부하고 생활할 수 있었습니다. 남편은 박사논문을 마칠 수 있었습니다. 허드슨 테일러는 이런 말을 했습니다. "하나님의 방법으로 이루어지는 하나님의 일에는 결코 하나님의 공급이 부족한 법이 없다."

남편은 고통 가운데서 자신과 함께하셨던 하나님에 대해 이렇게 말했습니다. "성경에 나오는 인물 중에 내가 가장 부러워한 사람은 요셉이었습니다. 그가 총리대신으로 쓰임을 받아서도 아니요, 인내함으로 인생의 바닥에서 정상까지 이르러서도 아닙니다. 그의 일생을 기록한 성경 말씀 가운데 '하나님께서 그와 함께하시더라'는 말씀이 자주 나오는데, 하나님이 함께하는 사람이란 사실 때문에 그가 부러웠습니다. 사실 평범하게 신앙생활을 하는 나로서는 하나님이 정말 나와 함께하시는지 종종 의심스러울 때가 있었습니다. 그런데 몸이 아프고 오랜 시간 투병생활을 하며 하나님이 나와 함께하신다는 사실을 깨달았습니다. 감옥에 갇혀 있던 요셉과도 함께하셨다는 하나님의 말씀을 100퍼센트 이해할 수 있게 되었습니다. 지극히 평화로운 일상에 함께하시기보다 가장 어려운 순간에 함께하시는 하나님이심을 알게 되었습니다. 찬송 속에서 경험하는 하나님, 말씀 속에서 진리를 확인시켜주시는 하나님, 고통의 한복판에서도 나와 함께하시는 하나님을 경험하는 일은 고난이 나에게 가져다준 선물입니다."

성품을 개발하다

"그러나 내가 가는 길을 그가 아시나니 그가 나를 단련하신 후에는 내가 순금같이 되어 나오리라."(욥기 23:10)

하나님께서 고난을 허락하시는 가장 큰 목표는 우리를 자신의 형상대로 만들어가기 위함입니다. 예수님의 성품을 닮아가도록 하기 위함입니다. 그런데 고난의 과정은 결코 즐겁지 않습니다. 뼈를 깎는 고통이 수반됩니다. 하나님의 형상대로 만들어지는 것은 결코 쉬운 일이 아닙니다. 시련의 터널을 통과해야 합니다. 모든 것을 하나님께 내어맡겨야 합니다. 하나님께서 만지시는 대로 우리는 고통스러운 과정을 참고 견뎌내야만 합니다. 고난을 허락하시는 하나님을 로마서 9장에서는 '우리를 빚으시는 토기장이'라고 표현했습니다. 이 말씀을 읽을 때마다 태초에 아담과 하와를 지으실 때의 하나님, 혹은 어머니 태중에 있는 아이를 만드시는 하나님을 연상하곤 했습니다.

그러나 남편의 투병 등 구체적인 고난을 통해 하나님께서는 이미 이 땅에 태어난 당신 자녀들의 인생 가운데서도 계속하여 토기장이의 역할을 하신다는 사실을 깨닫게 되었습니다. 이미 굳어버린 흙으로 질그릇을 빚으시는 데는 더 큰 고통이 따를 수밖에 없다는 사실도 알게 되었습니다.

고난을 통해 우리를 빚으시는 하나님은 우리 안에 잔뜩 끼어 있는 불순물을 걸러냄으로써 자신이 보기에 합당한 그릇으로 만들어가십니다. 용도에 맞는 그릇으로 만들어가십니다. 맥스 루카도 목사님의 저서 『하나님을 향한 영적 갈망 목마름』에는 버지니아 주에 있는 '콜로니얼 윌리엄스버그'의 은세공 작업장 이야기가 나옵니다. 장인은 은 덩어리를 모루 위에 올려놓고 커다란 망치로 두들겨댑니다. 자신이 원하는 모양을 만들기 위해 충분한 크기만큼 은판이 넓어졌다 싶으면 그 은판을 풀무에 집어넣습니다. 그때부터 장인은 자신이 원하는 물건이 나올 때까지 풀무에 달구고 모루 위에서 두들기기를 되풀이합니다. 달구고, 두들기고, 달구고, 두들기고…… 자신이 원하는 그릇이 될 때까지 계속합니다. 아무도 은세공인을 향하여 뭐라 하지 않습니다. "은이 너무 아프니까 그만 좀 두들기세요. 너무 불쌍하지 않으세요?" 이런 말을 하는 사람은 단 한 명도 없습니다.

은세공인을 통하여 우리는 고난을 다루시는 하나님의 모습을 보게 됩니다. 우리가 하나님 마음에 들 때까지 하나님은 우리를 뜨겁게 달구고, 두들기십니다! 은세공인은 은의 순도를 구별해내는 나름대로의 비법을 갖고 있다고 합니다. 그것은 자신의 모습을 들여다보는 것입니다. 자신의 모습이 깨끗하고 온전하게 비치면 은으로부터 불순물이 모두 제거되었다는 표시라고 합니다. 하나님이 보여주시는 거울 앞에서, 말

말씀의 거울 앞에서 자신을 들여다보며 결점을 도려내고, 죄를 도려내고, 회개를 통해 정화시켜가는 작업을 하는 것입니다. 시편 기자처럼 매일 주님 앞에서 노래하고 싶습니다. "하나님이여 내 속에 정한 마음을 창조하시고 내 안에 정직한 영을 새롭게 하소서."(시편 51:10)

우리가 하나님께 쓰임받는 유일한 비결은 우리 성품의 못나고 연약한 부분들을 하나님께 모두 맡겨놓고 만지시도록 하는 것입니다. 고통은 우리의 완고함과 믿지 못하는 어리석음에서 옵니다. 고난을 통해 비록 속도는 더디지만 조금씩조금씩 하나님께 합당한 사람을 만들어가시는 주님을 우리 안에서 보게 되었습니다. 우리는 고난을 통과하면서 자신을 포기하게 되었고 내 안에는 의지할 것이 아무것도 없음을 깨달았습니다. 그리하여 나 자신을 비우고 온전히 하나님으로 채우려고 노력했습니다. 질그릇처럼 깨어지기 쉬운 우리의 모습을 바라보며 겸손함을 배우게 되었습니다.

고난의 순간이 찾아오면 사람들은 대부분 겸손해집니다. 삶이 평탄할 때, 건강할 때, 계획된 일들이 순조로이 진행될 때, 성공가도를 달릴 때, 행복한 나날이 계속될 때는 겸손이 안중에 없습니다. 내게 주어진 형통과 축복 앞에서는 내 힘과 능력, 내 지혜와 노력으로 일들을 이루었다고 생각하기 쉽습니다. 말로는 하나님이 도와주셨다, 하나님의 은혜다 하지만 그것은 입술의 고백이 되기 쉽습니다. 일이 잘되어갈 때 자신의 능력과 영광에 도취하기 쉽습니다. 끝까지 포기하기 어려운 것이 자신이 능력 있고 유용한 사람이라고 믿고 싶은 의식입니다. 그러므로 성공의 결과에 대해 100퍼센트의 크레딧을 하나님께 드리기가 어렵습니다.

고난 속에서 하나님은 우리로 하여금 인내하는 자가 되게 하셨습니다. 자신에 대해 인내하고 타인에 대해 인내하며 환경에 대해서 인내하는 자로 만드셨습니다. 고난의 시간은 기다림의 시간이었습니다. 그 시간에 우리는 기도 응답을 기다리며 하나님의 기적을 기다렸습니다. 문제해결과 치유를 기다렸습니다. 어두운 밤을 지나 동트는 새벽을 기다렸습니다. 하나님의 약속을 믿으며 그 약속이 성취되기를 기다렸습니다. "슬픔이 변하여 내게 춤이 되게 하시며 나의 베옷을 벗기고 기쁨으로 띠 띠우시기"(시편 30:11)를 기다렸습니다. 그러나 고난 가운데 기다림은 결코 쉬운 일이 아닙니다. 내 인생의 태평성대에는 안타까울 만큼 시간이 빨리 지나갑니다. 하루가, 한 주간이, 그리고 한 달이 눈 깜짝할 사이에 지나갑니다. 하지만 역풍이 몰아치는 고난의 때에는 하루를 지내기도 힘들 때가 있습니다. 한나절을 지내기도 지루할 때가 있습니다. 기다림의 시간이 형벌처럼 느껴질 때도 있습니다.

우리에게 주어진 8년의 고난 기간은 정말 지루하고 힘들었습니다. 길고긴 시간들이었습니다. 하루하루가 견디기 힘들었습니다. 1년, 2년이 뭉텅뭉텅 한꺼번에 가버리면 좋겠다는 생각을 했습니다. 늙어도 좋으니 세월이 빨리 가기를 바라는 사람은 아마 불행하다고 느끼는 사람이나 고난 가운데 있는 사람들일 것입니다. 병중에 있는 사람들일 것입니다. 하나님은 우리를 훈련하실 때 불가능해 보이는 상황 속에서 훈련시키기를 좋아합니다. 인내의 훈련은 기다릴 필요가 없는 상황 속에서는 이루어질 수 없습니다. 인내가 도저히 불가능한 상황 속에 있을 때, 비로소 자의 반 타의 반으로 조금씩조금씩 인내를 배워갑니다. 도저히 참아줄 수 없는 사람들, 도저히 참을 수 없는 상황과 사건들, 도저히 견딜 수 없는 시간 속에서 인내하는 법을 배우게 하십니다.

현대인은 속도전에 강합니다. 속도에 특별히 관심이 많습니다. 지름길을 좋아합니다. 속성반을 원합니다. 인스턴트 푸드를 선호합니다. 줄을 서서 차례를 기다리지 못합니다. 나의 필요와 욕구가 즉각적으로 채워지지 않으면 짜증을 냅니다. 내 문제가 즉시 해결되어야 하고 고통에서도 속히 벗어나기를 원합니다. 이처럼 조급하고 속도에 민감한데 어떻게 인내를 배울 수 있을까요? 인내하기 힘든 상황 속에서 어떻게 인내를 배울 수 있을까요? 릭 워렌 목사님의 말씀입니다. "하나님은 속도보다는 강도와 안정성에 더 관심을 두신다. 큰 참나무를 만드는 데는 100년을 사용하신다. 하지만 버섯은 하룻밤에 만드신다. 위대한 영혼은 고민과 태풍 그리고 고통의 기간을 거쳐 성장한다."

또 하나 중요한 것은 고난이 일시적이라는 사실을 기억하는 것입니다. 우리 부부가 경험한 8년의 투병기간은 너무 길어 영원처럼 느껴졌지만, 사실 8년은 영원에 비하면 아주 짧습니다. "우리가 잠시 받는 환란의 경한 것이 지극히 크고 영원한 영광의 중한 것을 우리에게 이루게 함이니."(고린도후서 4:17) 환란이나 고통은 일시적이고, 그 상급은 영원하다는 사실을 기억하는 것이 중요합니다. 지금 어떤 상황에 처해 있든 이 역시 곧 지나가리라 생각하면 고통은 견딜 만한 것이 됩니다.

또 하나, 예수님을 기억하는 것입니다. 예수님이 이 땅에서 받으신 모욕과 고통을 생각하면 참을 수 없는 것이 어디 있겠습니까. 예수님을 진정 닮고 싶으면 인내할 수 없는 사람들에 대해서도 인내하게 됩니다.

인내할 수 없는 상황에 대해서 인내하게 됩니다. 야고보는 이렇게 말했습니다. "이는 너희 믿음의 시련이 인내를 만들어내는 줄 너희가 앎이라."(야고보서 1:3) 시련을 통해 우리는 인내를 배웠습니다. 인내하신 예수님의 성품을 닮아가게 되었습니다.

이 기간 동안 하나님은 우리에게 용서의 중요성도 가르쳐주셨습니다. 그동안 소원했던 관계들, 서먹서먹해졌던 관계들, 혹은 마음에 미움으로 남아 있던 사람들을 생각하게 되었고, 그들을 위해 기도하며 용서하게 하셨습니다. 그리고 우리로 인해 상처받았던 사람들에게 용서를 구하는 일도 시작했습니다. 편지를 보내고, 전화를 걸어 용서를 구했습니다. 용서하고 용서받는 것은 무거운 짐을 등에 지고 있다가 내려놓은 것처럼 우리를 가볍게 했습니다. 자유롭게 해주었습니다.

고난을 통해 우리는 정결해지고 인내의 사람이 됩니다. 겸손한 사람, 용서하는 사람으로 탈바꿈합니다. 그분의 선과 목적을 이루시도록 자신의 뜻과 삶을 하나님께 양도하고, 인생 전체를 내어드리는 믿음의 자리로 옮겨갑니다. 고난의 궁극적 목적인 온전한 사람(히브리서 2:10)으로 바뀌어갑니다. 예수님의 성품을 닮은 자가 되어갑니다.

"그러나 여호와여 주는 우리 아버지시니이다 우리는 진흙이요 주는 토기장이시니 우리는 다 주의 손으로 지으신 것이니이다."(이사야 64:8)

사명을 발견하다

릭 워렌 목사님은 "하나님은 다른 사람들을 위한 사역에 우리를 준비시키기 위해 의도적으로 아픈 경험을 우리의 삶 가운데 허락하신다."

고 했습니다. 성경은 이에 대해 이렇게 말합니다. "우리의 모든 환난 중에서 우리를 위로하사 우리로 하여금 하나님께 받는 위로로써 모든 환난 중에 있는 자들을 능히 위로하게 하시는 이시로다."(고린도후서 1:4)

고난을 당하기 전에 나는 고난에 처한 사람들을 어떻게 도울지 몰랐습니다. 사업에 실패한 사람, 중병에 걸린 사람, 가정에 어려움을 당한 사람, 죽음을 눈앞에 두고 있는 사람 등, 이들을 심방할 때면 늘 '무슨 말을 해야 하나? 어떻게 위로해야 하나?' 하는 것이 큰 고민이었습니다. 그러나 내가 직접 고난을 체험하면서부터는 그런 걱정을 할 필요가 없어졌습니다. 과부가 과부 사정을 안다는 말처럼 고통당하는 자들의 심정을 십분 이해할 수 있게 되었습니다. 곁에 가만히 있어만 주어도 그들이 위로받는 것을 보았습니다. 나의 아픈 경험을 나눌 때면 그들은 그 속에서 문제의 해결책을 스스로 발견하기도 했고, 나의 아픔과 비교해보면서 자신의 상황으로 인해 불평하던 마음을 접고 감사하는 마음을 갖게 되었습니다.

부부문제로 어려움을 겪으며 갈등하다 나를 찾아온 자매가 있었습니다. 나는 그녀의 이야기를 아무 말 없이 처음부터 끝까지 경청했습니다. 그리고 그녀의 이야기가 끝나자 나의 상황과 얼마 전 남편이 내게 했던 말을 그대로 들려주었습니다. 밤낮으로 간호하는 나를 보며 안쓰러워하던 남편이 하루는 진지하게 말했습니다. "여보, 내 목의 호흡기를 떼고 나무토막처럼 묶어다가 쓰레기통에 나를 버려주면 좋겠소. 호흡기만 떼면 나는 죽은 목숨 아니오. 나 때문에 고생하는 당신 모습 정말 보기 힘들어요."

힘들게 한다고 버리면 그게 가족이겠냐고 남편을 달래었습니다. 내가 병에 걸려 누워 있으면 똑같이 보살펴줄 것 아니냐고 그의 마음을 만져 주었습니다. 내 말을 듣고 그 자매는 불평할 상황이 아닌데 불평을 늘어 놓은 자신의 행동이 부끄럽다고 고백했습니다. 자신이 상상할 수도 없는 고통스런 상황에서 우리 부부가 나누는 이야기가 그녀의 가슴에 파고들었습니다. 이렇게 해서 한 가정의 부부문제가 해결되었습니다.

어느 날 한 자매가 내게 이런 말을 했습니다. "전도사님, 저는 전도사님을 보고만 있어도 힘이 나요. 전도사님 생각만 해도 은혜가 되어요. 어떤 문제에 봉착할 때마다 '나보다 훨씬 힘든 우리 전도사님도 감사하며 사시지, 나보다 훨씬 고통스런 전도사님도 잘 이기고 계시지!' 하는 생각을 저도 모르게 하게 돼요. 그러면 어느새 그 문제 속에서 빠져나와 감사하는 내 모습을 발견하게 된답니다."

가만히 그 자리에만 있어도 은혜가 된다고 하니 감사합니다. 대수롭지 않은 몇 마디 말에 문제해결을 받는다고 하니 감사합니다. 나의 삶 속에서 겪는 크고작은 어려움과 고난, 슬픔과 아픔들이 하나도 예외 없이 남을 돕는 일에 사용되는 것을 보며 하나님께 감사드리지 않을 수 없습니다. 예수님께서 인간이 겪는 고통을 손수 경험하시고 그 경험을 바탕으로 우리를 온전히 치유하시는 '상처 입은 치유자'가 되셨는데, 나도 이런저런 모양으로 받은 상처와 아픔을 가지고 다른 사람들의 아픔을 치유하는 도구로 쓰임을 깨닫게 되었습니다.

10년 전 나는 패밀리 터치 사역을 시작했습니다. 절망 가운데 있는 자에게 소망을 안겨주고, 슬픔과 낙심에 처한 자를 위로하며, 사랑하는 가족을 잃고 고통스러워하는 자에게 천국의 소망을 갖도록 돕는 일입니다. 아무리 행복해 보이는 가정도 한두 가지의 갈등과 문제는 있습니다. 갈등 없는 가정은 거의 없습니다. 하나님은 패밀리 터치 사역을 통하여 부부문제, 자녀문제로 곤란을 겪고 있는 가정들이 상담과 교육을 통해 문제를 해결할 수 있도록 돕는 일에 나를 사용하셨습니다.

그들을 도우면서 나는 나 자신이 치유되는 놀라운 경험을 하였습니다. 함께 울며 함께 아파하다 보니 어느새 내 아픔과 슬픔의 무게가 가벼워졌습니다. 가장 크게 보였던 나의 고통이 별것이 아님을, 점점 작아짐을 깨닫게 되었습니다. 이로 인해 다른 사람을 돕는 것이 바로 나 자신을 돕는 것이란 사실을 확실히 알게 되었습니다.

그뿐만이 아닙니다. 예수님이 꼭 필요한 자에게 예수님을 전하게 했습니다. 복음을 전하는 데 나와 남편이 겪은 고난이 얼마나 놀라운 복음 증거의 도구가 되는지 말로 다 할 수가 없습니다. 그래서 나는 하나님께 이런 고백을 하게 되었습니다. "주님, 너무 큰 아픔이고 피하고 싶은 것이었지만 고난은 제게 참으로 유익했습니다. 저를 성숙시키고 주님 닮은 자로 만들어주는 이 고난, 사역의 도구를 갖게 해준 이 고난은 제 인생에 꼭 필요한 것이었습니다."

삶 속에서 가장 중요한 질문들 중의 하나가 바로 이 고통과 고난의 존재 의미입니다. 하나님은 우리를 훈련시킬 목적으로 고난을 사용하십니다. 그분의 성품을 닮게 하기 위해, 그리고 남을 돕는 일에 사용하도록 고통을 겪게 하고 고난을 허락하십니다. 우리 부부의 고난도 그렇게 유익하게 사용되었습니다.

네 번째 이야기
열매 맺는 고난을 위하여

인생 전체를 보는 시각 갖기

전체 퍼즐판을 보지 않고는 퍼즐을 맞추기가 어렵습니다. 처음부터 부분을 맞추려고 애를 쓰기보다는 완성된 그림이 무엇인지를 아는 것이 중요합니다. 부분에 집중하기보다 전체 그림을 보는 것이 퍼즐을 빨리 맞출 수 있는 비결입니다. 이와 마찬가지로 고난이 찾아올 때도, 이것이 내 인생의 한 부분임을 인정하며 시작하는 것입니다. 아무도 고난으로부터 면제받은 자는 없습니다. 기간이 다르고, 정도가 다르고, 시점과 종류가 다를 뿐 모든 사람에게 고난은 찾아옵니다.

"범사에 기한이 있고 천하만사가 다 때가 있나니 날 때가 있고 죽을 때가 있으며 심을 때가 있고 심은 것을 뽑을 때가 있으며 죽일 때가 있고 치료할 때가 있으며 헐 때가 있고 세울 때가 있으며 울 때가 있고 웃을 때가 있으며 슬퍼할 때가 있고 춤출 때가 있으며 돌을 던져버릴 때가 있고 돌을 거둘 때가 있으며 안을 때가 있고 안는 일을 멀리할 때가 있으며 찾을 때가 있고 잃을 때가 있으며 지킬 때가 있고 버릴 때가 있으며 찢을 때가 있고 꿰맬 때가 있으며 잠잠할 때가 있고 말할 때가 있으며 사랑할 때가 있고 미워할 때가 있으며 전쟁할 때가 있고 평화할 때가 있느니라."(전도서 3:1-8)

전도서 3장에서는 모든 인간이 경험하는 삶의 여러 가지 모습과 환경과 때에 대해 이야기하고 있습니다. 열네 가지의 다른 때에 대해서 자세히 기술하고 있는데 이 모든 때를 간단하게 요약한다면 날 때가 있고 죽을 때가 있으며, 사랑할 때가 있고 그렇지 못할 때가 있으며, 순경의 때가 있고 역경의 때가 있으며, 행복할 때가 있고 그렇지 못할 때가 있다는 것입니다. 그런데 하나님이 주신 때는 긍정적으로 보이든 부정적으로 보이든 모두 다 아름답다고 성경은 말합니다. "하나님이 모든 것을 지으시되 때를 따라 아름답게 하셨다."(전도서 3:11)

밤과 낮을 만드신 하나님, 사계절을 만드신 하나님, 순경과 역경을 허락하시며 사망의 음침한 골짜기를 걷게 하시는 하나님, 그 하나님이 허락하신 것은 모두 아름다운 것입니다. 선을 위해 허락하셨기 때문입니다. 열매를 위해서 허락하셨기 때문입니다.

"우리가 알거니와 하나님을 사랑하는 자 곧 그의 뜻대로 부르심을 입은 자들에게는 모든 것이 합력하여 선을 이루느니라."(로마서 8:28) 우리가 경험하는 모든 때들이 함께 작용하여 결국 선을 이루는 데 기여한다는 것입니다. 그러므로 어느 때를 만나든, 선을 이루기 위해서 주셨다는 사실을 믿으며 우리가 맞는 이 때를 잘 통과하여 열매를 맺어야 합니다.

나 또한 인생의 여러 때를 거치며 오늘에 이르렀습니다. 중학교 1학년 때 예수님을 믿고 구원받은 하나님의 자녀가 되었습니다. 대학교 3학년 시절 평생 후회 없는 값진 삶이 무엇인지 고민하며 주님께 답을 묻고 있었을 때, 부족한 저를 사명자로 부르셨습니다. 그리고 부름에 합당한 자로 만드시려고 고난의 학교에 입학시키셨으며 크고작은 어려움과 아픔들을 경험하게 하셨습니다. 또한 하나님이 준비해놓으신 훈련의 과정들을 하나님의 시간 계획표에 따라 거치게 하셨습니다. 유학생활의 어려움도 겪었고, 서른여섯의 젊은 나이에 남편의 불치병과 싸우면서 8년에 가까운 세월을 고통과 눈물의 골짜기를 걸으며 40대 중반에 접어들었습니다.

쇼펜하우어가 말했습니다. "인생 40년은 생의 본문(text)이며 그 이후의 삶은 생의 해석(interpretation)이다." 정말 그렇습니다. 나는 지금까지 뒤를 돌아다볼 새도 없이 열심히 살았습니다. 여러 가지 때를 만났지만, 한탄하고 불평하기보다 그 때를 잘 넘기기 위해 애쓰고 노력했습니다. 내 삶을 주님께 드리고 주님의 영광을 위해 살기를 원했는데 왜 이리 힘든 일이 많은지 이해되지 않을 때가 있었습니다. 그런데 이제 돌아보니 알 것 같습니다. 왜 나에게 이런 일이 일어났는지, 이 일들이 내 삶에 왜 필요했는지 이해하는 안목이 생겼습니다. 내 생애에 일어났던 일들을 하나님의 섭리 가운데서 바라보니 이제야 이해가 되는 것입니다. 지난 40년 동안 일어났던 내 생애의 본문을 바라보며 이제는 그 생에 나름대로의 해석을 붙여주고 그 해석에 근거하여 앞으로 남은 삶을 어떻게 살 것인지 설계하게 되었습니다. 이해할 수 없는 인생의 한 단면만 보던 시각을 인생 전체를 바라볼 수 있는 시각으로 바꾸면 고난의 때가 계속되지 않음을 알게 됩니다. 끝이 있음을 알고 그 유익도 알게 됩니다. 그렇게 되면, 고난을 극복할 수 있는 비결 하나를 얻게 되는 것입니다.

하나님을 신뢰하기

고난을 허락하신 분이 어떤 분이신가를 아는 것은 고난을 극복하는 중요한 열쇠입니다. 우리에게 고난을 허락하신 하나님은 우리를 사랑하시되 끝까지 사랑하는 분이십니다. 우리와 함께하시되 끝까지 함께하는 분이십니다. 우리를 도와주시되 끝까지 도와주는 분이십니다. 그분은 우리의 삶을 통해 최상의 선을 이루는 분이시며 최상의 열매를 맺게 하는 분이십니다. 이 사실을 확실히 안다면 우리는 그분과 함께 어떤 고난도 넉넉히 이길 수 있다는 확신의 자리에 이르게 됩니다. 시편 23편의 하나님은 우리가 고난 가운데 있을 때 그 고난을 극복할 수 있는 힘과 능력을 공급해주셨습니다. 시편 23편을 묵상하고 암송하면서 우리는 하나님에 대해 더 많이 배우게 되었고, 그 배움으로 인하여 하나님을 더 신뢰하게 되었습니다.

고난 중의 생명줄 — 시편 23편

리켄 베이커 대위가 조종하던 비행기가 태평양에 추락했을 때 있었던 일입니다. 구조대가 일주일 동안 그를 찾았지만 어디에도 살아 있다는 조짐은 발견되지 않았습니다. 2주가 지나고 3주가 지나도 흔적조차 발견할 수 없었습니다. 그러나 그는 23일 후 통나무에 의존한 채 살아 있는 모습으로 발견되었습니다. 태평양 한가운데 추락하여 통나무에 몸을 줄로 묶은 채 구조를 기다리는 동안 보이는 것은 망망대해와 끝없는 하늘뿐이었다고 했습니다. 몸에 와 닿는 것은 작열하는 태양뿐이었으며 배가 고프고 목이 말라도 마실 것은 짠 소금물뿐이었다고 했습니다.

그러한 그가 인간의 한계를 넘어서 생존할 수 있었던 것은 선한 목자이신 하나님을 믿고 의지하는 신앙 때문이었다고 합니다. 구조를 기다리면서 그는 시편 23편과 마태복음 6장 31절에서 34절 말씀을 계속적으로 암송했다고 합니다. 하나님의 나라와 의를 먼저 구하는 생의 뚜렷한 목적과 선한 목자 되신 하나님께서 그의 약속대로 잔잔한 물가로 인도하실 것을 믿었기에 내일 일을 염려하지 않고 구조의 순간까지 견뎌낼 수 있었다는 것입니다.

남편도 그와 비슷한 경험을 했습니다. 남편의 시편 사랑은 그의 질병과 함께 시작되었습니다. 그는 거의 8년 이상을 이 말씀을 붙들고 묵상하고 암송했습니다. 수천 번도 더…… 고난 가운데 있을 때, 불치병과 싸우는 병상에서, 외롭고 고독한 자리에서, 의심과 두려움의 자리에서, 불안과 초조의 자리에서, 슬픔과 아픔의 자리에서 그 말씀과 함께 있었습니다.

사경을 넘나드는 중환자실에서 폐가 파열될 것 같은 위기상황을 회복으로 이끈 말씀이 바로 시편 23편이었습니다. 코마 상태에서도 이 말씀을 생각나게 하시고 암송하게 하시는 주님의 사랑은 놀랍습니다. 말씀으로 치료하시는 하나님의 능력은 참으로 놀랍습니다.

다윗은 인생의 말년에 삶을 뒤돌아보며 여호와 하나님은 자신의 '선한 목자'이셨다고 고백하고 있습니다. 살아온 경험을 바탕으로 볼 때 하나님은 조금도 부족함 없이 자신의 모든 필요를 채우시는 하나님이셨다고 힘주어 말하고 있습니다. 그런데 다윗의 이러한 고백은 그에게서 그치지 않고, 그대로 우리의 경험이요 우리의 고백이 되었습니다.

유년시절 다윗은 양치는 목동이었습니다. 그는 밤이고 낮이고 양과 함께 생활하며 그들을 보살피고 지켜보았기에 양들의 생리를 누구보다 잘 알고 있었습니다. 그래서 양의 특성이 무엇인지, 양의 필요가 무엇인지를 잘 알았습니다. 또한 양의 필요를 채우는 목자의 역할이 무엇인지도 알았습니다. 그는 목자와 양과의 관계를 여호와 하나님과 그의 백성인 우리들의 관계로 대비시켜 시편 23편을 기록했습니다.

나에게 양들의 속성과 목자의 특성을 이해하는 데 도움을 준 책들이 여러 권 있었습니다. 대표적인 책으로는 제임스 몽고메리 보이스 목사님의 『시편 강해』와 필립 켈러 목사님의 『목자가 본 시편 23편』, 그리고 맥스 루카도 목사님의 『짐을 버리고 길을 묻다』 등이 있습니다. 이 책들을 중심으로 양들의 필요를 채우시는 목자에 대해서 배우는 것은 나에게 큰 유익이 되었습니다.

여호와는 나의 목자시니 내게 부족함이 없으리로다(1절)

시편 23편 첫 구절은 우리의 목자가 되시기에 충분하신 하나님이란 사실을 전제로 하고 그가 구체적으로 어떻게 목자의 역할을 하시는지를 2절부터 서술해나가고 있습니다. 먼저 우리의 목자가 되신 여호와 하나님은 어제나 오늘이나 내일도 영원토록 변함이 없으시며, 전지전능하시며, 양들을 위해 목숨을 버리는 사랑의 하나님(요한복음 10:11)이십니다. 그러기에 그는 양의 필요를 채워주기 위해 조금도 부족함이 없는 분입니다. 변함없는 그의 사랑과 전지전능하심 때문에 피조물의 필요가 무엇인지를 아시며, 그 필요를 완벽하게 채워주실 수 있는 분이십니다. 그렇다면 구체적으로 양들의 어떤 필요를 어떻게 채워주시는지 다음의 구절을 통해 그 답을 찾을 수 있습니다.

그가 나를 푸른 풀밭에 누이시며 쉴 만한 물가로 인도하시는도다(2절)

이 구절은 양에게는 쉼과 안식의 필요가 있다는 것을 말해줍니다. 필립 켈러 목사님에 의하면, 양은 겁이 많은 동물이어서 두려움을 느끼면 결코 누워서 쉬지를 못 한다고 합니다. 먼저, 두려운 것들이 없어야 하고 두 번째로는, 다른 양들과 갈등이나 마찰이 없어야 하고 셋째, 파리나 곤충과 같은 물것과 날것들이 자신을 괴롭히지 않아야 하며 넷째, 배가 불러야만 편안히 누울 수 있다고 합니다. 그것을 영어의 4F(Fear, Friction, Flies, Famine)로 구분지어 설명하면서, 이 모든 상황으로부터 자유로워야만 쉴 수 있는 동물이 양이라고 말합니다.

그런데 양에게 있어서 네 가지 문제를 모두 해결해줄 수 있는 자는 오직 목자뿐입니다. 양의 문제와 필요를 알고 있는 목자만이 그들이 두려워할 만한 모든 상황으로부터 보호해주며, 양들 사이에 일어나는 마찰과 갈등을 해결해주고, 그들을 괴롭히는 물것들을 제거해주고, 먹을 꼴을 제공해줄 수 있기 때문입니다. 목자와 함께 있어야 그들은 쉼과 안식을 누릴 수가 있습니다.

인간도 마찬가지입니다. 양과 동일하게 우리에게도 평안과 안식이 필요합니다. 그 필요를 채워주시기 위해 예수님은 우리를 초청하고 계십니다. "수고하고 무거운 짐 진 자들아 다 내게로 오라 내가 너희를 쉬게 하리라."(마태복음 11:28) 예수님 안에 참된 쉼이 있습니다. 예수님 안에 참된 안식이 있습니다.

내 영혼을 소생시키시고 자기 이름을 위하여 의의 길로 인도하시는도다(3절)

"내 영혼을 소생시키시고"라는 구절은 두 가지 의미로 해석할 수 있습니다. 먼저 육체적으로나 정서적으로 건강을 회복시키신다는 뜻이 되겠고, 영적인 면으로 보면 회개를 통한 구원에 이르도록 인도하신다는 뜻입니다. 이 구절을 좀 더 생생하게 설명하기 위해 켈러 목사님은 넘어진 양들에 대한 설명을 해줍니다. 살이 쪄서 무게가 많이 나가는 양이나 긴 털을 가진 양들이 몸을 굽혀 작은 구덩이에 누우려고 하다가 실수하게 될 경우, 그들은 몸의 무게 중심을 쉽게 잃어버린다고 합니다. 그럴 경우 발에 있던 무게 중심이 등 쪽으로 옮겨지면서 멈추지를 못 하고 계속 밑으로 구르게 된다고 합니다. 이에 놀란 양들은 앞발을 흔들어대며 몸부림을 치다가 결국 얼마 가지 않아 다리에 산소공급이 중단되고, 그로 인해 온몸에 가스가 차오르면서 죽어간다는 것입니다. 한번 넘어져 구르기 시작하면 목자의 도움 없이는 일어날 수 없는 동물이라는 것입니다. 이처럼 죽음을 앞둔 위기상황 속에서 양의 몸을 제대로 일으켜줄 자는 목자뿐입니다.

우리도 살면서 이런 상황에 직면할 때가 있습니다. 절망의 환경, 죽을 것 같은 환경, 고통스런 문제의 한복판에 서 있을 때가 있습니다. 이때 우리가 쓰러지지 않도록 붙잡아줄 자가 필요합니다. 우리를 회복시킬 자가 필요합니다. 누가 우리의 이 같은 필요를 채워줄 수 있을까요? 예수님이십니다. 우리의 육체에 건강을 회복시킬 자가 누구일까요? 예수님이십니다. 육체적, 정서적, 영적 파산으로부터 우리를 구해줄 자가 누구일까요? 오직 예수님뿐이십니다.

"자기 이름을 위하여 의의 길로 인도하시는도다", 이 구절은 옳은 길로 인도받을 필요에 대해 이야기하고 있습니다. 양들은 이 세상 동물 중에서 가장 미련한 동물로 간주됩니다. 양은 또한 방향감각이 없어서 한번 길을 잃으면 목자가 찾아오기까지 스스로 목자나 양 무리들을 찾아갈 수 없는 동물이며, 눈 깜짝할 사이 길을 잃어버리는 동물이라고 합니다. 쉽게 길을 잃고 헤매는 양의 특성을 인간과 비교한 구절이 이사야 53장 6절 말씀입니다. "우리는 다 양 같아서 그릇 행하여 각기 제 길로 갔거늘 여호와께서는 우리 모두의 죄악을 그에게 담당시키셨도다."

이처럼 길 잃고 갈팡질팡하는 양들을 목자가 올바른 길로 인도해줍니다. 길 잃고 방황하는 우리를 위해 예수님은 우리의 죗값을 대신 지불하시고 우리를 구원의 길과 의의 길로 인도하셨습니다.

이 구절에서 한 가지 주목해야 할 것이 있습니다. "자기 이름을 위하여"란 대목입니다. 하나님이 우리를 의의 길로 인도하시는데, 그 이유는 그렇게 하는 것이 그분 자신의 이름에 걸맞은 행위라는 것입니다. 여기서 우리는 소망을 발견합니다. 우리가 설령 연약하여 잘못된 길에서 헤맨다 할지라도 그분은 어떤 방법으로든 우리를 그곳으로부터 끌어내신다는 것입니다. 우리를 죄 가운데 그대로 방치하는 것은 그분의 명예를 손상시키는 일이기 때문입니다. 그분의 이름에 먹칠을 하는 일이기 때문입니다. 그는 우리를 인도하시되 가장 좋은 길로 인도하는 분이십니다. 자신의 의로운 성품 때문에, 우리가 그의 의로움에 참예하기 원하시기 때문에, 우리를 의로운 길로 인도하십니다. 우리가 따르는 목자 예수님은 올바른 삶을 위한 생의 안내자입니다. 나침반입니다.

내가 사망의 음침한 골짜기로 다닐지라도 해를 두려워하지 않을 것은 주께서 나와 함께하심이라 주의 지팡이와 막대기가 나를 안위하시나이다(4절)

이 구절은 '보호받을 필요'에 대해서 이야기하고 있습니다. 양들에겐 폭풍과 추위와 눈보라와 홍수를 피할 보호처가 필요합니다. 깜깜한 밤, 험한 산등성이와 골짜기를 지날 때마다 그들을 안전하게 인도해줄 목자가 필요합니다. 또한 양의 목숨을 노리는 사나운 맹수로부터 안전하게 보호해줄 목자가 필요합니다.

우리의 삶의 여정에도 폭풍우가 있습니다. 비바람과 눈보라가 있습니다. 죽음의 골짜기와 같은 시련과 고난의 계절이 있습니다. 두려움이 우리를 삼키려는 순간도 있습니다. 질병의 고통으로 신음하며 아파할 때도 있습니다. 그러나 이런 모든 상황 속에서 우리와 함께 거기 그 자리에 계시면서 폭풍우를 피할 보호처가 되어주시는 분, 바위와 산성이 되어주시는 분이 계시기에 우리는 두려움을 물리치고 죽음의 골짜기를 지날 수 있습니다. 나 혼자가 아니기에, 그분이 우리와 함께 계시기에, 우리는 그 골짜기를 안전하게 빠져나올 수 있습니다.

주께서 내 원수의 목전에서 내게 상을 차려주시고 기름을 내 머리에 부으셨으니 내 잔이 넘치나이다(5절)

양들의 많은 필요 가운데 결코 뺄 수 없는 것이 있다면 이는 양식의 필요일 것입니다. 이 구절에서 양들을 위해 꼴을 준비하는 목자의 모습을 보게 됩니다. 양들에게 먹을 것을 제공하는 목자, 양들을 위해 식탁을 준비하는 목자입니다. 목자 되신 하나님은 우리가 이 땅에 사는 동안 우리에게 먹을 양식을 주십니다. 육신의 필요를 채우는 양식뿐만 아니라 영혼에 양분을 공급하는 영의 양식을 주십니다.

그분은 또한 우리의 상처를 싸매시는 하나님이십니다. 켈러 목사님에 의하면, 근동 지방의 목자들은 양들이 상처가 나거나 염증이 생겼을 때 기름을 가지고 상처 난 부위에 발라 감염을 막아준다고 합니다. 그뿐이 아닙니다. 우리의 목자는 원수들이 보고 있는 앞에서 우리를 잔칫상에 앉히시고 "너는 내 것이라"고 인정해주십니다. 원수들을 향하여 "너희들 내 말 잘 들어. 내 양에게 손을 대면 너 죽을 줄 알아, 알겠지?"라고 하십니다. 이 말을 들은 원수들이 우리를 해하려 하다가 무서워 하나둘씩 도망가는 모습은 상상만 해도 신이 납니다. 그렇기에 우리는 사탄 마귀의 공격에 힘없이 쓰러져 패배할 존재가 아닙니다. 목자 되신 여호와 하나님 때문에 우리는 결국 승리하게 되어 있습니다. 이것이 우리의 종국입니다. 그분이 원수들 앞에서 선포하셨기 때문입니다. "너는 내 것이라. 그래서 아무도 넘볼 수 없다."

내 평생에 선하심과 인자하심이 반드시 나를 따르리니 내가 여호와의 집에 영원히 살리로다(6절)

양들은 초원에서 낮 시간을 보냅니다. 또한 여름이 오면 대부분의 시간을 초원에서 보냅니다. 그러다가 밤이 되거나 눈보라치는 겨울이 오면 양 우리로 돌아옵니다. 양들에게는 돌아가 쉬어야 할 거처가 필요합니다. 잠을 잘 수 있는 양 우리가 필요합니다. 우리에게도 양과 마찬가지로 나그네 인생길을 마치면 돌아가야 할 집이 필요합니다. 안식을 누릴 집이 필요합니다. 그런데 선한 목자 되신 여호와께서 우리가 천국에서 살 수 있도록 집을 마련해놓으셨습니다. 여행을 마친 우리에게 집이 필요한 것을 아셨기 때문입니다.

"내 아버지 집에 거할 곳이 많도다 그렇지 않으면 너희에게 일렀으리라 내가 너희를 위하여 거처를 예비하러 가노니 가서 너희를 위하여 거처를 예비하면 내가 다시 와서 너희를 내게로 영접하여 나 있는 곳에 너희도 있게 하리라."(요한복음 14:2-3)

양의 문이 되어주시는 예수님, 양들을 위하여 목숨을 버리는 목자 예수님, 아버지께로 인도하는 "길이요, 진리요, 생명"이 되신 예수님이 우리를 그곳으로 인도하십니다. 예수님을 통해 우리는 아버지 집으로 가고 거기서 아버지와 영원히 함께 살 것입니다.

예수님은 우리를 가장 좋은 길로 인도해주시되, 영원부터 영원까지 인도해주시는 목자이십니다. 그 목자가 있는데 내 삶에 부족할 것이 무엇이겠습니까? 두려워할 것이 무엇이겠습니까? 내가 원하는 것을 다 갖고 있지 않아도, 내가 원하는 대로 내 인생 여정이 전개되어가고 있지 않아도, 내게 꼭 필요한 것이면 아낌없이 주시는 하나님, 내가 어떤 환경에 있든, 그것이 순경이든 역경이든, 폭풍우 몰아치는 언덕이든 푸른 초원이든, 어두운 밤이든 햇빛 찬란한 낮이든, 죽음의 골짜기든 넓게 펼쳐진 광활한 대지이든, 주님이 나와 함께하시니 나는 행복한 사람입니다. 나의 모든 필요를 채워주시는 주님 때문에 나는 행복합니다. 베스 모어가 말했던 것처럼 "하나님께서는 수천 가지 필요에 대한 해답이실 뿐 아니라, 수천 가지 갈망에 대한 해답이시기도 합니다. 하나님께서는 모든 인생의 근본적인 갈망을 충족시켜주십니다."

그렇습니다. 그분 때문에 어떤 상황에서도 감사할 수 있습니다. 어떤 상황에서도 찬양할 수 있습니다. 어떤 상황에서도 승리할 수 있습니다. 부족함이 조금도 없는 그분 때문에 우리는 고난을 뚫고 일어설 수 있습니다. 나를 가장 사랑하고 아끼는 그분이 내가 쓰러진 채로 그냥 있게 놔두시지 않기 때문입니다.

고난 앞에서 바르게 반응하기

라비 재커라이어스는 "회의주의자들은 대부분 고난 때문에 회의주의자가 된다"고 말했습니다. 그들은 사랑하는 사람이 죽었거나 친구가 장애인이 되었기 때문에 더는 하나님을 믿고 싶지 않다고 합니다. 고난 앞에서 회의주의자가 될 것인지, 그렇지 않으면 더 깊은 신앙을 소유한 승리자가 될 것인지, 그것은 철저하게 고난당하는 자의 선택 여부에 달려 있습니다.

원하든 원하지 않든 고난이 우리에게 주어집니다. 고난은 나의 선택 사항이 아닙니다. 고난은 나의 통제 밖에 있는 것입니다. 그러나 통제할 수 있는 능력이 내겐 없지만, 주어진 고난 속에서 내가 할 수 있는 일이 하나 있습니다. 이미 주어진 고난을 어떻게 받아들일 것인가 선택하는 일입니다. 에이날 박사는 선택의 중요성에 대해서 이렇게 말합니다. "고통과 시련을 창조적으로 변화시키든지 아니면 그냥 무너져버리든지 해야 한다."

고난을 창조적으로 받아들인 많은 위인들 가운데 에이브러햄 링컨을 들 수 있습니다. 그는 미국 역대 대통령을 평가하는 팀들에 의해서 가장 위대한 대통령으로 뽑혔는데, 그의 뒤안길에는 슬픔과 아픔으로 얼룩진 세월이 더 많았습니다. 그는 아홉 살 때 어머니를 잃었고, 그 후 3남매를 데리고 재혼한 계모 밑에서 어린 시절을 보냈습니다. 열아홉 살에 사랑하는 누이를 잃었으며, 스물여섯에는 결혼을 약속했던 애인 앤 메이가 백혈병으로 세상을 떠났습니다. 그로 인해 또 다른 상실과 아픔으로 고통스런 세월을 보내야 했습니다. 사업의 실패도 경험했고 정치활동을 하면서도 크고작은 선거에서 일곱 번이나 낙선을 경험했습니다.

그러나 그의 고통은 거기서 끝나지 않았습니다. 대통령 임기 중에 남북전쟁을 치러야 했고, 그 무엇보다 가장 고통스러운 것, 네 명의 자녀 가운데 세 명을 이 세상에서 먼저 떠나보내야 하는 슬픔과 아픔을 맛보아야 했습니다. 그러나 그처럼 엄청난 슬픔과 아픔을 경험하면서도 그것을 부정적인 관점에서 보고 절망하거나 포기하지 않았습니다. 물론 슬퍼하고 아파하는 숱한 시간들이 있었겠지만 그 고난에 압도당하지 않고 오히려 그것을 긍정적인 관점에서 보고, 고난을 딛고 일어설 힘을 키웠습니다. 고난의 창조성을 자기 것으로 만들었던 것입니다.

나는 비극에 처한 많은 사람들을 만납니다. 그들 중에는 두 부류의 사람이 있습니다. 한 부류는 자신에게 찾아온 환란과 고통, 상실과 실패, 아픔을 겪으면서 이전보다 더욱 비참하고 비관적이고 부정적인 반응을 보이며 자신을 불운의 희생 제물로 여기고 쓴 뿌리를 가슴에 안은 채 세상을 사는 사람들입니다. 그리고 다른 한 부류는 하나님의 은혜와 무한하신 사랑 속에서 자신의 상황과 문제를 극복하고 하나님께 더 가까이 나아가며 고난과 고통을 성숙의 기회로 삼고, 거기서 한 차원 더 나아가 자신의 고통을 통해 새로운 사명을 발견하는 사람들입니다. 이 두 부류 중에서 어느 쪽을 택할 것인가? 이 선택 앞에서 나는 후자를 택하기로 결심하고 주어진 현실 속에서 보화를 캐내고 말겠다는 각오로 고통을 대했습니다.

연속되는 투병의 고통 속에서 우리는 하나님께 이렇게 기도했습니다. 우리의 환경을 바꾸어주시든지 아니면 환경을 바라보는 우리의 시각을 바꾸어달라고 기도했습니다. 그리고 그것을 뚫고 나갈 지혜와 힘을 달라고 기도했습니다. "오 하나님, 이 고난과 고통이 속히 지나가고 끝이 오기를 바랍니다. 이 고난이 우리의 삶과 신앙에 유익이 되기를 원합니다. 의미 없는 고통이라면 절대 당하지 않겠습니다. 고난을 통해서 배우게 하시고 고난을 통해 간증할 수 있게 해주십시오. 고난을 통해 하나님의 영광을 드러내주십시오. 그렇게 하신다면 아프고 힘들더라도 감당하겠습니다."

이런 자세로 이해할 수 없는 고통의 원인을 파헤치는 것 대신에 고통과 어려움 속에서 하나님을 신뢰하고 사랑하고, 그리고 성장하기로 결심했습니다. 조엘 오스틴 목사님의 말씀처럼 "복을 받기에 마땅한 태도를 유지하면 하나님은 우리의 모든 좌절과 부서진 꿈, 상처와 고통을 치유해주신다. 우리를 괴롭히던 고통과 슬픔을 빠짐없이 기억하셨다가 그보다 두 배나 큰 평화와 기쁨, 행복, 성공으로 갚아주신다. 하나님을 믿고 하나님께 소망을 두면 과거의 고통보다 훨씬 더 큰 복이 찾아온다."라는 확신을 갖고서 말입니다.

열매 맺는 고난이 되도록 하기 위해 고난 앞에서 바르게 반응해야 함과 동시에, 고난에 대한 바른 질문을 하는 것도 매우 중요합니다. 맨 처음 고난을 당하는 자의 반응은 "도대체 왜 내게 이런 일이 일어나는가? 우리 가족에게 왜 이런 일이 생기는가? 왜 하필이면 지금 이때 이런 모양으로 고통이 주어지는가?"라는 질문을 갖는 것입니다. 성경에 나오는 사람들이 이 같은 질문을 했습니다. 그들은 고난이 '왜' 찾아오는

가? 하는 질문, 즉 고통의 이유에 대하여 관심이 많았습니다. 그런데 성경은 "왜?"라는 질문에 명쾌한 답을 주지 않습니다. 고난과 질병의 원인이 자신의 죄 때문일 경우도 있고, 조상의 죄 때문에 오는 경우도 있었으며, 죄의 결과가 아닌 하나님의 영광을 드러내기 위해 질병이 오기도 했습니다. 또 어떤 땐 사탄이 고통을 가져오기도 했습니다.

하나님이 고난의 이유에 대해서 분명히 말씀하지 않는 이유가 있을 것입니다. 나는 고난의 이유를 아는 것이 중요한 것이 아니라, 고난에 대해서 어떤 태도나 자세를 취하는가가 더 중요한 일이기 때문이라고 믿습니다. 나도 남편도 위와 같은 질문을 수없이 했습니다. 자신을 향해, 하나님을 향해 묻고 또 물었습니다. 8년이라는 고난의 기간 가운데서 2년의 세월을 그 질문에 대한 답을 얻으려고 몸부림쳤습니다. 그러나 '왜' 라는 원인을 찾고자 집착하면 할수록 우리는 더 깊은 수렁으로 빠져들어갔습니다. '왜?' 라는 질문을 시작하면 불평이 터져나왔습니다. "하나님, 우리가 그렇게 잘못했습니까? 왜인지 말씀을 해주세요. 저희의 죄 때문입니까? 교만 때문입니까? 사탄이 우리를 데리고 장난하는 것입니까? 하나님, 이 방법밖엔 없었습니까? 불치병 말고는 다른 게 없었습니까? 수술이라도 한번 해볼 수 있는 암이라면 차라리 더 낫지 않겠습니까?" 아무리 외쳐도 공허한 메아리가 되어 돌아오는 질문들 때문에 우리는 이중의 고통을 당해야 했습니다. 평안도 없고 감사도 없었습니다.

어느 날 이래선 안 되겠다는 깨달음이 왔습니다. '우리가 분명히 잘못된 질문을 하고 있구나. 그러면 바른 질문은 무엇일까?' 를 생각하게 되었습니다. 이미 당하고 있는 고난인데 답을 찾지 못하는 '왜?' 라는 질문은 이제 그만하고, '어떻게' 라는 질문으로 바꾸어보자. '어떻게 이 고난을 극복할 수 있을까?' '이 고난 속에서 무엇을 배울 수 있을까?' 질문을 바꾸기 시작하면서 우리는 비로소 불평을 그칠 수 있었습니다.

고난의 길을 걷는 분들에게 부탁하고 싶습니다. "왜?(Why me?)"라는 질문에 너무 오래 머물러 있지 마십시오. 그 질문에 답을 얻으려 하면 시간을 낭비하고 에너지를 낭비하기 때문입니다. 감사보다는 불평이 앞서기 때문입니다. 지혜로운 방법은 가능하면 빨리 올바른 질문으로 옮겨가는 것입니다. 위에서처럼 '어떻게(How)' 와 '무엇(What)으로' 입니다. 그리고 시간이 지나면서 "주님의 뜻이라면 어찌 마다하겠습니까?(Why Not Me?)"로 옮겨가십시오. 이는 하나님의 주권을 인정하고 고난을 허락하신 주님의 선하신 뜻을 받아들이는 태도이기 때문입니다. 가능하면 꼭 그곳까지 가십시오. 그곳에서 고난의 열매를 볼 수 있기 때문입니다."

고난의 때엔 깊이 생각하기

고난이나 시련을 당할 때는 어느 때보다 생각이 많습니다. 가는 길에 장애가 생기고 문제가 쉽사리 풀리지 않을 때, 잠 못 이루며 뒤척이는 밤을 맞습니다. 깊은 사색에 잠겨 자신을 잊기도 하고, 누가 말을 걸어

와도 그 사람의 말이 들리지 않을 만큼 생각에 깊이 빠져듭니다. 고난과 역경 앞에서 이유가 무엇일까를 생각하기도 하고, 어떻게 헤쳐나갈까를 생각하기도 하고, 그래서 생각이 꼬리에 꼬리를 물고 계속됩니다. 그런데 좋은 결과를 가져오는 건전한 생각도 있지만 부정적인 결과를 가져오는 불건전한 생각도 있음을 알아야 합니다. 고난 속에 있을 때 나를 궁지로 몰아가는 생각, 파괴적인 쪽으로 몰아가는 생각은 위험합니다. 그러므로 내 생각을 분석해서 건강한 생각, 믿음의 생각, 창조적인 생각으로 향하도록 노력해야 합니다.

생각하는 시간은 나 자신을 살피며 정화하는 시간입니다. 고독한 시간입니다. 하나님을 바라보는 시간입니다. 기도하는 시간입니다. 하나님의 뜻을 발견하는 시간입니다. 침묵과 묵상을 통해 고난을 이길 지혜를 얻는 시간입니다. 이 시간들을 통해 전에는 알지 못했던 것을 알게 되고, 깨닫지 못했던 것을 깨닫게 되며, 생각이 넓어지고 깊어집니다. 강준민 목사님은 이렇게 말씀하셨습니다. "역경은 사람을 깊이 있게 만든다. 역경을 통과한 사람은 깊이가 있다. 역경은 인간을 고독으로 이끌어서 더욱 깊이 있는 사람으로 성장케 한다. 한 인간의 깊이는 역경의 깊이와 비례한다. 역경은 사람의 품을 넓게 한다."

그런 맥락에서 전도서 기자는 이렇게 교훈합니다. "형통한 날에는 기뻐하고 곤고한 날에는 되돌아보아라."(전도서 7:14)

고난 속에서 배우기

벤자민 프랭클린은 "고통은 가르침을 준다"고 했습니다. 그의 말처럼 고난의 시간은 가르침을 받는 시간, 배우는 시간입니다. 고난이 주는 유익에 대해서 배우고 고난 극복의 원리를 배우는 시간입니다. 고난이 선생이 되어 나를 이끌고 다니며 가르침과 깨달음을 줍니다. 나는 고난을 당하면서부터 고난에 대해 열심히 배우겠다는 의지를 굳혔습니다.

먼저, 성경 말씀 가운데 고난의 구절에 귀를 기울였습니다. 그 말씀들은 거의 예외 없이 고난의 원인보다는 고난의 유익에 초점이 더 많이 맞추어져 있었습니다. 그래서 나는 고난은 유익하다는 점에서부터 출발을 했습니다. 그리고 성경 속에 등장하는 고난당한 인물들을 주시해서 보았습니다. 모세, 야곱, 요셉, 다윗, 욥, 예레미야 등 히브리서 11장에 기록된 수많은 믿음의 사람들에 대해서 연구를 했습니다. 그들은 극심한 고난을 겪은 사람들이었습니다. 그런데 그들의 고난의 끝은 모두 승리였습니다. 믿음의 승리였습니다. 고난의 끝에서 그들 모두는 하나님께 인정받는 사람들이 되었습니다.

두 번째, 나는 고난을 극복한 동시대의 사람들로부터 배우기 원했습니다. 그들이 어떻게 자신의 고난을 극복하고 하나님께 쓰임받는 사람이 되었는지 배우기 원했습니다. 그들이 고난 속에서 어떻게 자신의 사명을 발견하고 그 사명을 완수했는지 배우고자 했습니다. 그들은 모두 내가 겸손하게 배우고 따라야 할 고난의 '역할모델'이 되어주었습니다. 그들의 고난과 고통의 이야기들은 내게 큰 위로와 격려가 되었고,

고난 속에 두려워 떨고 있는 내게 용기를 주었으며, 또 때로는 강한 도전의식을 심어주기도 했습니다.

남편이 불치병 선고를 받은 후 투병하는 가운데 우리에게 가장 큰 위로와 믿음과 소망을 안겨준 책은 옥한흠 목사님의 『고통에는 뜻이 있다』와 욥기 강해서인 『나의 고통 누구의 탓인가』라는 두 권의 책과 테이프였습니다. 이 책들은 고난 중에 있는 우리에게 실제적으로나 영적으로 훌륭한 안내자 역할을 해주었습니다. 특별히 욥기 강해 테이프는 몇 번이고 반복해서 들었습니다. 그 테이프를 들을 때면 하나님의 음성을 직접 듣는 것 같았습니다. 하나님이 우리를 직접 위로해주시는 것 같았습니다. 실로 고난 가운데 있는 우리를 위해 하나님께서 보내주신 은혜의 선물이었습니다.

『나의 고통 누구의 탓인가』는 목사님께서 4년 이상 알 수 없는 병에 시달리며 남모르는 아픔과 고통을 경험하고 나서 쓰신 책인데, 이 책을 통해 나는 대부분의 사람들이 고통을 당할 때 비슷한 질문을 한다는 사실을 깨닫게 되었습니다. 저자의 질문이 곧 우리의 질문이었기 때문입니다. 그는 성경 말씀을 중심으로 우리가 갖고 있던 대부분의 질문에 명쾌한 답을 제시해주었습니다. 질문에 대한 답뿐만 아니라 고통당하는 자들이 그 고통을 극복하기 위해 배워야 할 지혜와 영적 원리도 가르쳐주었습니다. 이 책은 또한 고난당하는 사람들이 흔히 갖게 되는 불필요한 죄책감에서 우리를 자유케 해주었고, 역경에 대처하는 길로 안내해주었습니다. 욥기서 전체를 통해 고난의 총체적 이해를 가능케 해준 책이었습니다.

그 외에도 고난에 관한 책은 가능하면 많이 읽으려고 노력을 했습니다. 참 이상합니다. 고난 가운데 있을 때는 나보다 더 힘든 사람을 바라봐야 살 수 있습니다. 더 고통 가운데 있는 사람을 바라봐야 감사할 수 있고, 위로받을 수 있고, 힘을 얻을 수 있습니다. 그래서 나 자신이 고난 속에서 생존하기 위해 고난당한 사람들의 이야기를 많이 읽었습니다. 그들을 통해 고난 속에서 승리하는 비결을 배우게 되었습니다. 그런 책들을 읽다 보니 나의 고난은 정말 아무것도 아닌 것처럼 느껴질 때도 있었습니다.

특별히 『자신이 가장 고통 중에 있다고 생각하는 이들에게』를 쓴 바바라 존슨 여사의 이야기가 그랬습니다. 그녀는 동성애자로 인해 고통받고 있는 자들을 돕기 위한 '스페튤라(Spatula)' 사역의 설립자입니다. 그녀는 자신의 저서를 통해 세상의 부모들이 감당하기 어려운 충격적인 사건 속에서 신앙을 가지고 어떻게 극복했는지에 관한 이야기를 들려주었습니다.

존슨 여사는 목사의 딸로 태어났습니다. 그녀처럼 길고긴 세월 인생의 고통을 가슴에 안고 살아온 사람이 그렇게 많지는 않을 것입니다. 나는 나의 고통 때문에 괴로워하다가 그녀가 당한 고통 앞에서 할 말을 잃었습니다. 끔찍한 교통사고로 수개월 동안 시력을 잃고 다리불구로 지내야 했던 남편, 열여덟의 나이로 베트남 전쟁에서 전사한 셋째 아들 스티브, 경찰학교를 졸업하고 알래스카 장기 휴가 중 하나님의 특별한 은혜를 체험하고 집으로 돌아오다가 유콘의 고속도로에서 음주운전 차량으로 인해 목숨을 잃은 큰아들, 거의 11년 동안 게이로 지낸 둘째 아들로 인해 기나긴 고통의 터널을 지나야 했습니다.

　1966년 남편의 사고를 기점으로 시련이 시작되어 둘째 아들 래리가 게이의 삶을 마칠 때까지 20년 동안 그녀는 줄곧 고통의 세월을 보내야 했습니다. 그리고 그 후 그녀 자신마저 당뇨병을 선고받았던 참으로 굴곡 많은 삶을 살았습니다. 사람들은 그녀를 향해 이렇게 말할지도 모르겠습니다. "재수가 억수로 없구먼." 혹은 "그녀가 그런 시련을 겪은 걸 보니까 하나님이 살아 계시지 않음에 틀림없어. 목사 딸인 데다 믿음 좋은 신앙인이라면 어떻게 이처럼 많은 불행을 하나님이 허락하실 수 있단 말인가? 그것도 한두 사람이 아닌 가족 모두에게. 하나님이 분명 안 계시든지, 아니면 그녀가 그런 큰 벌을 받을 만큼 잘못한 게 틀림없어. 이 세상에 그같이 처절한 고통을 경험하다니 딱하기도 하구먼." 그러나 그녀는 고통을 이겨냈고, 그 고통의 경험을 가지고 고통당한 자들을 돕는 사역자가 되었습니다.

　세 번째, 남편과 동일한 질병을 가진 사람들로부터 배우고자 했습니다. 스티븐 호킹 박사와 모리 스워츠 교수, 그리고 필립 시먼스 교수입니다. 그들은 모두 근위축증 환자입니다. 모리 교수는 이미 작고하셨고, 다른 분들은 아직 살아 계십니다.

　우리가 잘 알고 있는 영국의 천재 물리학자인 스티븐 호킹 박사는 자신이 움직일 수도 말할 수도 없는 루게릭 병에 걸렸다는 사실을 알았을 때 충격을 받기보다 "내 병에 대한 진단을 받기 전에는 사는 것이 따분했다"면서 "이제는 하루하루가 의미 있고 가치 있는 나날이 될 테니 이 얼마나 행복한 노릇인가"라고 말했습니다. 시한부 인생을 선고받고 자신의 하루하루를 금싸라기보다 더 중요하게 여겼기에 그는 물리학 연구의 거성이 될 수 있었습니다.

남편보다 한 살 아래인 필립 시먼스 박사는 『소멸의 아름다움』의 저자이며, 일리노이 주 레이크 포리스트 대학의 영문학 교수였습니다. 그곳에서 문예창작을 가르치는 한편 평론과 단편소설을 발표하며 촉망받는 작가로 탄탄대로를 걷고 있을 때 루게릭 병이 찾아왔습니다. 그리고 그는 갑자기 찾아온 질병 앞에서 '죽어가는 기술(art of dying)'과 '떨어지는 기술(낙법, art of falling)'을 배워야 하는 암담한 처지에 놓이고 말았습니다. "죽음이 언제 닥칠지 모른다는 공포가 항상 눈앞에 대롱대롱 매달려 있는" 날들을 통해 결함 있는 삶이 어떻게 충만해질 수 있는지, 깨진 꿈이 어떻게 더 완전한 상태로 깨어나게 할 수 있는지를 생각하게 되었고, 그 성찰 속에서 '불완전한 삶의 축복'이 무엇인지 깨달았습니다.

그는 이렇게 말했습니다. "나는 병에 걸린 덕분에 나의 행동을 신성한 맥락 안에서 바라보게 되었다. 그래서 어제 했던 일도 오늘은 갑자기 성스러운 행동으로 느껴진다. 수건으로 아이 얼굴을 닦아주는 일도 어제는 다른 일을 하기 전에 해치워야 하는 귀찮은 허드렛일, 혹은 공연히 손만 번거롭게 하는 일거리로 여겼지만, 이제는 이 아이의 얼굴을 닦아주는 것은 신비로운 의식에 참여하는 것이라 여겨진다. 그런 식으로 누군가와 내 삶을 나누어 갖는 것이 얼마나 멋진 기회인가 하는 생각이 든다." 그는 병들기 전에는 결코 생각해보지 않았던 주제들을 가지고 씨름하면서 죽음 앞에서 삶을, 일상에서 신성을, 초조함 속에서 여유를, 몸의 불편함 속에서 낙관을 갖고 사는 법을 가르쳐주었습니다.

『모리와 함께한 화요일』은 1997년 출간 이후 2년 이상 베스트셀러 자리를 지킨 작품입니다. 이 책의 주인공 모리는 브랜다이스 대학에서 오랜 세월 학생들을 가르치던 사회학과 교수였습니다. 그는 어느 날부터인가 기력이 약해짐을 느꼈고 병원에서 검사해본 결과 '근위축증'을 앓고 있다는 판정을 받았습니다. 처음에는 절망했습니다. 그러나 그는 곧 다시 일어섰습니다. 자신에게 다가오는 죽음에 대해서 배우고 연구하는 프로젝트로 삼기로 했습니다.

사실 죽음을 앞두고 누군가에게 깨달음을 준다는 것, 그것은 누구나 할 수 있는 일은 아닙니다. 처음엔 그도 자신이 왜 이런 병에 걸렸는지, 왜 하필 나인가에 대해 반문하고 아무렇지도 않게 돌아가는 세상을 보며 놀라기도 했습니다. 하지만 그는 좌절하지 않고 죽음을 다른 방향으로 받아들였습니다. 죽어가는 시간이 삶과 죽음의 좁은 여정을 잇는 마지막 다리라 여기며 그 다리를 걸어가리라 결심한 것입니다. 제자인 미치 엘봄과 사랑, 결혼, 가족, 돈, 명예, 나이 든다는 것, 죽음, 인생, 가치관 등의 주제를 가지고 생각을 나누었습니다. 그중에서도 특별히 인간이면 누구나 부딪쳐야 하는 죽음의 공포와 그 극복, 더 나아가 이를 통한 인류애와 사랑이 그들이 나눈 대화의 중요한 내용들이었습니다.

모리 교수는 "삶이 자연스러운 것처럼 죽음도 자연스러운 것이며, 우리가 맺은 계약의 일부"라고 말했습니다. 늙는다는 것을 '쇠락이 아닌 성장'으로 보았습니다. "갈등과 고민에 휩싸인 젊은 시절과 달리 죽는다는 사실을 이해하기 때문에 더 나은 삶을 살게 된다"고 말했습니다.

죽음은 멀리 있는 듯하지만 실상 우리 가까이에 있음을 두고 그것은 "끝이 아니라 우리 삶을 더 잘 살게 하기 위한 하나의 계기가 되며 결국은 삶의 한 부분"이라고 말했습니다. 그리고 덧붙이기를 "죽음은 단지 두려움의 대상으로 생각하는 것이 아니라 그것을 인정하고 받아들일 준비를 하고 편안하게 받아들이는 것, 마치 하루 일과를 마치고 잠자기 전에 씻고 정리하는 것처럼. 이것이 바로 죽음을 앞두고 오늘을 사는 사람들이 유념해야 할 점"이라고 했습니다.

나는 스티븐 호킹 박사와 필립 시먼스 교수, 그리고 모리 교수를 통해 몇 가지 공통점을 발견했습니다. 이들은 모두 시한부 인생을 선고받고, 생을 불행한 것으로 받아들이기보다는 오히려 그 속에서 창조적인 삶을 사는 본을 보여주었습니다. 또한 죽음을 긍정적인 것으로 받아들이고 죽음을 준비하며 하루하루를 가치 있게 사는 삶이 중요함을 가르쳐주었습니다. 교수답게 자신이 가진 지식과 사고와 철학들을 가지고 죽음에 대해서도 가르치는 역할을 잘 감당하고 있었습니다. 그러나 아쉽게도 그들은 모두 무신론자였기에 죽음 이후의 삶에 대해서는 단 한 마디의 교훈도 줄 수 없었습니다.

어떤 모양으로든 당신과 같은 질병, 같은 종류의 고난과 고통을 당한 사람들로부터 배우십시오. 같은 상실을 경험한 사람들로부터 배우십시오. 다른 어떤 사람들에게서 배울 수 없는 것들을 그들을 통해 배울 것입니다. 새로운 통찰력과 지혜를 얻게 될 것입니다. 그들을 통해 위로받을 것입니다. 그들을 통해 격려받을 것입니다. 용기를 얻을 것입니다. 소망을 발견할 것입니다.

감사로 극복하기

감사는 그 속에 마력을 갖고 있습니다. 사람을 살리는 힘을 갖고 있습니다. 역경을 이길 수 있는 힘을 갖고 있습니다. 남편과 나는 고통 가운데 감사를 배우게 되었습니다. 입술로부터 나오는 감사가 아니라, 가슴 저 밑바닥에서 우러나오는 진정한 감사를 배우게 되었습니다. 남편의 투병 초기에는 모든 것을 다 잃어버린 느낌이었습니다. 박사학위도 잃었고, 일거리도, 건강도…… 하지만 시간이 흐를수록 그는 "내가 잃은 것은 건강뿐이다. 아직도 나는 많은 것을 가지고 있다."라는 마음을 갖게 되었습니다. 진정한 감사는 고통의 순간에, 절망적인 환경에서 시작되었습니다.

토바고 섬 문둥병자의 감사는 감사하지 못하는 우리에게 큰 도전을 줍니다. 어느 선교사가 토바고 섬으로 단기 선교를 갔을 때 그곳에서 한 문둥병자를 만났습니다. 선교여행의 마지막 날, 선교사는 문둥병자들이 살고 있는 마을에서 예배를 인도하고 있었습니다. 예배 도중 선교사가 참석자들에게 물었습니다. 혹시 좋아하는 찬송가가 있느냐고. 그때 한 여자가 등을 돌리며 손을 들었습니다. 그녀는 그가 보았던 모든 사람들 중에 얼굴이 가장 많이 일그러져 있었습니다. 귀도 없고 코도 없었습니다. 입술도 온데간데없었습니다. 손가락도 없었습니다. 그런데 그녀가 손을 올린 것입니다. "「받은 복을 세워보아라」를 부르면 좋겠어요."

선교사가 찬송을 시작했습니다. "세상 모든 풍파 너를 흔들어 약한 마음 낙심하게 될 때에 내려주신 주의 복을 세어라. 주의 크신 복을 내가 알리라. 세상 근심 걱정 너를 누르고 십자가를 등에 지고 나갈 때 주가 네게 주신 복을 세어라 두렴 없이 항상 찬송하리라." 선교사는 목이 메어 그 찬송가를 마지막 절까지 부를 수 없었습니다. 나중에 어떤 사람이 이런 말을 했습니다.

"내가 생각하기에 당신은 결코 이 노래를 다시 부를 수 없을 것 같습니다."

선교사가 대답했습니다.

"아닙니다. 그 노래를 다시 부를 것입니다. 그런데 이전과는 전혀 다른 방법으로 부를 것입니다."

귀도 코도 입술도 손가락도 없고, 얼굴은 형체를 몰라볼 정도로 일그러져 있는 그녀가 주신 복을 세어볼 수 있다면, 그 찬송에서 은혜를 받을 수 있다면, 더 이상 고난이 그녀를 불행 가운데 묶어둘 수 없습니다. 감사로 불행의 끈을 끊었기 때문입니다.

우찌무라 간조는 이런 말을 했습니다. "인생의 밑천을 0으로 삼으라. 그리하면 범사에 감사하리라." 성경의 욥이 바로 그런 사람이었습니다. "이르되 내가 모태에서 알몸으로 나왔사온즉 또한 알몸이 그리로 돌아가올지라 주신 이도 여호와시요 거두신 이도 여호와시오니 여호와의 이름이 찬송을 받으실지니이다."(욥기 1:21)

아무것도 가진 것 없이 시작한 인생이라고 생각하면 나는 어떤 환경에 처하든지 0보다는 더 많은 것을 갖고 있습니다. 그렇다면 나는 없는 것을 가지고 불평하지 않고 있는 것으로 인해 감사하게 될 것입니다.

언젠가 들은 말이 생각납니다. "반딧불에 감사하면 촛불을 주시고, 촛불에 감사하면 전깃불을 주시며, 전깃불에 감사하면 달빛을 주시며, 달빛에 감사하면 햇빛을 주신다." 고난 가운데 감사를 배우면 고난을 이길 수 있습니다. 감사는 고난 극복의 비결이기 때문입니다. 어떠한 환경 속에서도 자족하는 삶의 비결이기 때문입니다.

고난의 때에는 하루를 산 것으로 만족하고 감사할 수 있어야 합니다. 나에게 주어진 고난의 총 길이가 얼마나 되는지 알 수 없지만 고난의 날 중에서 하루가 지나갔음을 생각하고 감사해야 합니다. 내일의 염려는 내일로 미루는 것이 좋습니다. 고난 속에서는 그날 하루 버티는 것도 힘든 일입니다. 그래서 고난 중에는 염려하지 않는 법을 배우는 것이 중요합니다.

사실, 고난 가운데 있는 사람에게는 걱정거리가 많습니다. 염려되는 일이 한두 가지가 아닙니다. 수백 가지의 염려와 걱정이 밀려왔다 밀려갑니다. 돈, 건강, 자녀, 가정과 같은 미해결된 문제에 대한 걱정 등입니다. 이런 상황 속에서 염려하지 않는다는 것은 정말 어려운 일입니다. 우리에게는 돈에 대한 걱정이 참 많았습니다. 엄청난 병원비, 매달 필요한 의료비, 생활비, 지불해야 할 렌트비와 공과금 등 수두룩하게 쌓인 것이 납부 고지서였습니다. 어떤 때는 병원에서 온 고지서만 해도 열 개 이상이 되었습니다. 수입보다는 지출이 훨씬 더 많았습니다. 그런데 우리의 재정적 필요마다 신실하게 채우시는 주님의 손길을 경험하고는 담대한 마음이 생겼습니다. 믿음이 생겼습니다. "아! 정말로 주님이 채우시는구나!" 그 깨달음과 함께 주님이 저에게 이렇게 말씀하시는 것 같았습니다. "정숙아, 돈에 대한 걱정은 하지 마라. 남편 병간호하느라고 몸도 마음도 힘든데 그것만으로도 충분하다. 돈은 내가 책임질 테니 너는 너에게 주어진 고통이나 잘 견뎌내. 알았지?"

그 뒤로부터 나는 돈에 대한 걱정을 잘 하지 않습니다. 패밀리 터치 사역을 위해서도 늘 재정이 필요했지만 하나님이 채우실 것을 믿기에 큰 걱정 없이 잠을 잡니다. 염려함으로 키를 한 자나 더 크게 할 수 없습니다. 염려한다고 돈이 생기지 않습니다. 염려한다고 문제가 저절로 해결되지 않습니다. 염려한다고 관계가 회복되거나 건강이 회복되는 것이 아닙니다. 오히려 염려 때문에 건강이 악화되고 관계가 악화될 수 있습니다. 염려가 주는 유익은 조금도 없습니다. 백해무익입니다. 현재의 삶을 걱정과 염려로 낭비할 수 없습니다. 오늘 이 하루는 내 삶에 다시 찾아오지 않을 처음이자 마지막인 날입니다. 이 날을 염려 때문에 망칠 수 없습니다.

성경은 우리에게 권면합니다. "그러므로 내일 일을 위하여 염려하지 말라 내일 일은 내일이 염려할 것이요 한 날의 괴로움은 그 날로 족하니라."(마태복음 6:34) 이 말씀의 앞 구절에는 염려하지 않아야 할 이유에 대해서 설명하고 있습니다. '공중의 새를 먹이시고 들의 백합화를 입히시는 하나님이 그보다 훨씬 더 소중한 우리를 어찌 먹이시고 입히시지 않겠는가?' 라는 것입니다.

베드로 사도가 다시 권고합니다. "너희 염려를 다 주께 맡기라 이는 그가 너희를 돌보심이라."(베드로전서 5:7) 주님이 돌보시기 때문에 염려하지 말라는 것입니다. 하나님이 나의 필요를 아시고 채우실 것이기 때문에 염려할 필요가 없습니다.

그렇습니다. 하나님이 먹이시고 입히십니다. 하나님은 우리에게 오늘 하루의 문제를 해결할 만큼의 힘을 주십니다. 오늘 하루의 어려움을 이길 만큼의 믿음과 용기를 주십니다. 그러므로 오늘 하루 능력을 받아 사는 것, 이것이 내가 구할 것이요, 내일의 능력은 내일 구하고 내일의 문제는 내일의 능력과 지혜와 힘으로 이기면 됩니다. 염려를 기도로 바꾸고 근심이 변하여 춤이 되게 하실 주님을 향한 믿음 때문에 감사로 하루를 시작하고 감사로 하루를 마감하는 것, 이것이 고난 가운데 우리가 가져야 할 자세입니다.

고난 극복을 위한 팁 ─ 함께 웃고 함께 우는 가족!

고통 속에서도 우리 가족은 특별한 날이면 서로를 향한 사랑과 감사, 그리고 위로의 편지를 주고받았습니다. 그런 편지들이 얼마나 큰 힘과 격려가 되었는지 말로 다 할 수 없습니다. 그중 하나를 소개하자면 '멋진 결혼 15주년 기념 이벤트'로 준비한 남편의 편지였습니다. 1월 3일 점심식사 후 남편 방에 있는 전화벨 소리를 듣고 달려가 전화를 받았더니 뉴욕의 라디오 코리아 방송국이라며 "결혼기념일을 축하한다"고 했습니다. 축하 선물로 홍삼액을 보내겠다고 했습니다.

"네? 뭐라고요? 어떻게 제 결혼기념일을?"

"남편에게서 들었지요. 전화를 끊을 테니 라디오를 켜보세요."

남편이 신청한 사월과 오월의 「장미」가 라디오의 전파를 타고 온 방안에 울려 퍼졌습니다.

　　당신에게선 꽃내음이 나네요
　　잠자는 나를 깨우고 가네요
　　싱그런 잎사귀 돋아난 가시처럼
　　어쩌면 당신은 장미를 닮았네요

　　당신의 모습이 장미꽃 같아
　　당신을 부를 때 당신을 부를 때
　　장미라고 할래요

　　당신에게선 꽃내음이 나네요
　　잠 못 이룬 나를 재우고 가네요
　　어여쁜 꽃송이 가슴에 꽂으면
　　동화 속 왕자가 부럽지 않아요

신청곡이 끝나자 감격에 어쩔 줄 몰라하는 나를 위해 아나운서가 약간 떨리는 목소리로 남편의 편지를 읽어주었습니다.

사랑하는 아내, 숙이 씨께

아침에 새하얀 눈이 펑펑 쏟아지더니 점심때부터 빗물로 바뀌어 온 천지를 뒤덮던 1986년 1월 3일, 당신의 아름다웠던 그 모습이 지금도 생생합니다. 그로부터 지난 15년간 우리 사이에는 여러 가지 행복했던 순간과 아름다웠던 추억들이 많이 있건만, 유독 지난 5년간의 고통스러웠던 순간들이 더 머릿속에 앞서는 이유는 무엇일까요?

공부도 마치고 이제는 꿈꿔왔던 것들을 마음껏 펼칠 수 있겠다 생각했을 때 사형선고처럼 내려졌던 '근위축증'이라는 진단 앞에 당신은 하늘이 무너지는 듯했겠지요? 병이 계속 악화되다가 마침내 더 이상 호흡을 할 수 없어 절명 직전에 있던 나를 위해 허겁지겁 앰뷸런스를 불러야 했던 당신의 심정은 어땠을까요? 병원에 실려가 응급조치로 간신히 생명을 구했으나 이삼일을 넘기기 힘들다는 의사의 사형선고를 들었던 그 순간 얼마나 절망했을까요? 이 소식을 듣고 보스턴에 살던 친구가 당신의 장례식 예복을 준비하여 허겁지겁 달려왔을 때 얼마나 많은 생각들이 뇌리를 스쳐 지나갔을까요? 중환자실에서 이삼일을 간신히 넘긴 이후 2, 3개월을 넘기기 힘들다는 의사의 말에 당신은 또 얼마나 절망했을까요? 2, 3개월이라는 시한부 인생을 진단받고 내가 말을 할 수가 없어서 글자판을 만들어 나의 유언을 작성했던 그 시간은 또 얼마나 암담했을까요?

33일간의 병원생활 끝에 수십만 달러가 넘는 병원 고지서를 받아들고 어찌할 바를 모르던 당신의 모습이 지금도 생생합니다. 간신히 집으로 퇴원하여 하루하루를 지내던 날 인공호흡기가 고장이 나서 큰 소리를 내며

온 집안 식구들을 깨우던 새벽, 황급히 911을 돌려 응급 도움을 청하던 당신은 또 얼마나 참담했을까요? 그 외에도 수없이 많은 일들로 인해 당해야 했던 불안과 안타까움과 초조함들, 어찌 다 열거할 수 있겠소? 그러나 분명한 것은 이런 어려움들이 우리에겐 결코 끝이 아니었고 다만 넘어야 할 고비에 불과했다는 사실입니다. 더 분명한 것은 의사가 진단했던 것보다 더 수많은 세월을 여전히 살아오고 있다는 사실이 아닐까요? 이 사실 때문에 앞으로 우리가 겪어야 할 어려움도 넉넉히 이길 수 있겠지요.

결혼 15주년이라면 모두가 서로 축하할 일로 여기는 게 당연하겠지만, 지난 5년간의 고통을 생각하면 감히 결혼 15주년을 축하한다고 말할 용기가 서지 않는구려. 오늘 이 시간을 빌려 당신에게 감사와 위로의 말을 전하고 싶소. 하나님이 우리와 함께하시기에 웃을 날 기다리며 결코 낙망하지 맙시다. 여보, 사랑해요. 또 이렇게 고생시켜서 미안해요!

결혼 15주년 기념일에 당신을 사랑하는 남편으로부터……

아나운서가 대독하는 편지 내용을 들으면서 펑펑 눈물을 쏟아냈습니다. 아! 세상에 이럴 수가! 그처럼 힘든 몸으로 이렇게 멋진 결혼기념 선물을 준비했다니! 평생 잊을 수 없는 특별한 선물을 받고 한동안 그 감격에 얼마나 행복했는지……

편지는 누가 썼는지 물을 필요도 없었습니다. 우리 집에 일주일에 한 번씩 오셔서 남편과 우리 가정을 위해 기도해주시고, 책 읽어주시고, 남편이 쓰고 싶다는 글이 있으면 대필해주신 남 집사님과의 작당일 테니까…….

　우리 모두는 가족이라는 관계 속에서 태어나고 그 속에서 살다가 죽음을 맞습니다. 가족은 함께 기뻐하고 함께 슬퍼하는 공동체입니다. 그러므로 가족 중 한 사람이 고난을 당하면 그 고난은 가족 전체의 고난이 됩니다. 병든 가족이 있으면 한 사람의 질병으로 인해 가족 모두가 함께 고통을 당합니다. 부모가 고통을 만나면 자녀도 함께 고통을 받습니다. 자녀가 고통 가운데 있으면 부모도 함께 진통을 겪습니다. 그러므로 고난은 나 혼자의 것이 아닙니다. 우리의 것입니다. 나 혼자 극복해낼 수 있는 것이 아닙니다. 함께 극복해야 하는 것입니다. 가족은 사랑을 위해 부르심을 받았지만 고난을 위해서도 함께 부르심을 받았습니다. 그런 이유 때문에 고난 속에서 함께 극복하며 함께 성장해야 합니다.

　스캇 펙은 『아직도 가야 할 길』에서 이렇게 교훈합니다. "우리는 우리 자신과 자녀들의 정신적, 영적 건강을 성취할 수 있는 기술을 배워야 한다. 우리 자신과 자녀들에게 고통을 겪는 것이 필요하고 가치가 있다는 사실과 문제들을 직접 당면해서 고통을 체험해야 할 필요가 있다는 사실을 가르치도록 하자는 것이다. 이러한 가르침은 우리가 삶의 문제를 직면하여 성공적으로 해결해나갈 수 있고, 또 그 과정에서 성장할 수 있도록 도와주는 기술이라는 점을 분명히 알게 될 것이다. 우리 자신과 자녀들이 스스로 이러한 가르침을 체득하려고 노력하는 태도를 가질 때 비로소 우리는 고통을 감내하고 성장하는 방법을 배울 수 있게 된다."

많은 경우, 가족 중 한 사람이 치명적인 질병에 걸리거나 장애를 겪거나 극심한 고난을 겪게 되면 어려움을 겪는 사람이 그 가정의 중심이 됩니다. 어려움을 겪는 사람이 관심의 가장 중심부에 있으며, 그 사람의 컨디션이 곧 가족 모두의 컨디션이 되기도 합니다. 환자가 고통스러워하면 그 고통을 온 가족이 함께 감내합니다. 환자가 우울증에 빠져 있으면 온 가족이 우울해집니다. 환자의 감정이 우선이고 환자의 필요가 우선이 되면 다른 가족들의 필요는 자연스럽게 뒷전으로 넘겨집니다. 이럴 경우 자녀들이 희생물이 되기 쉽습니다. 자녀들에게 채워져야 할 필요가 채워지지 못해 결핍증상이 나타납니다. 역기능 가정의 증상들이 나타나게 됩니다.

그렇다면 어떻게 고난 가운데 함께 성장할 수 있으며 역기능 가정의 가능성을 극소화시킬 수 있을까요? 내 경험으로는 가정예배와 가족시간을 통해서 이 일이 가능하다고 믿습니다. 우리 가정은 일주일에 한 번씩 가정예배를 드렸습니다. 순서에 따라 예배를 드리고 그날의 말씀을 듣고 적용할 점을 찾았습니다. 나눔의 시간에는 일주일을 돌아보며 감사한 일, 기쁜 일, 힘든 일을 서로 나누었습니다. 속상하고 화난 일도 나누었습니다. 가족으로 인해 마음 상한 일도 나누고 서로 잘못한 것들에 대해서는 용서를 구하고 용서를 받았습니다. 그렇게 하면서 우리는 가족 한 사람 한 사람의 감정을 이해하고 수용하려 했습니다. 그리고는 각자의 필요를 나누고 서로에게 도움도 요청했습니다. 우리는 함께 예배하고, 함께 말씀을 나누고, 함께 기도하고, 함께 웃고, 함께 울고, 함께 아파했습니다. 서로 격려하고, 서로 용기를 북돋아주고, 서로 감사의 마음을 전했습니다.

우리 집엔 가정예배와 관련된 잊을 수 없는 추억들이 많이 있습니다. 아이들이 다섯 살이 되면서부터는 메시지를 전하도록 했습니다. 그동안 식구들이 하는 것을 수없이 보아왔으니까 가능하다고 생각하며 막 다섯 살 난 재인이에게 메시지를 전하도록 부탁했습니다. 그 말을 듣고 난 날부터 재인이는 메시지 전할 준비를 시작했습니다. 그동안 아빠, 엄마, 오빠가 하던 것을 많이 보아왔기 때문에 본 대로 그림을 그리고 오려서 플란넬 보드에 붙였다 떼었다를 수없이 반복했습니다.

일주일 동안의 준비가 끝나고 드디어 가정예배 시간이 다가왔습니다. 재인이가 메시지를 전할 차례가 된 것입니다. 가족들 앞에 나간 재인이가 몸을 비비 꼬기 시작했습니다. 재인이에겐 난생처음 리더가 되는 떨리는 순간이었습니다. 가족들의 시선이 자신에게 집중되는 숨막히는 순간이었을 것입니다. 그날의 메시지 제목은 생각나지 않지만 한마디 할 때마다 큰 숨을 내쉬며 "음- 음-"을 해대던 재인이의 모습이 아직도 선명합니다. 적당한 단어가 생각나지 않을 때마다 "음- 음-"을 되풀이했습니다. 재인이는 메시지를 전하는 동안 "음- 음-"이란 말을 더 많이 했던 것 같습니다. 끝까지 포기하지 않고 메시지 전하기를 마친 재인이에게 온 가족이 열띤 박수를 보내었습니다. 끌어안고 뽀뽀하며 잘했다고 칭찬을 해주었습니다.

예배가 끝나고 재인이가 땀을 흘리며 힘겹게 말을 이어가는 모습을 안타깝게 지켜보시던 어머니께서 나를 부르셨습니다.

"아이 데리고 도대체 뭐하는 짓이야. 이게 예배도 아니고 재롱잔치도 아니고. 은혜가 되어야 예배드릴 맛이 나지. 어린 것이 힘들어하는 것 애처로워 못 보겠다, 원."

화가 나신 것입니다. 나는 어머니께 죄송하다며 부탁을 드렸습니다.

"엄마, 우리 집 가정예배가 엄마 마음에 안 든다는 것 잘 알고 있어요. 사실 제 마음에도 아직 안 들어요. 그런데 엄마, 가정예배는 어른을 위한 예배가 아니고 아이들을 위한 예배라 생각해요. 어른들 마음에 차지 않더라도 아이들이 좋아하는 예배를 드리고 싶어요. 엄마가 이해해주시고 조금만 기다려주세요. 준용이도 처음엔 잘 못 했지만 지금은 곧잘 하잖아요. 재인이도 오늘이 처음이고 아직 어리니까 그렇지만 얼마 안 있으면 잘하게 될 거예요."

그렇게 시작했던 재인이의 메시시가 횟수가 거듭될수록 눈에 띄게 좋아졌습니다. 자신감이 생기자 "음- 음-" 하는 소리가 줄어들었습니다. 그로부터 3년이 지난 어느 날, 재인이가 메시지를 마치고 나자 할머니께서 극찬을 하셨습니다. "어떤 땐 우리 재인이의 메시지가 제일 은혜로울 때가 있다."라고 하시면서. 재인이가 초등학교 3학년 되던 해였습니다.

잘할 수 있다고 믿어주고 기다려주며 칭찬과 격려를 아끼지 않았더니 정말 믿음대로 아이들이 가정예배를 주도해가는 리더의 자리까지 온 것입니다. 처음에는 부모가 준비하고 인도해야 하기에 부담스럽기도 하지만 어느 정도 시간이 지나면 아이들이 자기 몫을 하게 되니 얼마나 보람 있는 일인가? 아니 부모보다 더 창조적이며 더 기발한 아이디어로 가정예배를 풍성케 하니 얼마나 생산적인 일인가! 시간을 들여

훈련할 가치 있는 일이 아닌가 생각하게 되었습니다.

준용이가 메시지를 전할 차례가 되었습니다. 누가복음 10장에 나오는 '선한 사마리아인'에 대한 이야기가 그날의 본문이었습니다. "강도 만난 사마리아인에게 누가 참 이웃인가?"라는 예수님의 질문에 대한 답을 찾는 내용이었습니다. 강도 만나 도움을 요청하는 사마리아인 곁을 제사장이 지나쳐 갔고, 레위인이 지나가며 모른 체하고 떠나갔습니다. 그리고 마지막 사마리아인 차례가 되었습니다. 강도 만난 사람을 그냥 지나칠 수 없는 사마리아인이 그 사람을 업고 주막으로 달려가 그의 상처를 싸매주었습니다. 그리고 길을 떠날 때가 되어 주막집 주인에게 이 사람을 돌봐주기를 부탁하며 돈을 맡기고 가는 아름다운 이웃에 대한 설명을 마친 다음, 역할극을 할 것이라고 말했습니다.

각자 어떤 역을 맡고 싶은지 이야기를 나누었는데 준용이는 제사장 역을 하겠다고 했고, 재인이는 레위인 역을 맡겠다고 했습니다. 남아 있는 역은 강도와 사마리아인이었습니다. 강도와 강도 만나 매 맞는 사람 역은 아무도 하지 않겠다고 했습니다. 친정어머니와 나만 남았는데 누가 강도 역을 할 것인가? 강도는 때려야 하는데, 엄마를 때릴 수 없으니까 내가 강도 만난 사람을 하겠다고 했고 어머니더러 강도 역을 맡으시라고 했습니다. 마지막 남은 사마리아인 역은 재인이가 이중 역할을 하겠다고 했습니다. 준용이와 재인이는 모두 신사 역을 맡았고, 엄마와 나는 매 맞고 때리는 힘든 역을 맡았습니다. 준용이가 미리 신문을 접어 만들어둔 몽둥이를 할머니께 건네드렸습니다. 그리고 나는 누워서 계속 매를 맞고…… 그런 광경을 지켜보던 남편과 아이들은 웃음을 그치지 못하고 배꼽을 쥐었습니다. 나는 살려달라고 애원을 하고, 나의 애원에도 막무가내로 매를 내려치는 비정한 엄마! 지금도 생각하면 얼마나 우스운지…….

역할극이 끝나고 준용이는 강도 만난 사람 역을 했던 나를 앞으로 나오라고 하더니 나에게 질문을 했습니다. 강도 만났을 때 어떤 생각을 했는지, 제사장과 레위인이 그냥 지나칠 때 어떤 생각을 했는지, 어떤 기분이 들었는지 물었습니다. 그리고 마지막 사마리아인을 만났을 때의 기분은 어땠는지도 물었습니다.

"제사장과 레위인이 그냥 지나갔을 때 너무 실망했다. 혼자 산속에 남아 있는 것이 너무너무 무서웠다. 그들이 야속하고 원망스러웠다. 미웠다."

그럼 사마리아인을 만났을 때는 어땠는지 물었습니다.

"너무너무 반가웠다. 고마웠다. 기뻤다. 세상에 이런 착한 사람이 있다는 데에 감동했다. 나의 생명을 구해준 생명의 은인에게 무엇이든 보답하고 싶었다."

준용이는 "강도 만난 사람을 그냥 지나치지 말고 선한 사마리아인처럼 도움이 필요한 사람을 돕기로 하자"는 말로 그날 말씀을 결론지었습니다.

이처럼 우리 집 가정예배 시간에는 한 사람이 일방적으로 하는 설교식이 아니고, 그림을 그려 보여주거나 융판에 플란넬 그림을 붙여가며 성경 이야기를 전개해나갔습니다. 또한 성경과 관련된 역할극과 같은 여러 가지 활동들을 하므로 결코 지루하지 않았습니다. 준용이가 고등학생이 될 무렵에는 컴퓨터 그래픽과 파워포인트까지 등장할 만큼 수준 높은 가정예배를 드릴 수 있었습니다.

가정예배가 끝나고 나면 2부 순서로 가족오락 시간을 가졌습니다. 불치병을 앓고 있는 환자가 있는 집에 무슨 가족오락이냐고 의아해하실 분이 있을지 모르겠습니다. 환자의 필요가 단연 1순위가 되어야 하지만 다른 가족의 필요도 중요하다는 사실, 특별히 아직 어린 아이들의 필요도 채워져야 한다는 사실에 대해서 남편과 이야기를 나누었습니다. 아이들에겐 즐겁게 웃는 시간도 필요할 뿐만 아니라 그들이 가정 안에서 관심의 대상이 되어야 한다는 사실을 설명해가며 아무리 힘들고 어렵더라도, 그리고 마음이 내키지 않을지라도 가족 레크리에이션 시간을 예전처럼 계속하자고 부탁했습니다. 남편은 아이들 교육에 관한 한 내 말을 잘 들어주었습니다. 나를 기독교 교육 전문가로 인정해 주었습니다.

남편의 흔쾌한 동의하에 남편이 누워 있는 병상에서 가정예배를 드리고 레크리에이션 시간을 가졌습니다. 어떤 땐 남편이 침대에 누워 직접 진두지휘를 하기도 했습니다. 심판관이 될 때도 있고, 퀴즈대회가 열릴 때면 문제 출제관이 되었습니다. 매년 크리스마스를 앞두고 갖는 우리 집만의 특별한 전통이 하나 있었습니다. 그것은 '누가 크리스마스의 백만장자가 될 것인가?' 라는 퀴즈대회입니다. 물론 퀴즈대회 참가자는 재인이와 준용이 둘뿐이었습니다.

대회 날짜가 정해지면 남편이 예상문제들을 미리 생각했다가 나에게 불러주었고, 나는 미리 받아써놓습니다. 퀴즈 문제는 크리스마스와 관련된 모든 것들, 예를 들면 크리스마스트리와 크리스마스카드의 전례, 성경 말씀, 넌센스 문제, 크리스마스 캐럴과 찬송가 등을 총망라하여 내고, 거기서 한 문제씩 맞추는 사람에게 정해진 점수를 준 다음 마지막에 가장 많은 점수를 받은 사람이 그날의 승자가 되는 것입니다. 그 점수에 따라 현금을 상금으로 주는 치열한 퀴즈대회입니다. 한 해엔 아들 준용이가 승자로 '밀리어네어'가 되었고, 그다음 해엔 크리스마스가 다가오기 전 열심히 준비한 재인이가 '크리스마스 밀리어네어'로 뽑혔습니다. 크리스마스 밀리어네어는 하루 종일 정말 자기가 백만장자가 된 듯 콧노래를 불러댑니다. 가정 형편 때문에 충분한 용돈을 받지 못하는 아이들이 7, 80달러나 되는 거금을 손에 쥐게 되었으니 그럴 만도 했습니다.

숨바꼭질도 참 재미있었습니다. 준용이가 눈을 감고 하나, 둘 수를 세는 동안 침대에 누운 아빠가 재인이에게 속삭입니다. "재인아, 아빠 침대와 의자 사이에 쪼그리고 앉아봐. 그러면 오빠가 찾지 못할 거야!" 준용이가 온 방 안을 돌아다니다 재인이 찾기를 포기하면 재인이와 아빠가 신이 나서 소리를 지릅니다. 둘이 한편이 된 것 같은 아빠와 재인이를 보며 속이 상한 준용이가 뾰로통한 얼굴을 할 때쯤이면 아빠는 이제 준용이 편이 됩니다. 다시 술래가 된 준용이가 열까지 세고 나서 재인이를 찾기 시작하면 아들에게 눈짓으로 재인이가 숨어 있는 장소를 가리킵니다. 준용이가 다시 술래가 되고, 재인이가 숨어야 할 차례가 되면 아빠가 또 재인이에게 속삭입니다. "재인아! 이번엔 아빠 호흡기 연결되어 있는 산소통 뒤에 숨어!" 이렇듯 공평하게 한 번씩 이기도록 기회를 주며 게임을 이끌어갔습니다.

　보물찾기도 가끔씩 등장하는 메뉴 중 하나였습니다. 부활절이 다가오면 플라스틱 부활절 빈 달걀 안에 아이들이 좋아하는 캔디나 초콜릿을 넣어둡니다. 동전이나 1달러짜리 지폐를 넣어두기도 했고 아이들이 좋아하는 미니 자동차를 넣어두기도 했습니다. 아이들 몰래 내가 먼저 보물을 숨겨두고 찾을 시간이 되면 두 아이들은 온 방 안을 뛰어다니며 보물찾기에 정신이 없습니다. 거실과 침실, 부엌과 아빠 방, 심지어 책장 구석구석까지 들여다보며 보물을 찾을 때마다 환호를 합니다.

　"신난다! 또 찾았다."

　"너 몇 개 찾았어?"

　"오빠는 몇 개 찾았는데?"

　처음에는 여기저기 많이 있으니까 잘 찾아지다가 시간이 지나면서 점점 찾기가 어려워지면 아이들이 아빠에게 달려갑니다.

　"아빠, 아빠 방에는 어디에 보물이 숨겨져 있어요? 나한테만 살짝 알려주면 안 돼요? 네, 아빠?"

　못 들은 척하며 아빠가 고개를 돌려 보물 있는 쪽을 가리킵니다. 바구니 가득 찾은 보물을 들고 아빠 방에 모여 몇 개를 주웠는지 각자 개수를 세어봅니다. 초콜릿을 먹으며 자기들이 좋아하는 것들이 나오면 신나서 소리 지릅니다! 아이들 좋아하는 모습을 바라보며 우리도 함께 즐겁고 행복한 시간을 보내었습니다.

　풍선 터뜨리기도 했습니다. 우리 집 풍선놀이는 참으로 다양했습니다. 적당한 게임이 생각나지 않으면 어김없이 등장하는 게임이 풍선놀

이입니다. 가족 레크리에이션 시간을 위해 풍선은 봉지째로 사다놓았습니다. 여러 가지 풍선 게임 중 엉덩이로 풍선 터뜨리기가 제일 재미있었습니다. 엉덩이가 작은 재인이에게는 터뜨리기 쉽도록 풍선을 크게 불어주지만 그래도 만만치 않은 일이었습니다. 엉덩이가 가장 큰 할머니가 제일 먼저 터뜨리고 나면 그다음으로 준용이가 풍선을 터뜨렸습니다. 내가 웃느라고 힘을 쓰지 못해 풍선을 엉덩이로 빙글빙글 돌리는 사이 재인이는 땀을 쥐어가며 애를 씁니다. 그래도 터지지 않아 안타까워하는 모습을 바라보는 아빠와 나머지 식구들은 박수를 쳐가며 재인이를 응원합니다. 아빠가 준용이에게 눈짓을 하면 오빠가 도와주어 재인이가 드디어 먼저 풍선을 터뜨립니다! "와! 재인이 만세! 만세!"

또 있습니다. 풍선 토스입니다. 어떤 때는 일어서서 서로에게 토스를 했고 어떤 때는 모두가 방바닥에 누운 채로 발을 공중으로 들어 올려 풍선을 토스하기도 했습니다. 이 모든 광경 하나하나가 얼마나 우스꽝스러웠는지, 웃다가 토스를 잘못해 풍선이 땅에 떨어지면 술래가 되는 사람이 생깁니다. 그리고 또 있습니다. 풍선을 양발 사이에 넣고 토끼처럼 껑충껑충 뛰어서 정해진 지점까지 빨리 돌아오는 사람이 이기는 게임도 정말 재미있었습니다.

그 밖에도 설날이나 추수감사절엔 윷놀이가 제격입니다. 어른과 아이들이 한편이 될 때도 있고, 할머니와 재인이가 한편이 되면 나와 준용이가 같은 편이 되었습니다. 아이스크림 내기를 할 때면 아이들은 돈 걱정을 하지 않습니다. 할머니와 함께하는 팀에서는 할머니가 아이스크림 값을 지불하고, 내가 지면 내가 아이스크림 값을 낼 것이라는 계산 때문입니다. 그런데 아이들 둘이 한편이 되고 그들이 이길 경우엔 우리에게 아주 고약한 벌칙을 주었습니다. '엉덩이로 자기 이름 쓰기'였습니다. 할머니와 내가 번갈아가며 엉덩이로 이름을 쓰는 동안 아이들과 아빠는 집이 떠나갈 듯 웃어댑니다. "하하하…… 호호호…… 우리 할머니 정말 글씨 잘 쓰신다! 엉덩이가 너무 잘 돌아가!" 사위와 손자들 앞에서 체면 개의치 않고 아이들을 즐겁게 해주려 애쓰시는 '우리 엄마 최고!'

어쨌든 진 팀은 이긴 팀이 시키는 대로 해야 했습니다. 노래를 부르라고 하면 노래를 불러야 했고, 춤을 추라고 하면 춤을 추어야 했습니다. 한번은 모든 게임에서 다 진 나를 보고 아이들이 "춤을 추라"며 최신 랩 뮤직을 틀어놓았습니다. 다른 벌칙 시켜달라고 사정을 해도 아이들은 막무가내였습니다. 하는 수 없이 분위기 깨지 않으려고 노래에 맞추어 춤을 추기 시작했습니다. 한 번도 제대로 춤을 배워본 적도, 추어본 적도 없는 내가 텔레비전에서 본 시늉을 하며 몸을 흔들어댔습니다. 몸과 손발이 각각 따로 노는 나를 보며 아이들은 손뼉을 치며 놀려댑니다.

"엄마처럼 웃기게 춤을 추는 사람은 생전 처음 본다."

"우리 엄마 춤 죽여준다. 우리 엄마가 저렇게 웃기는 줄은 아마 아무도 모를걸! 저 모습 비디오로 찍어서 자녀양육 세미나에 오는 엄마 아빠들께 보여주어야 해."

준용이 말에 재인이가 동의합니다.

"그래, 맞아 오빠, 저 모습 비디오로 찍어야 해."

숨이 넘어갈 듯 남편도 자지러지게 웃습니다.

"너네 엄마 정말 춤 잘 춘다!"

가족오락과 게임을 하는 동안 이처럼 우리 모두는 박장대소를 했습니다. 남편도 아이들도 나도 친정어머니도 배꼽을 움켜잡고 웃었습니다. 이런 즐거운 시간을 갖는 동안은 우리가 맞닥뜨리고 있는 고난의 문제를 잠시라도 옆으로 밀어둘 수 있어서 좋았습니다. 실컷 웃고 나면 다음 일주일을 견딜 수 있을 만큼 기분이 좋아졌습니다. 나는 고난과 좌절 가운데에서도 날마다 웃으라고 권하고 싶습니다. 누군가가 이런 말을 했습니다. "수많은 날들 중에서 가장 무의미한 날은 한 번도 웃지 않은 날이다."

고난 속에서 웃어야 할 이유가 바로 거기에 있습니다. 사랑하는 당신이 만약 고난과 고통 중에 있다면 그 속에서도 웃을 거리를 찾아보세요. 웃을 거리를 만들어보세요. 알고 있는 유머를 서로 나누어보세요. 마음이 내키지 않아도 그렇게 해보세요. 가족들과 함께 코미디 프로그램을 시청하세요. 마음이 내키지 않아도 시도해보세요. 그리고 크게 활짝, 더 크게 웃어보세요.

가족은 고난을 함께 극복할 핵심 그룹이며, 그다음 그룹으로는 신앙공동체와 친구와 이웃들이 있습니다. 그들은 우리의 아픔을 자기의 아픔으로 여기며 함께 기도해주었고, 우리의 경제적 필요를 채워주었고, 돕는 천사로 우리 곁에 있어주었습니다. 가족은 가장 강력한 핵심 그룹이지만 가족의 힘만으로는 고난을 극복할 수 없습니다. 교회 가족과 친구들의 끊임없는 사랑과 관심, 도움의 손길이 없었다면 우리는 결코 그 고난을 헤쳐나올 수 없었습니다.

특별히 '뉴욕 지구촌교회' 성도들과 '빛과 소금의 교회' 성도들의 사랑을 잊을 수 없습니다. 믿음의 선배들과 친구들의 격려와 사랑도 빼놓을 수 없습니다. 그 외에도 수없이 많은 사람들로부터 사랑의 빚을 졌습니다. 한국과 중국, 미국과 남미 등지에서 우리 가족을 사랑하는 사람들이 끊임없이 우리를 위해 기도해주셨고 위로와 격려를 해주셨습니다. 바쁜 시간을 내어 남편의 병상에서 성경을 읽어주셨던 분들, 예배를 인도해주셨던 분들, 손을 쓸 수 없는 남편을 위해 글쓰기를 대필해주셨던 분, 일주일에 한 번씩 우리 집을 방문해서 도움을 주신 많은 분들이 있었습니다.

그들은 실로 우리의 짐을 함께 져줌으로써 그리스도의 법을 성취하는(갈라디아서 6:2) 친구들이었습니다. 그들의 사랑과 나눔은 무거운 짐을 지고 가는 자의 짐을 가볍게 해주었으며, 고통받는 우리를 치료하는 하나님의 손길이었습니다. 친구를 살리기 위해 지붕을 뚫고 그의 병상을 예수님 앞으로 달아내린 중풍병자의 네 친구, 강도 만난 자에게 도움의 손길을 뻗힌 선한 사마리아인은 고난 가운데 있는 자들을 돕기 위해 특별히 보내시는 하나님의 천사들입니다. 고난당할 때 당신을 지지하고 후원해줄 팀의 중요성을 간과하지 마십시오. 그들에게 기도를 부탁하십시오. 도움도 요청하십시오. 당신 혼자 감당하기에 그리고 당신 가족끼리 담당하기에 고난은 너무 큰 것이기 때문입니다.

고난 속에서도 사명을 향해 전진하기

남편이 아파 병상에 누워 있는 동안에도 나는 사역을 멈출 수 없었습니다. 내가 다섯 식구의 생계를 책임져야 하는 것도 있었지만 무엇보다 마음에 주신 '사역에 대한 부담감' 때문이었습니다. 당시 교회에서 파트타임으로 사역을 하며 '뉴비전 청소년 복지재단'에서 상담과 프로그램 디렉터 일을 겸하고 있었습니다. 문제 청소년들과 부모들을 상담하며 돕는 것은 참으로 보람 있는 일이었지만 한편으론 회의도 생겼습니다. 어린 시절부터 부모의 이혼으로 인한 사랑 결핍증이나 거절감, 역기능 가정이 주는 상처와 분노, 소수 민족이 경험하는 편견이나 인종차별로 인한 문제나 부적응의 문제, 부모의 잘못된 양육 형태나 훈련 방법 등으로 망가진 아이 하나를 건강한 사람으로 돌려놓는 작업이 결코 쉬운 일이 아니었기 때문입니다.

어떤 땐 그들을 돕는 일이 '밑 빠진 독에 물 붓는 것과 같다'는 생각이 들 때도 있었습니다. 문제 청소년 하나를 정상상태로 되돌리기에는 너무 많은 시간과 에너지가 소모되기 때문입니다. 나의 소중한 시간과 에너지를 한두 아이 살리는 일에 다 쏟아붓기에는 너무 아깝다는 생각이 들었습니다. 한 아이 살리는 일은 분명코 의미 있는 일이지만 그보다 더 효과적인 일이 있지 않을까 싶었습니다. 더 효과적인 일이란 다름 아닌, 문제가 생기기 전 '예방하는' 일이었습니다. 아이가 심한 상처를 받기 전, 어린 시절부터 부모가 자녀양육을 잘 배워 실천하도록 도우면 아이가 문제 상황까지 가지 않을 터이고, 부부관계가 극단적인 상황으로 치우치기 전에 부부관계 향상 프로그램을 통해 결혼생활을 강화시켜준다면 그 일이 훨씬 더 효과적이란 생각을 하게 된 것입니다.

그러려면 문제 청소년을 위해 일하는 뉴비전은 적당한 사역 센터가 될 수 없었습니다. 이미 사람들의 마음속에 새겨진 '문제 청소년과 부모가 가는 곳'이란 부정적인 딱지가 붙어 있는 기관이기 때문입니다. 사명과 비전, 그리고 방향이 너무 다르기 때문입니다. 무엇보다 '새 술은 새 가죽부대'에 담아야 하기 때문입니다. 새로운 사명과 비전을 가진 '가정사역' 기관의 설립이 필요했습니다. '행복하고 건강한 가정'을 세우도록 가족 구성원들을 교육하며, 이미 심각한 문제를 겪고 있는 가정은 상담을 통해 치유하고 회복하는 일을 함께 하는 사역이 절실히 필요했습니다. 그런데 뉴욕과 뉴저지 지역에는 그런 일을 하는 기관이 전무한 상태였습니다.

가정사역의 필요가 절실하기는 했지만 현실적으로 내가 사역을 시작할 만한 여건은 전혀 되지 않았습니다. 시간적으로나 정신적으로나 경제적으로, 그리고 무엇보다 우리 가정의 상황으로 보아서…… 모든 면을 따져봐도 사역을 시작할 상황은 아니었습니다. 그런 생각이 들 때면 "하나님, 이 사역이 필요하지만 전 아직 준비가 안 됐어요. 남편이 나아야 일을 시작할 수 있지 지금 이 상황에서 새로운 일을 시작할 순 없잖아요. 남편 다 나은 다음에 할게요. 하나님께서 이 일이 정 급하다고 생각되시면 남편을 빨리 낫게 해주세요. 아니면 전 기다릴 거예요." 하고 내가 시작할 수 없는 이유를 하나님께 계속 말씀드렸지만 사역에의 부담은 마음 한편에 남아 나를 가만 놓아두지 않았습니다.

'가정사역 센터' 설립이라는 큰 부담을 안은 채 남편과 이야기를 나누고 함께 기도하면서 사역에 대한 구체적인 그림을 그리기 시작했습니다. 남편이 내게 말했습니다.

"여보, 당신이 가정사역 센터의 원장이 되는 것은 좀 그래. 상담이나 가르치는 일은 잘할 수 있겠지만 펀드를 모으는 일이나 사무행정은 당신의 은사가 아닌 것 같아서 말이야. 누구에게 아쉬운 소리 못 하는 당신인데 그 일을 잘해낼 수 있을까 걱정이 돼. 원장의 임무 중에서 '자금 모금'은 무엇보다도 중요한 일인데…… 처음 시작할 때는 방법이 없으니까 당신이 원장 역할을 직접 맡아야겠지만 시간이 지나고 센터가 어느 정도 자리잡히면 다른 사람에게 원장직을 맡기고 당신은 교육과 상담에 전념하는 편이 좋을 것 같아."

나의 강점과 약점을 정확히 꿰뚫어보는 말이었습니다. 그러면서 남편이 가정사역 센터의 이름을 지어주었습니다. 너무나 예쁜 이름 '패밀리 인 터치(Family in Touch, 이후 '패밀리 터치'로 명칭이 바뀜)!'

사역 대상은 어린아이에서부터 노년에 이르기까지 가족 구성원 전체를 삼았습니다. 그러니까 어린이 센터, 청소년 센터, 부부 상담소, 시니어 센터처럼 연령별로 다른 계층을 돕는 '따로따로의 사역'이 아닌 가족 구성원 전체를 효율적으로 도울 수 있는 '종합 센터' 역할을 하겠다는 것입니다. '패밀리 터치'라는 우산 아래 각 부서를 두고, 그 부서의 사역을 감당할 사람이 정해지면 그때 사역을 본격적으로 하겠다는 생각을 갖고 큰 그림부터 우선 그려놓았습니다.

총체적인 가정의 그림을 그리게 된 데는 내가 공부했던 기독교 교육과 가정사역에서 배운 '각 발달 단계에 맞는 과제들을 성취할 수 있도록 개인과 가정을 교육하고 당면 문제를 해결할 수 있도록 도와야 비로소 건강한 가정을 세우는 일이 가능해진다'라는 신념이 있었기 때문입니다. '온 가족을 위한 패밀리 터치! 어린아이에서부터 노인에 이르기까지 그들이 성장하도록 도우며 무너진 관계를 회복시키는 것, 그래서 온 가족이 정서적으로, 사회적으로, 영적으로 건강케 되어 행복한 가정을 이루도록 돕는 것! 이것이 패밀리 터치의 존재 이유요 사명이다!'

비전 선언문을 기도하며 써내려갔습니다. '패밀리 터치'라는 이름이 지어지고 "영원한 것을 위해 가정을 터치한다"라는 사명 선언문과 사역의 방향이 잡힐 무렵 하나님이 제 가슴에 노래 하나를 주셨습니다. '패밀리 터치의 비전 송(Vision Song)'입니다.

패밀리 터치의 '꿈의 노래'

사랑 가득
행복 가득
희망 가득 안고 가

차가운 가슴마다 사랑의 불 지펴주며
묻어둔 행복의 씨앗 일구어내고

접어둔 희망에 새 날개 달아주어

이 땅에 가정마다
향기런 듯 번져가는
천국의 웃음소리 듣고 싶어요.

믿음 가득
소망 가득
사랑 가득 안고 가

하늘 향해 감은 눈 뜨게 해주고
잠자는 꿈 불러내며
아픈 곳 싸매주어

이 땅에 아들딸들
꿈꾸는 자녀로 키우고 싶어요.
행복한 자녀로 키우고 싶어요.

이 비전의 노래를 가슴에 안고 기도하던 중 내가 사역하고 있는 뉴욕 지구촌교회 김두화 목사님께 가정사역을 시작하겠다고 말씀드렸습니다. 그때 지구촌교회는 개척한 지 4년밖에 되지 않아 일꾼도 부족하고 재정도 넉넉지 않은 상황이었습니다. 그런데도 가정사역의 불모지

인 이 지역을 위해 일을 시작하겠다는 나의 결심을 들으시더니 "그래요, 전도사님, 이 지역에 가정사역이 너무 필요하지요. 교회에서 힘닿는 데까지 재정 지원을 할 테니까 돈 걱정은 하지 말고 서둘러 사역을 준비하세요." 하시며 창립 4주년 기념식에서 나온 헌금 전액을 '패밀리 터치를 위한 씨받이 헌금(Seed Money)'으로 내어놓으셨습니다. 가정사역의 필요성을 누구보다 절실히 알고 계셨기에 큰 교회도 하기 힘든 일을 선뜻 감당해주시므로 패밀리 터치 출범에 산파 역할을 해주셨습니다.

산파 역할 뿐만 아니라 패밀리 터치가 어느 정도 재정적 자립이 가능할 때까지 기도와 후원 헌금으로 걸음마를 하도록 도와주셨습니다. 지구촌교회가 아니었으면 패밀리 터치가 어떻게 생겨났을까? 그래서 패밀리 터치의 시작을 이야기할 때면 언제나 지구촌교회는 빠질 수 없는 역사의 첫 페이지를 장식하게 되었습니다. 이 큰 일을 시작해주신 김 목사님과 지구촌교회 성도들 모두모두 감사합니다!

패밀리 터치의 사명은 씨를 뿌리는 일입니다. 30배, 60배, 100배의 결실을 기대하며 우리를 통해서 축복의 열매가 거듭거듭 맺히도록 축복의 씨를 뿌리는 것입니다. 은혜가 다른 사람들에게 계속적으로 흘러가도록 은혜의 씨를 뿌리는 것입니다. 사랑으로 교육하고 사랑으로 생명을 살려내는 일, 사랑으로 아픔과 고통을 치료하며 사랑의 씨를 뿌리는 것입니다. 사랑으로 가정이 아름다워지도록, 사랑으로 세상이 아름다워지도록 씨를 뿌리는 것입니다.

패밀리 터치가 시작되었을 때 내 작은 사무실 책상 위에 그 당시 베스트셀러였던 브루스 윌킨슨의 『야베스의 기도』를 펼쳐놓고 하루에도 몇 번씩 '지경을 넓혀달라' 는 기도를 드렸습니다. '패밀리 터치의 비전 송(나중에 김형민 목사님께서 아름다운 곡을 붙여주심)' 을 뜨거운 가슴으로 부르면서 말입니다. 그런데 그 기도가 '패밀리 터치 뉴욕 지부 창립' 이라는 열매로 드러났습니다. 이를 시작으로 사역의 지경이 뉴욕에서뿐 아니라 미 동부 지역을 넘어서게 하시고, 미 전역으로 확장되게 하셨습니다. 매년 순회강연과 가정사역 세미나를 통해 수천 명의 사람들을 만나게 하시고 그들에게 '가정에 대한 소중함' 을 일깨워주며 '가족 사랑의 방법' 을 알려줌으로써 오늘도 사역의 지경을 넓혀가고 계십니다. 그리고 이제는 미국을 넘어서 한국에도 사역과 영향력의 범위를 확장해가고 계십니다. 한 알의 밀알처럼 작은 기도가, 겨자씨처럼 작은 씨앗 하나가 떨어져 열매를 맺어가고 있습니다. 사랑의 가정 세움을 통해!

9.11 테러로 꽃같이 귀한 생명들이 불속에서 사라져감을 보며 아픔과 슬픔의 발을 동동 구르던 시절, 사랑하는 사람들을 한순간에 잃어버린 상실의 고통으로 온 나라가 슬피 울던 2001년 9월. 그들의 아픔과 절규를 온몸으로 함께 느끼며 개원을 위해 사무실 공간을 찾던 그 가을의 내 모습이 이 글을 쓰는 지금 더 크게 클로즈업되어 옵니다. 지구촌교회의 지원으로 뉴저지 포트리에 새롭게 둥지를 틀었습니다. 600스퀘어 정도 되는 작은 공간에 리셉션 데스크가 놓이고, 열 명 남짓이 모여 공부할 수 있는 컨퍼런스 룸 하나, 그리고 작은 내 사무실, 그것이 전부였습니다. 그래도 너무너무 행복하고 가슴이 벅차올랐습니다. 꿈이 펼쳐지는

시작의 자리라서.

　개원을 하자마자 9.11 사태로 가족을 잃은 사람들을 어루만지는 상담 서비스와 함께 처음 시작했던 프로그램은 '자녀양육 학교'였습니다. 자녀양육에 관심 있는 엄마 아빠들이 모여 배우고 실천하면서 부모와 자녀 사이에 커다란 변화가 일어났습니다. 그 변화의 이야기들을 이 작은 지면에 모두 옮겨 쓸 수 없어 아쉽습니다. 지금은 자녀양육 학교만 해도 70기에 달할 만큼 많은 부모들이 이 과정을 거쳐갔고, 그 결실로 2011년 10월 『내 아이의 미래를 결정하는 가정원칙』(카리스 출판사)이 세상에 태어났습니다.

　출판 초기부터 부모들의 사랑을 듬뿍 받게 된 '가정원칙'은 '패밀리 터치 10주년 기념 생일 선물'로 드려진 책입니다. 미국의 힘든 재정위기 앞에서 쓰러지지 않고 꿋꿋이 살아온 자랑스런 패밀리 터치이기에, 그리고 나의 삶과 사랑과 열정이 고스란히 담겨 있는 나의 분신 같은 패밀리 터치이기에 그 10주년 생일날을 그냥 보낼 수 없었습니다. 그리고 무엇보다 책으로는 내 소산의 첫 열매이기에 그 첫 열매를 하나님께 드리고 싶었습니다. 인세와 판매액 모두를 패밀리 터치 발전 기금으로 내놓았습니다. 그런 나의 결정을 아이들에게 이야기했을 때 준용이가 웃으며 말했습니다.

　"엄마, 참 잘하셨어요. 엄마가 정말 자랑스러워요. 근데요, 엄마. 이 책을 패밀리 터치에 선물하는 것은 좋은데요, 우리에게도 뭐가 좀 있어야 하는 거 아니에요? 우리가 다 엄마의 자녀양육 연구와 이 책을 쓰는 데 필요한 '실험용'이 되어주었는데 그런 우리도 좀 생각을 해주셔야

죠. 안 그래, 재인아?"

"그래그래, 오빠 말이 맞아."

재인이가 오빠를 거듭니다.

"그래. 맞아, 맞아. 너희들은 정말 엄마의 연구에 훌륭한 '실험용' 대상이었어."

우리는 서로를 바라보며 까르르 웃습니다. 고난 가운데 있는 많은 사람들이 이야기합니다. "고난이 끝나고 나면 좋은 일 하겠다, 뭔가 새로운 일을 시작하겠다." 병중에 있는 사람들이 이야기합니다. "병이 다 나으면 하나님이 기뻐하는 일 하겠다." 이해가 되는 말입니다. 고난 속에서 새로운 일을 시도한다는 것이 결코 쉬운 일이 아닙니다. 나도 경험을 다 해보았기 때문에 얼마나 어려운 일인지를 잘 압니다. 그런데 만약 내가 처한 환경 때문에 사역의 시작을 뒤로 미루어두었더라면 지금쯤 어떻게 되었을까를 생각해보니 아찔합니다. 나와 남편이 고난 중에 있을 때 그 고난에 파묻혀 아무 일도 하지 않고 남편은 투병생활로, 나는 병 수발하는 일로만 8년을 다 써버렸다면 너무 억울했겠다는 생각이 듭니다. 그리고 그것으로 끝이 아니고 남편이 죽고 나서 상실의 고통이 다 지나갈 때까지 기다리며 아무것도 하지 않았더라면 내 인생의 십수 년 세월이 그냥 괄호 속에 묻힌 아까운 시간이 되어버렸겠다 생각을 하면 끔찍합니다. 그렇게 되었더라면 패밀리 터치가 이 땅에 태어날 수 있었을까?

그런 생각을 하니 '그때 힘들어도 사역을 시작하기 참 잘했지!' 라며 고난 속에서 용기를 갖고 새 일을 시작한 나의 어깨를 토닥여주고 싶습니다. '정숙아! 너 참 잘했다. 장하다, 정말 장해!' 이런 마음으로 나 자신을 어루만져주고 싶습니다. 그리고 마지막으로 '하나님, 제게 겁 없는 용기 주시고, 제 손을 잡아끄시며 시작하지 않으면 안 될 상황으로 몰아가시고, 제 마음에 계속 부담을 주셔서 감사합니다. 주님 아니었으면 제가 어떻게 이 일을 시작할 수 있었겠어요? 주님 아니시면 어림없는 일이지요'라고 주님 귀에 속삭여드리고 싶습니다.

고난 극복의 간증으로 열매 맺기

성공한 사람은 성공을 통해 얻어진 결과나 열매를 다른 사람과 나누어야 합니다. 축복받은 사람은 그 축복을 다른 사람과 함께 나누어야 합니다. 그런데 성공이나 축복받은 사람들뿐만 아니라 고난을 극복한 사람들도 고난 속에서 얻어진 값진 교훈과 경험들을 다른 사람들과 나누어야 한다는 것입니다.

고난 극복의 간증을 해야 하는 세 가지 이유가 있습니다. 첫 번째로 간증은 하나님께 영광 돌리는 일이기 때문입니다. 간증을 통해 하나님을 드러내고 하나님이 하신 일을 자랑하는 것입니다. 고난 속에서 하나님의 특별한 은혜를 체험하고도 입을 다무는 것, 이것은 하나님이 원하시는 일이 아니라 생각합니다. 나의 자랑거리가 무엇이겠습니까? 연약한 나, 실수하는 나, 쓰러지는 나 외에 자랑할 것이 무엇이겠습니까?

그런데 나의 연약함은 주님이 얼마나 강한지를 드러내는 가장 좋은 도구입니다. 나의 부족함은 주님이 얼마나 완전하신 분인지를 드러내는 가장 좋은 도구입니다.

간증이란 "내 힘과 능력으로는 도저히 불가능한 일이었는데 주님이 하셨습니다."라고 말하는 것입니다. 사도 바울이 자신의 연약함을 자랑하기로 한 것은 주님의 강함이 자신을 통해서 드러나기 때문이라고 말했습니다. "그러므로 내가 그리스도를 위하여 약한 것들과 능욕과 궁핍과 박해와 곤고를 기뻐하노니 이는 내가 약한 그 때에 강함이라." (고린도후서 12:10)

고난을 극복한 사람이 간증을 나눠야 하는 두 번째 이유가 있습니다. 고난을 겪은 사람들의 말은 그렇지 못한 사람들의 말보다 훨씬 더 큰 위력을 갖고 있습니다. 설득력이 있습니다. 지식이나 이론이 아닌 실제의 경험 속에서 우러나오는 말이기 때문입니다. 고난 가운데 있는 자들은 선배들의 간증을 통해 위로를 받습니다. 격려를 받습니다. 소망을 붙잡습니다. 승리의 확신을 갖게 됩니다. 그러므로 먼저 고난받은 자의 사명은 간증을 통해 고난당한 자들을 돕는 것입니다. 멘토가 됨으로써 그들을 돕는 것입니다. 고난 속에서 발견한 지혜와 원리들을 나눔으로 그들이 어려움을 극복하도록 믿음과 용기를 주는 것입니다.

『하나님 앞에서 울다』의 저자인 제럴드 L. 싯처는 상대편 운전자의 잘못으로 자신의 어머니와 아내 그리고 딸을 동시에 잃었습니다. 그에게 있어 자신을 존재하게 했던 정신적 관계망들을 완전히 해체시킨 이 사건은 그와 남은 자녀들의 삶을 불행 속으로 던져 넣었습니다. 감당할 수 없는 상실감 속에서 날마다 눈물을 흘려야 했고, 삶의 절망감을 느껴야만 했습니다. 행복하고 단란한 한 가정에 별안간 닥친 사고는 그 가정을 완전히 파괴시켜버렸습니다. 그리고 살아남은 가족 구성원의 정체성과 자아마저 상실시켜버렸습니다.

그처럼 충격적인 상실 앞에서 그가 가진 믿음의 태도는 그의 영혼에 크나큰 성장을 가져왔습니다. 그것은 그 사고를 일으켜 자신의 모든 것을 파괴해버린 상대편 운전자를 용서하는 것으로부터 시작했고, 자신의 이어지는 삶에 도움과 사랑을 준 사람들에게로 확대되어갔습니다. 비록 죽은 자들은 자신의 삶의 의미를 다하고 갔지만, 살아남은 자들에겐 아직 남은 삶에 대한 의미가 있다는 생각이 그를 지탱해주었습니다. 자녀들의 삶, 그리고 자신의 남은 삶은 그 처참하고도 수용하기 힘든, 그리고 돌이킬 수 없는 운명을 받아들이도록 만들었습니다. 이렇게 수용은 용서로, 용서는 사랑으로, 그리고 그 사랑은 저자의 영혼을 성장의 길로 돌아서게 했고, 비로소 그는 자기 삶이 가진 전체적인 시각으로 또 다른 생을 맞이할 수 있게 되었습니다. 그는 이렇게 말합니다. "어쩌면 재앙처럼 찾아든 상실을 겪은 사람들이 우리 가정을 보고서 소망과 영감을 얻게 될 수도 있다." 이 사실을 깨닫고 상실의 아픔과 극복에 대한 경험을 주저함 없이 나누는 자리에 이르게 되었습니다.

세 번째, 고난 극복의 과정에서 도움을 주었던 사람들을 위해 간증을 나누어야 합니다. 자신의 도움이 누군가의 삶에 보탬이 되고 자신의 기도가 다른 사람이 고난을 극복할 수 있도록 힘이 되었다는 사실을 확인함으로써, 그들로 하여금 보람을 얻고 자신을 써주신 하나님께 감사하도록 하기 위함입니다. 또한 누군가를 돕는 일에 지속적으로 헌신하도록 동기부여를 주기 때문입니다. 간증은 나를 위해서 하는 것이 아닙니다. 나를 위해서라면 간증을 할 필요가 없습니다. 하나님을 위해서 하는 것입니다. 다른 사람을 위해서 하는 것입니다. 이것이 바로 간증해야 하는 이유입니다.

어떻게 죽어야 할지를 생각하며 사는 사람은 어떻게 살아야 할지 알게 됩니다.
가장 복된 죽음을 맞기 위해서는 가장 복된 삶을 살아야 함을 알게 됩니다.
오늘이 내 생의 마지막이라고 생각하면
나의 가진 시간을 어디에 쓸지,
나의 가진 재능과 재산을 어디에 써야 할지 분명해집니다.

3부
죽음, 선물입니다!

"죽음을 위협적인 손님이라고 생각하는 대신 친한 손님이라고 받아들인다면
우리 인생은 아주 많이 달라질 것입니다.
죽음의 공포는 때로 우리를 죽음으로 내몰지만
죽음과 친해짐으로써 우리의 소멸성을 직면할 수 있게 되고
자유로이 삶을 선택할 수 있습니다."

− 헨리 나웬

다섯 번째 이야기
죽음, 선물입니다!

죽음에 대해 말씀하시는 하나님

2001년 8월 말, 남편이 발병하고 투병생활을 한 지도 5년째 접어드는 무더운 여름밤에 꿈을 꾸었습니다. 무섭고 생생한 꿈이었습니다. 우리 교회의 젊은 남자 두 명을 천국에 보내고, 그다음 남편을 천국에 보낼 차례가 되었습니다. 젊은 남자란 사실 외에는 두 명의 남자가 누구인지 알 수 없었습니다. 나는 남편의 장례식을 준비하고 계시는 목사님께 항의했습니다. "목사님, 이 사람은 가만히 두어도 얼마 안 있으면 떠날 사람인데 왜 하필 지금 천국에 보내야 합니까?" 나의 항의에 목사님은 당장 장례식 준비를 중단하셨습니다. 장례식을 위해 모였던 교인들이 하나둘씩 흩어져 떠나갔습니다.

아침에 일어나니 꿈이 너무나 생생했습니다. 그리고 끔찍했습니다.

젊은 남자 두 명을 천국에 보내다니, 말도 안 된다고 생각했습니다. 꿈 내용이 머리에서 떠나질 않았습니다. 우리 교회에는 나와 동갑내기인 형제 한 분이 간암 말기 선고를 받고 투병 중에 있었습니다. 6개월 정도나 살 수 있을 것이라고 했습니다. 내 꿈대로라면 두 형제 중 한 분은 그일 가능성이 높았습니다. 그러나 나는 그 가능성도 믿고 싶지 않아 고개를 흔들었습니다. 남편이 혹시라도 세상을 떠나면 어떡하나, 하도 걱정이 되어 그런 꿈을 꾼 것이라며 애써 위안을 삼았습니다. 며칠이 지나도 그 꿈은 뇌리에서 잘 지워지지 않았습니다. 토요일 사역자 모임에서 목사님과 사모님께 꿈 이야기를 했습니다. 하나님께서 우리 교회 성도들에 대해 하실 말씀이 있으신지, 혹시 우리가 성도들을 위해 특별하게 기도할 것이 없는지 알고 싶었기 때문입니다.

꿈을 꾼 지 2주 만에 뉴욕에서 9.11 테러 사건이 일어났습니다. 뉴욕 맨해튼에 위치한 110층짜리 세계무역센터 빌딩에 테러범이 탄 비행기가 그대로 돌진해 거짓말처럼 무너졌습니다. 그날 아침, 우리 교회 자매님에게서 전화가 걸려왔습니다. 목소리가 다급했습니다.

"전도사님, 텔레비전 좀 켜보세요. 우리 남편이 출근한 쌍둥이 빌딩이 비행기 폭격으로 지금 불타고 있어요. 남편이 그 속에 있으면 어쩌죠?"

텔레비전을 켰습니다. 아수라장이 된 세계무역센터 빌딩이 검붉은 화염에 휩싸여 있었습니다. 정신을 가다듬고 전화를 건 자매님 집으로 차를 몰았습니다. 우리 교회 회계 집사님이 무사해야 할 텐데…… 사상자 없이 빨리 화재가 진압되기를, 운전대를 잡고 기도하고 또 기도했습니다. 자매님 댁에는 소식을 듣고 온 교인들이 텔레비전 앞에 긴장한 얼굴로 모여 있었습니다. 우리의 바람은 집사님이 무사히 돌아오거나, 아니면 병원에 후송된 응급환자 명단에 포함되는 것이었습니다. 그러나 하루가 지나고 이틀이 지나도 생존자 명단에서 우리 회계 집사님의 이름을 발견할 수 없었습니다. 교인들이 흩어져 부상자들이 입원한 병원을 돌아다녀봤지만 찾을 수 없었습니다. 가족과 그를 아는 모든 사람들의 가슴이 까맣게 타들어갔습니다.

2주쯤 지나서 간암으로 투병하던 형제가 세상을 떠났습니다. 허무했습니다. 아까운 두 명의 젊은 형제가 2주 간격으로 세상을 떠났습니다. 교인들은 믿을 수가 없었습니다. 젊디젊은 두 형제가 이렇게 우리 곁을 떠나다니 이해할 수 없었습니다. '하나님은 왜 나로 하여금 그런 꿈을 꾸게 하셨을까?' 일전에 꾼 꿈이 떠오르자 소름이 돋았습니다. 하나님은 나의 꿈을 통해 두 형제가 천국에 갔음을 확인시켜주었습니다.

릭 워렌 목사님이 하신 말씀입니다. "그 문제가 왜 일어났는지와는 상관없이 우리에게 닥친 어떤 문제도 하나님의 허락 없이는 일어날 수가 없다." 하나님의 자녀에게 일어나는 모든 일은 이미 아버지를 한번 거친 것'이고, 사탄이나 사람들이 악하게 사용하려 할 때에도 하나님은 그 모든 일들을 선을 위해 사용하신다는 사실을 깨우쳐주셨습니다. 하나님의 주권 속에서 하나님이 친히 모든 것을 통제하고 계시기 때문에 모든 뜻밖의 사건들은 우리를 위한 하나님의 계획일 뿐입니다. 우리가 태어나기 전부터 하나님의 달력에는 우리의 매일의 삶이 적혀 있기(시편 139:16) 때문에 우리에게 일어나는 모든 일은 영적으로 매우 중요합니다.

사람들은 빈 라덴의 잘못 때문에 무고한 생명들이 희생되었다고 말합니다. 사실입니다. 사탄이 그를 이용해 선량한 백성들의 목숨을 앗아갔다고도 말합니다. 그것도 사실입니다. 그러나 내가 깨달은 바는 사탄이 개입되어 문제를 최악의 상황으로 몰고 갔다 할지라도 하나님께서 빈 라덴을 사용해 펼치는 사탄의 계략을 몰랐을 리 없다는 것입니다.

우리가 믿는 하나님은 전지전능한 분이십니다. 하나님께서 잠시 실수하시어 사탄이 하나님의 자녀들을 마음대로 죽이도록 내버려두었을 리는 없습니다. 우리의 생명은 하나님의 손에 달려 있습니다. 참새 한 마리도 하나님의 허락 없이는 떨어질 수 없습니다. 9.11 테러의 참사 가운데서도 하나님은 살릴 자를 살리셨습니다. 사건 후에 생존한 많은 사람들의 간증이 이를 증명해줍니다. 한 주 전에 실직을 당해서, 마침 휴가 기간이어서, 혹은 출근길 교통체증으로 지각했다가 살아난 사람도 있습니다. 그 많은 사람들 가운데 세계무역센터 부총재인 이희돈 장로님을 살리신 하나님의 섭리가 또 놀랍습니다. 세계무역협회 회장단 모임이 잡힌 날 아침, 그는 갑작스런 복통 때문에 시간이 지체되어 예정보다 늦게 재난 현장에 도착했습니다. 중요한 회의를 앞두고 복통 때문에 잠시 곤란을 겪었지만 이 복통으로 인해 자신은 물론이고 함께 일하던 동료 직원들과 무역협회 임원들까지 무사할 수 있었습니다. 하나님이 바로 우리 삶의 주관자이심을 다시 한 번 깨닫습니다. 생존자들의 간증과 꿈을 통해 나는 사탄이 우리의 생명을 좌지우지하는 게 아니라는 사실을 확인하고 하나님께 감사의 기도를 올렸습니다.

그런데 내가 꾼 꿈에서 풀어야 할 문제가 하나 남아 있었습니다. '그

다음은 내 남편 차례'라는 것입니다. 그때가 남편을 위한 하나님의 때였는데 나의 항의 때문에 천국에 보내는 것이 미뤄졌다는 말로 해석할 수도 있습니다. 내가 남편을 보낼 준비가 아직 안 되어 하나님이 잠시 보류하신 것으로 해석할 수도 있습니다. 보류하신다면 언제까지 보류하시는 건가? "그냥 두어도 곧 떠날 사람인데 왜 하필 지금이냐?"는 나의 항의가 언제까지 유효할 것인지도 궁금했습니다.

이 문제로 나는 거의 2년 동안 극심한 마음의 갈등을 겪었습니다. 나날이 쇠약해져 고통이 극에 달할 때, 그는 앞서 천국에 간 두 형제를 부러워하기도 했습니다. 그럴 때마다 내가 꾸었던 그 생생한 꿈이 생각났습니다. 남편을 아직 떠나보내고 싶지 않아서 죽어라 붙들고 있기 때문에 남편이 고통을 겪고 있는지 모른다는 생각이 비로소 들었습니다.

하나님의 뜻을 구하는 기도

2003년 새해가 밝았습니다. 발병한 지 7년이 되었지만 나는 아직도 남편을 포기할 수 없었습니다. "하나님, 남편 데려가시면 절대로 안 돼요. 그를 데려가시면 하나님이 손해 보시는 거예요. 치료하셔서 하나님 나라에 유익한 사람으로 쓰시는 편이 훨씬 더 나아요. 하나님, 그 사람 솔직히 괜찮잖아요! 지금까지 고생만 했는데 뜻도 펼쳐볼 새 없이 그냥 데려가시면 안 되지요. 남편을 데려가려는 계획을 세우셨다면 없었던 일로 해주세요."

　나는 매일 하나님을 설득했고 하나님을 협박했습니다. 그런데 그런 기도를 하고 나면 어쩐지 기분이 미진했습니다. 하나님의 뜻을 구하지 않고 막무가내로 내 뜻만 고집했기 때문입니다. 그동안 한 번도 이런 방식의 기도를 드린 적은 없었습니다. 소원을 위해 간구한 다음 하나님의 뜻을 구하는 기도로 마감했습니다. 모든 일에 하나님의 뜻이 최선이요 최상임을 알고 있었기 때문입니다. 그런데 남편에 대한 기도만은 예외였습니다. "하나님 뜻대로 하세요!"라고 기도하는 순간 당장 남편을 데려가실까 봐 불안했습니다.

　시간이 갈수록 가슴이 답답했습니다. 나 자신 막무가내로 버틸 일이 아님을 누구보다 잘 알고 있었기 때문입니다. 나는 교회 전도사입니다. 성도들에게 평소 입버릇처럼 말했습니다. "하나님의 뜻을 구하십시오. 그분은 우리의 삶에 무엇이 최상인지를 잘 알고 계십니다." 그런데 이렇게 이율배반적인 행동을 하고 있다니! "내 삶의 모든 것, 다 하나님 뜻대로 하셔도 되지만 남편만은 안 돼요."라고 고집을 부리는 자신의 모습이 부끄러우면서도 어쩔 수 없었습니다. 하나님께 100퍼센트의 신뢰를 드릴 수 없는 나의 믿음에 회의가 생겼습니다. 더 이상 불신의 자리에 머무르고 싶지 않았습니다. 모든 것을 주님께 맡기고 주님이 어떤 일을 행하시는지 보고 싶어졌습니다.

　"하나님이 사랑하신다. 하나님이 돌보신다. 하나님이 우리 삶을 책임지신다. 하나님이 합력하여 최상의 선을 이루신다." 나는 주문처럼 이렇게 읊조리며 어려운 결심을 하기에 이르렀습니다. 세상에서 가장 어려운 기도였습니다. 항복의 기도요, 하나님의 뜻을 간절히 구하는 기도였습니다. "하나님, 남편을 데려가시든 살려주시든 주님 좋을 대로 하셔요. 주님 뜻대로 하셔요. 먼저는 주님께 제일 좋은 것, 두 번째는 그에게 좋은 것으로 해주세요. 삶이 좋은 것이라면 회복시켜주시고, 천국으로 데려가는 것이 주님의 계획이고 그를 위해 더 좋은 것이라면 주님 나라로 데려가주세요. 이제 더 이상 고집 부리지 않겠습니다. 저와 아이들을 위해 그를 살려달라는 기도도 하지 않겠습니다. 남편의 생명을 주님께 맡깁니다. 주님 뜻 이루시고 주님 영광만 받아주세요."

"이는 내 생각이 너희의 생각과 다르며 내 길은 너희의 길과 다름이니라 여호와의 말씀이니라 이는 하늘이 땅보다 높음같이 내 길은 너희의 길보다 높으며 내 생각은 너희의 생각보다 높음이니라."(이사야 55:8-9)

죽음 준비

죽음이 선물임을 받아들이기

스위스 출신의 세계적인 심리학자이자 죽음 연구가인 엘리자베스 퀴블러 로스 여사가 2004년 8월 78세의 나이로 타계했습니다. 그녀는 20여 권에 달하는 방대한 저서를 남겼습니다. 그중 1968년에 발표된 『죽음의 순간On Death And Dying』에서는 죽음을 5단계 이론으로 정리했습니다. 그녀는 불치병이나 시한부 인생을 선고받은 사람이 거치게 되는 정신적 감정적 증상을 다섯 단계로 나누고 있습니다. 죽음의 5단계 중 첫 번째는 부정의 단계입니다. 두 번째는 절망과 분노의 단계이며 세 번째는 절대자와 타협하거나 협상하는 단계입니다. 네 번째는 영적 침체의 단계이며 마지막은 수용의 단계입니다.

첫 번째 단계는 무조건 부인하고 보는 것입니다. 시한부 인생을 선고받은 환자나 그의 가족은 예외 없이 이 단계로부터 출발합니다.

두 번째는 왜 하필 나에게 이런 일이 일어났는지, 절망하고 분노하는 단계입니다. 성경 속의 욥이 대표적인 인물입니다. 욥은 이유를 모르고 당하는 크나큰 고통에 절망하고 분노했습니다. 그러나 그의 절망과 분노가 불신앙에 기인한 것은 아니었습니다. 옥한흠 목사님은 욥의 절망을 "믿음의 밧줄에 매달려 하는 절망"이라고 표현했습니다.

다른 사람들은 어떤지 모르겠지만 나는 욥이 고통의 한가운데서 절망과 분노를 폭포수처럼 쏟아내는 것을 보며 큰 위로를 받았습니다. 대리만족인지도 모릅니다. 우리도 사실 욥처럼 절망과 분노를 느꼈기 때문입니다. 만약 욥을 비롯한 성경 속 인물들이 극심한 고통 가운데서도 의연하게 서서 감사의 찬송만 불렀다면 그들과 비교되는 나의 약한 믿음에 실망하고 좌절했을 것입니다. 그리고 자신을 정죄했을지도 모릅니다.

자신이 원치 않는 극한 상황에 처하면 절망하고 분노하는 게 자연스러운 일임을 깨닫고 우리는 자유롭게 절망과 분노를 표현했습니다. 속에만 담아두지 않고 기도하면서 마음껏 우리의 감정을 토해냈습니다. 그로 인해 우리는 그 단계에서 머무르지 않고 그다음 단계로 향할 수 있었습니다. 절망의 표현도 분노의 표현도 믿음 안에서 할 수 있다면, 그리고 우리가 다시 돌아가야 할 곳이 어디이며 내가 누군지 알고 있다면, 염려할 것이 없습니다. 고난의 과정을 무사하게 통과하고 있는 것이니까요.

세 번째는 절대자와 협상하는 단계입니다. 절망과 분노 뒤에 환자는 절대자 앞에서 조건을 내걸며 협상을 벌입니다. 우리 부부도 마찬가지였습니다. 남편은 "북한 선교와 중국 선교를 위해서 내 평생을 바치겠습니다!"라고 서원했습니다. 하나님 앞에 서원하고 자신을 드리는 결단은 좋지만 '설령 나의 기도를 들어주시지 않더라도 하나님을 사랑합니다!' 하는 믿음은 마음 한구석에 남겨놓는 것이 좋습니다.

네 번째는 영적 침체의 단계입니다. 어떤 기도를 해도 소용없고 속수무책으로 여겨질 때를 말합니다. 이 단계에 이르면 하고 싶은 일도 없고 살고 싶지도 않습니다. 회의감이 물밀듯이 밀려오면서 인간의 모든 수고와 노력도 부질없게 느껴집니다.

다음은 내가 영적 침체에 빠져 있던 기간에 썼던 일기입니다.

신년 초부터 왜 이렇게 힘이 없고 우울할까? 새로이 힘차게 일어나도 부족할 때에 기대도 희망도 없이 주저앉아 있는 내 모습이 너무 싫다. 사역에도 의욕이 없고, 기쁜 일을 보아도 슬픈 일을 보아도 무감각하다. 공중에 붕 떠 있는 기분과 어지럼증이 나를 괴롭힌다. 일어나고 싶지도 않다. 남편을 간호할 힘도 아이들을 보살필 힘도 남아 있지 않다. 피곤이 온몸을 휘감는다. 이렇게 처져 있으면 안 되는데 하면서도 내 힘으로는 어쩔 수 없다.

자꾸만 이런 기도가 입속을 맴돈다. "주님, 제게 내일이 오지 않았으면 좋겠어요. 이대로 영원히 잠들었으면 좋겠어요. 내일 아침에 저 깨우지 마세요. 그리고 모레도, 그다음 날도, 그다음 날도!"

8년이란 긴 세월 동안 남편의 병으로 고통을 겪으면서 우리 부부도 몇 번의 침체기를 거쳤습니다. 어떤 때는 사흘, 어떤 때는 일주일이 걸리기도 했고, 한 달이나 깊은 수렁에 빠져 지낼 때도 있었습니다. 참으로 고통스런 시간들이었습니다. 나와 남편은 결국 이 침체기를 정면으로 돌파했습니다. '아, 내가 영적 침체에 빠졌구나!' 인정하고 그 상황을 받아들였습니다. '주님이 나를 다시 소생시키시겠지. 회복시켜주시겠지'라는 믿음을 버리지 않았습니다.

사람은 누구나 살면서 침체기를 겪습니다. 어느 누구도 예외는 없습니다. 믿음의 사람 엘리야도 다윗도 겪었습니다. "내 영혼아 네가 어찌하여 낙심하며 어찌하여 내 속에서 불안해하는가 너는 하나님께 소망을 두라 나는 그가 나타나 도우심으로 말미암아 내 하나님을 여전히 찬송하리로다." 시편 42편과 43편을 반복해서 읽으면 영적 침체에서 벗어나는 데 도움이 됩니다. 시편 기자는 낙망과 불안 가운데서 하나님을 바라는 것만이 영적 침체를 벗어날 수 있는 유일한 길임을 잘 알고 있었습니다. 우리를 건지시고 도우시는 분은 오직 하나님뿐입니다. 그런 믿음과 확신을 가질 수 있다면 영적 침체는 극복할 수 있습니다.

엘리자베스 퀴블러 로스 여사가 말한 죽음의 5단계 중 마지막은 수용하는 단계입니다. 저명한 심리학자이자 정신의학자인 스캇 펙 박사는 "죽음을 받아들인 사람은 자신 안에 빛을 갖게 된다"고 말했습니다. 그런데 대부분의 사람들이 수용의 단계에 이르지 못하고 문턱에서 좌절하고 맙니다. 자신의 애착과 고집을 버릴 수 없기 때문입니다.

수용은 패배가 아닙니다. 바꿀 수 없는 환경을 받아들이는 것은 자포자기가 아닙니다. 오히려 내가 변화시킬 수 없는 환경을 허락하신 하나님의 섭리를 믿으며, 그분의 선하심에 나를 맡기고 나의 상황을 맡기는 능동적이고 적극적인 일입니다. 하나님의 절대주권을 인정하는 믿음의 행위입니다. 수용은 하나님의 손에 나의 삶과 죽음, 상황과 사건을 내려놓는 일입니다. 수용의 단계에 들어서면 자유를 경험합니다. 비로소 자신에게 주어진 순간들을 어떻게 맞고 보낼지 생각할 수 있는 여유를 갖게 됩니다.

스캇 펙 박사는 자신의 환자들이 '수용'에까지 이르지 못하고 고통 속에서 죽어가는 모습을 보고 이렇게 탄식했습니다. "왜 이런 일이 있어야만 할까? 그렇다면 죽음을 맞이하는 기독교인과 비기독교인의 다른 점은 무엇인가? 죽지 않기 위해 몸부림치다 억지로 도살장에 끌려가는 소처럼 죽음을 맞이해야 한다면 무언가 잘못된 게 아닌가? 우리의 죽음에 대해서 성경은 무엇이라고 말하는가? 하나님은 우리의 죽음을 어떻게 보시는가?"

그는 죽음에 대한 깊은 사색은 우리를 새로운 의미를 찾을 수 있는 길로 인도한다고 생각했습니다. 죽음에 대한 사색이 우리를 유익한 방향으로 인도하는데도 불구하고 대부분의 사람들은 죽음을 한사코 피하려고만 합니다. 두렵기 때문입니다.

그렇다면 죽음 앞에서 어떤 태도를 취하는 것이 좋을까요? 가능한 한 빨리 죽음을 직시하는 것입니다. 죽음은 사람들의 심리적, 영적인 성장에 커다란 자극이 된다고 합니다. 죽음을 피하지 않고 직면했을 때 좋은 점은 시간을 아끼고 소중하게 사용한다는 것입니다. 스캇 펙 박사의 다음과 같은 말에 전적으로 동의합니다. "죽음의 교훈, 즉 우리가 살고 사랑할 시간이 제한되어 있다는 사실을 염두에 둔다면 시간을 최선으로 이용하고 생을 최대한 충만하게 살려고 노력하게 될 것이다. 그러나 우리가 한쪽 어깨 위에 짊어진 죽음의 실체를 부인하고 당당하게 직면하지 않는다면 죽음이 주는 지혜로운 교훈을 스스로 버린 결과 현명한 지식을 가지고 충만한 사랑을 할 수 없게 된다. 죽음을 피해서 도망치고, 변화하는 삶의 본질을 외면해버린다면 우리는 불가피하게 삶으로부터도 도피하게 되는 것이다."

우리 부부는 남편이 근위축증 선고를 받은 때부터 8년이란 기간 동안 죽음에 임박한 환자가 겪는 정신적, 심리적인 죽음의 5단계 과정을 모두 거쳤습니다. 중요한 것은 부끄러워하지 않고 그 단계들을 자연스럽게 밟아나갔다는 사실입니다. 이제 남편에게도 그 시간이 서서히 다가오고 있었습니다. 2003년 4월 남편이 세상을 떠나기 한 달 전, 우리는 비슷한 꿈을 비슷한 시기에 꾸었습니다. 그의 죽음에 관한 내용이었습니다. 남편이 먼저 말을 꺼냈습니다.

"여보, 얼마 전 내가 죽는 꿈을 꾸었소!"

목이 메여 울먹이던 남편은 더 이상 말을 잇지 못했습니다. 마음의 준비를 이미 다 했는데도 가슴이 철렁 내려앉았습니다. 눈물이 주르륵 볼을 타고 흘러내렸습니다. 나도 비슷한 꿈을 꾸었노라고 말하려다가 그냥 입을 다물었습니다. 남편을 더 슬프게 만들고 싶지 않았기 때문입니다.

꿈속이었는데 새벽잠에서 깨어 일어나 보니 남편이 죽은 채로 누워 있었습니다. 목에 차고 있던 호흡보조기 벤틸레이터도 달지 않고 편한 자세로 눈을 감고 있었습니다. 죽어 있는 남편을 빤히 들여다보는데 내가 생각해도 이상할 정도로 담담했습니다. 전혀 울음이 나오지 않았습니다. 그러고는 침착한 자세로 하나님께 이렇게 물었습니다. "하나님, 지금이 그 때예요? 지금 저희 남편 데려가시는 거예요?"

하나님의 손에 남편의 삶과 죽음을 맡기면서 나는 이런 당부를 잊지 않았습니다. "하나님, 남편의 생명도 죽음도 주님 뜻대로 하세요. 근데 혹시 하나님께서 데려가시기로 작정하셨다면 미리 저희들에게 알려주세요. 그래야 준비할 수 있잖아요. 이것만은 꼭 지켜주세요. 아셨죠? 주님!" 나는 특히 가까운 분들이 이 세상을 떠날 때 그와 관련한 꿈을 미리 꾼 적이 많았습니다. 그러니 더더욱 내 남편과 아무것도 모르는 상태로 헤어질 수는 없었습니다.

"우리에게 우리 날 계수함을 가르치사 지혜로운 마음을 얻게 하소서."(시편 90:12)라고 기도한 사람은 모세입니다. 자신의 죽음의 날을 가르쳐달라는 그 기도가 나는 당연하다고 생각했습니다. 내 삶의 날이 얼마나 남았는지 미리 안다면 그 날들을 가장 소중한 곳에 쓸 것이며, 하루하루 최선을 다할 것이라 믿었기 때문입니다.

꿈 이야기를 나눈 며칠 후 남편이 말했습니다. "이젠 죽음을 준비해야 할 것 같아. 내 몸의 각 부분이 하나도 남김없이 다 망가져버린 느낌이야. 목소리도 현저하게 작아져 며칠 있으면 말도 못 할지 모르겠어. 그러기 전에 준비를 해야 하니까 바쁘고 힘들더라도 나를 위해 시간을 좀 내줘. 급한 약속 아니면 저녁엔 집에서 나와 함께 시간을 보내줘. 마지막을 정리하는 데 당신의 도움이 필요하니까 말이야. 당신에게 편지를 쓰고, 그다음엔 아이들에게 편지를 쓰고 싶어. 시간이 허락한다면 한국에 계신 어머님께도 쓰고 싶어. 생각보다 시간이 많이 걸릴지도 몰라. 오늘 저녁부터 당장 시작하자. 아무래도 서둘러야 할 것 같아."

남편을 보며 살아야 할 때는 살아야 할 이유와 욕망과 용기를 주시고, 죽음 즈음에는 거부하지 않고 죽음을 받아들이게 하시는 하나님의 인도하심을 느끼며 감사했습니다. 우리는 죽음을 하나님의 선물로 여기며 함께 차근차근 그의 죽음을 준비하기로 했습니다. 남편의 목멘 음성이 몇 날 며칠 동안 방 안을 가득 채웠습니다.

가족에게 사랑의 글 남기기

사랑하는 아내 숙에게

숙아! 한 번도 겁이 나서 이렇게 불러보지 못했던 이름, 숙아!
미안하다. 이 세상에 있는 모든 행복을 다 네 가슴에 안겨줄 것처럼 약속해놓고 행복은커녕 불행만 한 아름 안겨주어서 말이야. 지금도 마음속으로는 그때 그 약속을 지킬 수 있을 것 같은데 손가락 하나 움직일 수 없는 현재의 나를 발견하고는 꿈에서 깨어난 듯 나 자신을 보곤 한단다.

18년이란 긴 세월이 어찌나 빨리 지나갔는지 기억조차 할 수 없는 일들이 많은 것 같구나. 그러나 아무리 빨리 지난 세월이라 해도 순간순간 파노라마처럼 내 기억에 사라지지 않는 장면들이 어찌나 많은지. 그중에서도 잊히지 않는 두 장면을 소개하면 '당신과 백년가약을 맺던 날'의 천사와 같은 내 사랑, 내 신부의 모습이었고, 신혼살림 막 시작했던 헌(Hearn) 아파트 시절, 일하러 가기 위해 픽업해줄 할머니를 기다리다 만나지 못해 우산도 없이 비를 쫄쫄 맞고 울면서 집에 돌아오던 측은하기만 했던 네 모습이란다. 어찌 이 두 장면만 내 기억 속에 남아 있겠니? 그 외에도 수많은 모습들이 내게 아로새겨져 있단다. 지나간 날들을 생각하다가 때로는 웃음이 나올 때도 있고, 때로는 눈물이 날 때도 있고, 아니면 아직도 그때의 행복을 기억하며 그대로 느끼는 순간도 있지. 아마도 이것이 네가 그렇게도 외던 시의 한 구절, 즉 "함께하는 삶이 엮어놓은 자국"인가 보다.

그러나 이 일을 어찌할꼬! 과거는 다 아름다운 법. 남은 날들 생각할 때마다 가슴이 시려오는 이유는 무엇일까? 약속을 지키지 못한 미안한 마음에서일까? 아니면 살아야 할 날들에 비하여 너의 모습이 너무 약하고 안쓰럽게 보여서일까? 분명, 너를 그렇게도 사랑하시는 하나님이 못 미더워서 갖는 생각은 아닐 텐데…… 이유야 어찌됐건 너를 생각할 때마다 미안하고 가련하다는 생각을 지울 수 없는 게 사실이란다.

숙아! 내가 너를 얼마나 사랑했는지 너도 잘 알고 있지? 너의 표현처럼 한순간뿐인 듯 다 태우고 사라져버릴 불꽃처럼 그렇게 너를 사랑했다. 나의 사랑이 너무 지나쳐 때로는 네가 알아채지 못할 때도 있었고, 때로는 지나친 사랑이 부담스러워 거부할 때도 있었지. 아마도 지금 다시 사랑을 시작한다면 그때보다는 훨씬 더 세련되고 멋있게 너를 황홀지경으로 몰고 갈 만큼 '사랑의 도사가 될 수 있을 텐데' 하는 아쉬움이 남는다. 표현이야 서툴렀을지 몰라도 변치 않는 한 가지 사실, '나는 너를 너무도 많이 사랑했다는 점'이다.

내가 너무나 사랑했던 사람과 오늘까지 함께 살아왔다는 사실이 내겐 꿈같은 행복이었고 소중한 축복이었지. 그래서 이 축복을 놓고 싶지 않아 너를 떠나지 않으려 몸부림친 날이 너무나도 많았단다. 정말 내겐 후회 없는 사랑이었다. 물론 너야 생각이 다를지도 모르지. 나를 만나지 않았다면 더 좋은 환경에서 더 행복한 삶을 살았을지도 모르니까 말이야. 그러나 이미 물은 엎질러진 후이니 후회해야 무슨 소용이 있겠니? 내가 보상해주지 못한 너의 남은 삶은 조금의 후회도 없이 보람 있고 행복한 삶이 되길 간절히, 또 간절히 빌 뿐이다.

(중략)

여보, 당신과 함께한 지난 18년 동안 나는 너무너무 행복했다오. 그러나 먼저 떠나서 미안하오. 아이들은 한국에 계시는 큰아빠와 고모들, 사촌들과 끊임없이 왕래하며 교제할 수 있도록 최선을 다해 노력해주길 바라오.

나의 죽음에 대하여는 많이 슬퍼하지 마시오. 나는 이 땅에서 오랫동안 병, 고통, 아픔으로 살았지만 그런 것들이 없는 하늘나라에 가는데 슬퍼하기보다는 오히려 기뻐해주어야 하지 않겠소? 그리고 씩씩하고 멋지게 살아주길 바라오.

사랑하는 이여, 다시 만날 때까지 안녕!

당신을 너무나 사랑했고,
그래서 당신에게 너무나 미안한 당신의 남편 태두로부터.

『고통의 문제』와 『헤아려 본 슬픔』의 저자 C. S. 루이스는 50대가 넘어 만나 뒤늦게 결혼한 아내의 너무 이른 죽음을 지켜보며 고통스러운 자신의 심정을 이렇게 토로했습니다. "결혼에 대해 나는 '너무 완벽해서 지속되지 못했다'라고 말하고 싶은 유혹을 받는다. 이것은 두 가지 의미로 해석될 수 있다. 우선, 음울할 정도로 비관적일 수도 있다. 마치 하나님이 당신의 창조물 둘이 서로 행복한 모습을 보자마자 그를 제지하셨다거나, 아니면 그분이 칵테일파티의 여주인인 양 초대된 사람 중 둘이 진정한 대화로 빠져드는 신호를 보이자마자 그들을 갈라놓았다는 의미일 수 있다. 그러나 또한 이는 '그 나름의 완벽함에 다다랐다. 이루어야 할 만큼 이루었다. 그러므로 더 이상 길게 늘일 필요가 없다'라는 뜻일 수도 있다. 마치 하나님께서 '됐다. 그 과정을 터득하였다. 내 보기에 미쁘다. 이제 다음 연습으로 갈 준비가 되었구나'라고 말씀하시는 것과 같다."

나와 남편은 책을 읽으며 루이스의 말에 공감했습니다. 우리의 경험과 느낌을 그가 대신해서 이야기해주었기 때문입니다. 남편은 가끔씩 내게 이런 말을 했습니다. "내가 당신을 너무 사랑한 것이 정말 하나님께 죄가 되었을까? 왜 하나님은 당신과 함께 오래 살고 싶은 나의 소원을 들어주시지 않는 걸까? 우리가 사랑하는 걸 보고 질투가 나셨을까?" 농담 반 진담 반 하는 그의 이야기 속에는 안타까움이 가득 차 있었습니다.

C. S. 루이스는 또 말합니다. "모든 인간적인 관계는 고통으로 끝난다. 우리가 불완전한 탓에 사랑이라는 멋진 혜택을 누리는 대신, 그 대가로 고통도 받게 된다는 사실을 우리는 잊고 살아간다. 사랑이 클수록 아픔도 크며, 믿음이 깊을수록 더 가혹하게 성채를 할퀸다."

생각해보니 정말 그렇습니다. 모든 인간관계는 고통으로 끝이 납니다. 만나서 사랑할 때는 기쁘고 행복하지만 그 만남이 영원까지 갈 수 없기에, 언젠가는 헤어져야 하기에 고통스럽습니다. 그 헤어짐이 사별이든 이혼이든, 아니면 다른 그 어떤 것이든 말입니다. 그래서 이런 말들을 하는 게 아닐까요? "헤어지기 위해 우리는 만났고 고통받기 위해 우리는 사랑했다."

이틀에 걸쳐 그는 나에게 남기는 편지를 썼습니다. 이제 아이들에게 편지를 쓸 차례입니다. 그의 목소리는 귀를 곤두세우고 듣지 않으면 알아들을 수 없을 만큼 작아졌습니다. 그나마 입으로 쓰는 편지는 기침이 자꾸 나와 중단되곤 했습니다. 그보다 더 어려운 것은 지난날의 아름답고 행복했던 시절을 회상하며 그와 너무 대조되는 지금의 이 고통스런 현실을 받아들여야 하는 사실이었습니다. 남편은 자꾸 목이 메고, 나는 울음을 삼키면서 그의 편지를 한 자 한 자 받아 적었습니다.

아이들에게 보내는 사랑의 편지

아빠가 이 세상에서 가장 사랑하는 아들 준용, 그리고 재인아!

아빠는 너희로 인해 하나님께 감사할 일이 너무 많단다. 우리 가정에 태어난 이래로 지금껏 아빠 엄마에게 여러 가지 기쁨과 삶의 의미를 깨닫게 해준 두 천사, 너희에게 감사를 전하고 싶다.

경제적으로나 시간적으로나 마음 편하게 신나는 삶을 누리지 못하는 우리 집 환경 때문에 미안할 때도 많았지만 그럼에도 불구하고 너희 때문에 아빠는 기뻤던 적이 얼마나 많은지 이루 다 헤아릴 수가 없구나.

준용아! 한국에서 태어나 10개월간 한국에서 살다가 오스틴 공항에서 너를 처음 만나던 날을 잊을 수가 없구나. 그리고 파크에 낙엽이 가득했던 모빌 홈에서 낙엽과 함께 뒹굴던 너의 모습, 포트워스 신학교 기숙사에 살 때 레크리에이션 센터에서 처음으로 수영을 배우던 날, 아빠와 엄마는 너를 유리창 너머로 바라보면서 그만 너의 열렬한 팬이 되어버렸단다. 그 외에도 일주일이 멀다 하고 찾았던 서점과 맥도날드, 그리고 대겟 스쿨(Daggett School)에서 함께 보냈던 시간들이 영화의 한 장면처럼 지나가는구나. 지금은 누워서 너에게 아무것도 해줄 수 없지만 너와 함께 보낸 행복했던 날들 때문에 힘든 가운데서도 기뻐할 수 있었단다.

아빠의 하나뿐인 딸, 재인아!

24시간 동안 진통하다가 결국은 엄마가 수술실로 옮겨져 너를 낳았지. 너를 처음 만났던 순간이 지금도 아빠 기억에 생생하단다. 그리고 네가 어렸을 적 많이 울었던 일, 높은 곳이면 어디든지 올라가던 일, 우유를 너무 많이 마셔서 저지방 우유를 사주었더니 이젠 조금만 마실 테니 맛있는 우유 사달라고 졸라대던 일, 유치원에 가지 않겠다고 떼를 쓰던 너의 모습은 얼마나 귀여웠는지 모른단다.

그리고 또 있지? 신학교 총장 관사 주변에서 에그 헌팅(Egg Hunting)하던 1997년의 부활절, 교회 가족수련회에서 어른들 틈에 끼어 끝내주게 춤추던 1997년의 여름, 교회 어른들이 일제히 재인이에게 '인기상'을 주자고 해서 재인이가 상을 받았을 때도 아빠는 너무 기뻐서 정신을 차릴 수 없었단다. 지금 생각해보니 '예꼬(예수님의 꼬마들, 어린이 문화 선교단)'에서 열심히 찬양하며 춤추는 모습이 바로 그때 모습이야. "찬양 잘하는 딸 주세요!"라는 엄마 아빠의 기도를 하나님께서 들어주셨어. 기도의 응답으로 말이지.

너희와 함께했던 이런 아빠의 기쁨도 잠시, 지난 8년 동안 아빠가 아파서 너희에게 짐이 되고 아빠로서 역할을 다하지 못해 정말 미안하구나. 텍사스에서 트럭 타고 뉴저지로 이사 오던 중 중부 어느 고속도로 휴게소에서 아빠가 화장실에 갔을 때 일이 지금도 생각난다. 손발을 쓸 수 없던 아빠를 준용이가 도와주었고, 문 앞에 나와 보니 재인이가 쪼그리고 앉아서 아빠를 기다리던 그때의 일 말이야. 그때부터 지금까지 준용이와 재인이의 끊임없는 도움 때문에 여기까지 올 수 있었단다.

아빠가 너희에게 도움을 주어야 하는데 오히려 부담만 주었음에도 예쁘고 밝게 잘 자라주어서 정말 고맙다. 이 모두가 하나님께서 도와주셨기 때문에 가능한 일이었지. 때로는 하나님께서 직접 도와주셨고, 때로는 사람들을 통하여 도움의 손길을 보내주셔서 너희와 엄마 아빠도 오늘 여기까지 올 수 있었다고 믿는다.

준용아, 그리고 재인아!
아빠가 꼭 하고 싶은 말이 있다. 첫째로, 하나님을 이 세상 그 무엇보다, 그 어떤 것보다 더 사랑하기 바란다. 아빠는 초등학교 4학년 때 교회를 다니기 시작했지만 주변에 믿지 않는 사람이 너무 많아서 하나님이 원하는 삶을 살지 못할 때가 많았단다. 하나님을 정말 사랑하는 자는 하나님이 원하시는 일을 하는 사람이란다. 예를 들어, 아빠가 며칠 전 이야기했던 '애완동물에게 투자하는 것보다는 사람에게 투자하는 것이 더 낫다'를 생각하면 너희가 무엇을 해야 하나님을 기쁘시게 하는 일인지 판단할 수 있을 거야. 이 땅에 사는 동안 삶의 가장 근본이 하나님이 되어야만 하늘나라에 있는 너희의 '은행 계좌'에 크레딧이 쌓여서 하늘나라에 갔을 때 하나님께 칭찬받고 기쁨으로 하나님을 만날 수 있단다.

둘째, 하나님 사랑과 함께 이웃을 사랑하는 사람으로 성장해가길 바란다. 선한 사마리아인 비유에서 배운 것처럼, 주변 사람들 가운데 영적으로나 육체적으로 도움이 필요한 사람을 찾아 꼭 도움을 주는 사람이 되길 바란다. 영적인 필요야 물론, 구원받도록 도와줄 뿐 아니라 주 안에서 영적으로 잘 자라도록 돕는 일이겠지. 엄마처럼 말이야. 아울러 경제적인 형편이 어떠하든 주어진 환경 속에서 남을 돕도록 노력하길 바란다. 남을 도울 수 있는 경제적인 조건이 갖추어질 때까지 돕는 일을 기다린다면 평생 아무도 도울 수 없을지도 모른다. 지금 당장 주위를 살펴보면 너희가 도울 수 있는 사람이 반드시 있을 거야. 그 사람을 절대로 그냥 지나치지 말고 돕기 바란다.

셋째, 코리안 아메리칸으로서 당당하고 의젓하게 이 세상을 살기 바란다. 너희의 뿌리가 한국인임을 잊지 말거라. 미국 속의 한국인으로, 세계 속의 한국인으로서 긍지를 가지고 무엇이든 최선을 다하기 바란다. 어깨를 똑바로 펴고 멋진 인생을 사는 코리안 아메리칸이 되기를 바란다.

아빠는 이 세상을 떠나지만 결코 떠나시지 않는 하나님 아버지께 너희를 맡기고 이만 너희 곁을 떠나련다. 하나님을 영원한 아버지로 삼고, 그분을 바라보고 그분만 의지하고 그분의 뜻에 따라 너희 인생의 중요한 결정을 내리며 하나님 기뻐하는 멋진 자녀로 살다가 천국에서 만나자. 아빠는 매일 너희를 바라보며 응원하고 기도하고 기뻐하고 감사하며 지낼 것이다. 아빠는 천국의 삶이 기대된다. 아빠 걱정은 하지 말고 엄마랑 힘차게 살아줘. 아빠가 하고 싶었던 일 하지 못해 안타깝지만 너희와 엄마가 잘해줄 거라 믿고 떠난다.

아빠의 단 하나뿐인 아들 준용아, 그리고 귀엽고 예쁜 재인아!

난 너희가 너무나 자랑스럽고 너무나 사랑스럽다. 아빠가 먼저 떠나 미안해. 천국에서 만날 때까지 안녕. 사랑해, 많이많이.

2003년 5월 3일 아빠가.

남편은 지난 8년 동안 고난의 골짜기를 통과하면서, 그리고 자신의 삶을 정리하면서 가장 값지고 보람 있게 사는 것이 무엇인가를 발견하고 그가 발견한 삶의 열쇠를 자녀들에게 주고 싶어했습니다. "네 마음을 다하며 목숨을 다하며 힘을 다하며 뜻을 다하여 주 너의 하나님을 사랑하고 또한 네 이웃을 네 자신같이 사랑하라."(누가복음 10:27)
  첫 번째 열쇠는 '하나님을 삶의 최우선에 두고 그를 전인격적으로 사랑하는 것'이며, 두 번째 열쇠는 '이웃을 자신의 몸과 같이 사랑하는 것'이라고 했습니다. 하나님 사랑과 이웃 사랑을 통해 천국을 준비하는 삶이야말로 지혜로운 삶을 사는 것이라고 강조했습니다.
  남편은 아프기 전에, 그리고 죽음과 그 후의 삶에 대해 심각하게 고민하기 전에는 천국의 삶에 대해 다소 추상적인 생각을 가지고 있었습니다. 구원받은 자가 천국에 간다는 사실에는 의문의 여지가 없었지만 착한 일을 많이 한 정도에 따라 상급을 받는다는 사실은 수긍하지 않았습니다. "하나님의 자녀로 천국 가면 됐지, 천국에서 무슨 상급 받는 게 그리 중요한가? 상은 이 땅에 사는 우리들의 관심사이지 천국에서 상을 받으면 어떻고 안 받으면 어떤가?" 어떤 이의 천국에 대한 간증 중 주님 잘 섬기고 선행을 많이 했더니 엄청난 상이 준비되어 있더라는 이야기에도 별로 감격의 빛을 보이지 않았습니다.
  그런데 자신의 삶을 되감은 필름을 본 뒤로 천국에 대한 생각이 바뀌었습니다. 그래서 아이들에게 이 땅에서 하나님을 사랑하고 이웃을 위해 사랑을 베풀고 선한 일을 해야 예수님 앞에 기쁨으로 설 수 있다는 편지를 남긴 것입니다.

5월 5일 어린이 주일이었습니다. 예배를 마치고 재인이의 '예꼬' 공연에 참석했습니다. 어린이날을 기념하며 갖는 행사인데 프로그램 중에 행운권 당첨이 포함되어 있었습니다. 1등 상품은 남성 양복이었습니다. 행운권 같은 것과는 인연이 없는 편이어서 관심을 갖지 않았는데, 그날따라 저 양복을 받았으면 좋겠다는 생각이 들었습니다. 양복이 없어서 준용이는 학교 행사 때마다 교회 집사님들의 양복을 빌려 입고 있었던 것입니다. 마음속으로 기도했습니다. "하나님, 준용이 양복이 필요한데 행운권 1등으로 당첨되게 해주세요."

　행운권 추첨 시간이 왔습니다. 5등부터 추첨이 시작되었습니다. 그런데 이게 웬일입니까? 1등이 호명되는 순간 내 귀를 의심했습니다. 분명 내가 뽑은 번호였습니다. 믿어지지 않아 다시 확인했더니 틀림없는 사실이었습니다. 1등 선물권을 받으러 나가는데 눈물이 왈칵 쏟아졌습니다. 아! 준용이가 얼마나 기뻐할까? 그런데 그때, 섬광처럼 머리를 스쳐가는 생각이 있었습니다. '혹시 아빠의 장례식에 입을 양복이 아닐까!' 1등 당첨을 기뻐할 틈도 없이 두려움과 함께 미묘한 감정을 느끼며 서둘러 집으로 돌아왔습니다.

　집에 돌아오니 남편은 힘이 하나도 없었습니다. 너무 힘든 주말이었다고 했습니다. 주말에는 아무리 힘들어도 나의 사역에 방해가 될까 봐 힘들다는 이야기를 하지 않던 사람이었습니다. 그는 몸의 상태가 심상치 않으니 오늘 저녁은 자기 곁을 떠나지 말고 함께 있어달라고 부탁했습니다. 그 이야기를 들으니 댈러스 제일 침례교회의 세미나 일정이 다음 주에서 9월로 연기된 데에 생각이 미쳤습니다. 불길한 예감이 들었습니다. 세미나 기간이 연기된 건 하나님의 섭리인지도 모른다는 생각이 들었습니다. 갑자기 불안하고 초조해졌습니다. 밤 10시가 지나면서부터 남편을 자꾸 불러보았습니다. 그런데 그는 눈을 떴다 감았다 할 뿐 제대로 반응하지 못했습니다. 새벽 2시 30분까지 그의 곁을 지키다 쏟아지는 졸음을 어쩌지 못하고 나는 그만 옆방으로 건너가 잠이 들고 말았습니다.

친정어머니가 깨우는 소리에 벌떡 일어난 건 새벽 6시 30분. "정 서방이 이상해!" 하는 이야기를 듣고 부랴부랴 달려가 보니 남편은 이미 의식이 없었습니다. 어쩔 줄 모르고 왔다 갔다 하다가 7시가 되어 앰뷸런스를 불렀습니다. 의식은 없지만 맥박은 정상으로 뛰고 있다고 응급요원이 이야기해주었습니다.

병원에 도착한 후 남편이 깨어나기를 기다리며 그의 이름을 불렀더니 그가 눈을 떠 화답했습니다. 자신이 어떻게 병원에 오게 되었는지 남편은 기억하지 못했습니다. 자초지종을 설명해주었더니 고개를 끄덕였습니다. 일단 위기상황은 넘긴 것 같아 안도의 한숨을 내쉬었습니다. 병명은 폐렴이었습니다. 2주 정도 지나면 퇴원할 수 있을 것 같다는 의사의 이야기를 들었습니다.

유언하기

병원에 입원한 사흘 동안 남편은 아이비와 영양주사에 의지하고 있었습니다. 그전에 입원할 때는 이런 일이 없었습니다. 항생제 투여로 인해 폐렴기는 잡혀가고 혈압도 맥박도 정상수치에 달할 만큼 안정되어가고 있었습니다. 그런데 의사에게서 날벼락같은 이야기를 들었습니다. 소화기능이 거의 정지상태라는 것입니다. 이틀 동안 위에 유동음식을 넣고 위의 기능을 시간별로 점검해보았는데 하루에 한 캔의 음식조차도 소화해내지 못한다는 겁니다. 위에 남아 있는 음식을 주사기로 뽑아내 어느 정도 흡수가 되었는지 살펴보았는데 흡수하던 당시와 별 차이가 없다고 했습니다. 얼마 전 자기의 온몸이 완전히 정지된 것 같다고 하던 남편의 말이 생각났습니다. '정말 마지막 순간이 다가오고 있는 것일까?' 그러나 아직 믿고 싶지 않았습니다.

의사와 간호사들의 대화를 들으면서 그들의 행동을 주시해오던 남편은 자신의 상태가 마지막 지점에 왔음을 알고 내게 유언을 쓰자고 했습니다.

"당신과 아이들에게는 이미 글을 남겼으니까 이젠 나에 대한 이야기요. 내가 죽으면 화장해서 형님 편에 보내어 섬진강가에 뿌려주시오."

어린 시절 뛰놀며 자랐던 곳, 자신의 꿈이 영글어가던 곳, 유년의 삶과 추억이 자리잡은 그곳에 화장해서 뿌려달라고 했습니다. 나도 그에게 부탁을 했습니다.

"여보, 당신을 화장하든 묘지에 묻든 나는 아무런 상관이 없어요. 근데 여보, 아이들을 위해서 생각을 한 번만 양보해주었으면 좋겠어요. 아이들이 아빠가 그리우면 갈 수 있는 장소를 하나 만들어주세요. 시간이 지나면 아빠를 향한 그리움도 옅어지겠지만, 적응하는 기간만이라도 아빠 생각이 나서 울고 싶을 때 찾아가 울 수 있는 공간을 만들어주세요. 그리고 영혼이 떠난 육체는 우리에게는 의미가 없지만, 아빠의 몸이 화장터에서 불속에 들어가는 걸 보면 준용이와 재인이가 고통스러울 거예요. 아직 어린 아이들이 이중의 고통을 겪지 않도록 배려해주세요."

"당신 뜻이 정 그렇다면 그건 당신이 알아서 하시오. 당신에게 그 일은 맡길 테니까."

다행히 남편은 순순히 내 부탁을 들어주었습니다.

"내 책은 말이오, 오스틴에 있는 텍사스 대학에 기증해주었으면 고맙겠소. 수신자 부담으로 보내주시오. 기증자는 무명으로 하고. 장례식에 관해 몇 가지 부탁할 게 있소. 첫 번째, '장례식 예배'라는 명칭보다는 '천국 입성 축하예배'라고 불러주시오. 하나님 나라에 들어가는 축하식이니까. 둘째, 슬픈 장례식 찬송을 부르지 말았으면 해요. 밝고 기쁜 노래를 불러주시오. 내가 평소에 좋아하는 찬송가는 당신이 이미 잘 알고 있을 테니까 그 찬송 중에서 골라주길 바라오. 내가 가장 좋아하는 성경구절은 시편 23편인 거 당신이 잘 알고 있으니 더 이상 말할 필요 없고. 셋째, 참석하시는 분들은 가능하다면 검정 옷을 입지 않았으면 좋겠어요. 밝은 옷 입고 와서 나를 축하해주면 좋을 것 같아요……. 그리고 많이 울지 않았으면 좋겠소. 이 세상의 온갖 고생을 마치고 하나님 나라에 가는데 그렇게 슬퍼할 일이 아니잖아요. 지금부터 하는 이야기는 예배를 인도하실 김두화 목사님께 전해주시오."

"목사님, 그동안 정말 감사했습니다. 저의 천국 입성 축하예배 때 저에 관한 이야기는 가능하면 하지 마시고 하나님 이야기만 해주세요. 예수님 이야기만 해주세요. 예수 믿는 형제자매들에게는 이 세상 살 동안 시간과 재물과 건강이 있는 한 하나님 나라 위해 그리고 이웃을 위해 살다가 하나님 나라에서 만나자고 전해주시고, 예수 믿지 않는 분들에 겐 예수 믿고 구원받아 천국에서 만나게 되기를 바란다고 전해주세요. 그리고 지구촌교회 성도님들껜 지난 5년간의 눈물 어린 기도와 사랑의 보살핌에 감사했다고 전해주세요. 목자들, 목장 식구들, 중보기도 팀, 모두모두 감사했다고 전해주세요. 목사님, 너무 감사했습니다. 저와 저희 가정을 돌봐주시고 저희의 아픔에 함께해주셨던 것, 정말 고맙습니다. 천국에서 뵙겠습니다. 정 태두 올림."

남편은 감사하는 사람들을 한 명 한 명 떠올리며 이름을 불렀습니다. 나는 열심히 노트에 받아 적었습니다. 그는 지나간 시간들을 반추하면서 잊지 못할 고마운 분들을 떠올리며 눈시울을 적셨습니다. 가족과 친구들, 목사님들과 선후배들, 믿음 안에서 사귄 형제자매들, 고난의 시절에 자신과 함께 아픔을 나눠준 사람들, 기도의 후원자들과 경제적으로 도움을 주신 분들, 그분들에게 일일이 감사를 전해달라고 부탁했습니다. 감사할 분들의 목록을 작성한 다음 남편은 나에게 장례식을 위해 기도하자고 했습니다.

"참석할 사람들이 예수 믿도록, 이미 믿는 사람들은 자신의 삶을 하나님께 재헌신하도록, 그리고 죽음과 장례식을 통해 하나님이 영광을 받으시도록 준비합시다."

아이들이 아빠의 죽음에 대해 마음의 준비를 하도록 해야겠다고 했습니다. 다음 날 하굣길에 준용이를 픽업해 집으로 가면서 아빠가 곧 돌아가실지 모른다고 이야기했습니다. 이제 더 이상 아빠를 붙잡지 말고, 아빠가 평안하게 하나님 나라에 갈 수 있도록 놓아드리는 것이 좋겠다고 했습니다.

"더 이상 아빠에게 소망이 없는 거예요?"

아들이 물었습니다. 아빠가 마지막 호흡이 끊어지는 순간까지 희망은 있지만, 지금은 그 희망도 하나님 손에 맡기고 아빠를 천국에 보낼 마음의 준비를 하는 것이 좋겠다고 대답했습니다. 준용이는 힘없이 고개를 떨구었습니다.

전문의의 처방에 따라 위의 기능과 소화를 돕는 항생제를 투여하기 시작했습니다. 항생제를 투여한 지 얼마 지나지 않아 설사가 계속되었습니다. 병원에서는 항생제의 부작용 때문이라고 했습니다. 하루 종일 설사를 하고 나니 남편은 기운이 하나도 없어 몸이 축 늘어졌습니다. 저녁때쯤 남편이 간호사에게 부탁했습니다. 죽어도 좋으니 항생제 투여를 중지시켜달라고 말입니다. 하루가 어떻게 지났는지 남편도 나도 지칠 대로 지쳐 말할 기운도 없었습니다. 손발을 씻겨주었더니 고맙다는 말을 몇 번이고 반복했습니다. 나는 그의 침대 옆에 의자 두 개를 맞대고 피곤에 지쳐 곯아떨어졌습니다.

호흡기능과 소화기능이 작동하지 않으면 끝입니다. 그동안 호흡보조기 덕분에 숨은 쉴 수 있었습니다. 하지만 위 근육이 기능을 하지 못하면 더 이상 어찌해볼 도리가 없습니다. 이제 그는 계속적인 영양주사 투여로 얼마간의 수명을 연장하는 방법 외에는 아무것도 할 수 없는 지경에 이르렀습니다. 지난 8년간 그래도 위 근육에 별 이상이 없어서 오늘까지 살아올 수 있었는데 이제는 막바지에 다다랐습니다.

통계에 따르면 근위축증 환자 가운데 1년에서 3년 사이에 죽는 비율

이 90퍼센트이고, 5년 이상 살면 오래 사는 편에 속합니다. 그런데 5년을 무사히 넘기고 회복되기를 기대하며 3년을 더 살았으니 정말 기적 같은 일입니다. 남편의 배 위에 손을 얹고 기도를 시작했습니다. 위 기능이 회복되도록 눈물로 간구했습니다. 그러나 그의 몸엔 아무런 변화도 일어나지 않았습니다.

가족들과 시간 갖기

항생제 투여를 중지하고 곧이어 유동식 음식을 투입하는 것도 중지했습니다. 그가 입을 열었습니다. "여보, 마지막 소원인데 나를 굶겨 죽일 생각은 말아요. 눈 멀쩡히 뜨고 말라죽게 하지는 마시오. 영양주사나 링거로 수명 연장할 생각도 하지 마시오. 오늘부터는 외부로부터 심방이나 방문은 사절하고, 얼마 남지 않은 시간 우리 가족과 함께 보내도록 합시다. 한국에 계신 형님께 전화해서 서둘러 출발하시도록 재촉하고. 그리고 오늘은 준용이와 함께 있고 싶소."

그는 가족과의 시간을 통해 지나온 날들을 되돌아보며 용서와 화해의 시간을 갖기 원했습니다. 관계를 정리하기 원했습니다. 아픈 뒤로 그는 평화의 사람이 되었습니다. 행여 자기로 인해 상처받았다고 생각되는 사람에게는 전화를 걸어 용서를 구했고, 자신에게 아픔과 상처를 주었던 사람들은 용서하며 마음에서 떠나보내는 일을 했습니다. 용서와 화해를 통해 무거운 짐을 하나씩 내려놓았습니다. 홀가분한 마음으로 먼길 떠날 차비를 했습니다.

『모리와 함께한 화요일』의 모리 교수도 죽기 전에 해야 할 일 가운데 하나로 용서를 꼽았습니다. "죽기 전에 자신을 용서하고 다른 사람도 용서해야 하네. 여러 가지 이유로 우리가 용서하지 않은 일에 대해서 말이야. 했어야 했는데 하지 않은 일에 대해서도 용서를 해야 하네. 화해하게! 자기 자신과 주위의 모두와……."

남편의 부탁대로 학교에서 돌아온 준용이를 병원으로 데리고 왔습니다. 아빠는 준용이와 함께 지금까지 살면서 좋았던 일과 기뻤던 일, 그리고 아름다운 추억들을 나누느라 시간 가는 줄 몰랐습니다.

"집에 피아노가 없어서 신학교 음악대학에 있는 피아노 연습실에 연습하러 갈 때면 아빠는 처음부터 끝까지 피아노 치는 내 옆에서 잘 들어주고 칭찬해주셨어요. 수영 레슨도 아빠가 함께 가주셨고 주말이면 공원에 데려가주셨어요. 도서관에 가서 함께 책도 읽어주셨고요. 서점에 들러 책을 사주셨고, 그다음엔 맥도날드에 데리고 가서 햄버거를 사주셨지요. 무엇보다 책을 잘 읽을 수 있도록 아빠가 저를 많이 도와주셨어요. 읽은 책의 줄거리를 이야기해보라고 하셨고 소감을 쓰도록 하셨지요. 싫은 적도 있었지만 나중에 생각해보니 그게 얼마나 제게 도움이 되었는지 몰라요. 두툼한 책을 다 읽으면 가족과 함께 파티하며 축하 케이크의 촛불을 끄던 일이 생각나요."

준용이는 아빠와 함께 보낸 시간들이 많아서 할 이야기가 끝이 없었습니다.

"아빠가 혹시 준용이 마음 아프게 한 것 있으면 이야기해봐. 아빠한테 매를 맞거나 서운했던 것 있으면 그것도 이야기하고."

준용이는 거의 아무것도 기억해내지 못했습니다. 그도 그럴 것이 아들을 때리거나 벌을 준 일이 없는 아빠였기 때문입니다. 준용이에게 그는 정말 좋은 아빠였습니다. 공부하는 학생으로, 또 가족을 부양해야 하는 가장으로 늘 쫓기는 삶을 살면서도 아들과 함께 보내는 시간은 아끼지 않았습니다. 준용이가 입을 열었습니다.

"아빠, 제가 아빠에게 할 말이 있어요. 아빠 마음 아프게 하고 속상하게 해드린 것, 용서해주세요. 아빠에게 짜증내고 잘 도와주지 못했던 것, 용서해주세요."

준용이는 울먹이며 아빠에게 용서를 구했습니다.

"아빠도 준용이에게 미안한 게 너무 많아. 마음으로는 준용이에게 모두 다 해주고 싶었고 정말 좋은 아빠가 되고 싶었는데, 아빠가 아파서 그렇게 하지 못했어. 용서해주렴."

두 부자는 한참을 말없이 울었습니다. 지켜보는 나의 눈에도 눈물이 넘쳐 흘러내렸습니다. 얼마나 지났을까, 그는 준용이에게 줄 선물이 있다고 했습니다. 11년 공부 끝에 마친 박사학위 논문집과 학위 수여증이 바로 그것이었습니다. 정말 귀한 선물이었습니다.

아빠와 기도로 의식을 마친 준용이를 집에 데려다주고 어머니를 병원에 모시고 왔습니다. 어머니께 남편의 병상을 부탁하고 목사님과 함께 '워싱턴 메모리얼 공원묘지'로 향했습니다. 잘 단장된 공원묘지가 마음에 들었습니다. 무엇보다 비석으로 세워놓지 않고 땅바닥에 깔아놓는 묘비들이라서 보기에 좋았습니다. 정원처럼 아름답고 평화로운 곳이었습니다. 몇 군데를 가본 후 나무 울타리가 드리워진 한적한 곳, 동향을 향해 있는 묘지를 골랐습니다.

아직 살아 있는 남편을 위해 몰래 묘지를 정하고 돌아오는 길, 울음을 멈출 수 없었습니다. 달리는 차 안에서는 마음껏 울 수 있어 좋았습니다. 마음이 울적할 때나 괴롭고 고통스러울 때 차 안은 마음껏 울고 소리 지를 수 있는 나만의 장소였습니다. 주님과 나만의 공간이었습니다. '정말 이게 마지막인가? 그이를 이렇게 보내야 하나?'

병실에 돌아오니 남편은 장모님께 고맙다는 이야기를 수도 없이 했다고 합니다. 이 세상에서 가장 고마운 사람이 장모님이라고 했답니다. 그리고, 불효막심한 사위 그동안 마음 아프고 속상하게 해드려서 죄송하다고 용서를 빌었답니다. 귀한 딸 데려다 행복하게 해주지 못하고 고생만 시켰다고 사죄했답니다. 하나님께서 장모님을 위해 하늘에 큰 상급을 마련해놓으셨다고 그가 말하자 어머니는 이렇게 말씀하셨답니다. "자네 하나 살리려고 온 힘과 정성 다 바쳤는데, 자네 살아나는 것이 내 상급이지 그 외에 무엇이 필요하겠는가?"

어머니도 사위에게 용서를 구했습니다. 간호를 하다가 힘에 부치면 불평하고 신세를 한탄했던 일, 가끔 마음 상하게 한 일 등입니다. 가족으로 살아오면서 혹시라도 얽히고설킨 매듭이나 아픔이 있는지 점검하면서 그 매듭 푸는 일을 시간 정해놓고 해나가는 남편을 보며 그의 침착함과 치밀함에 놀라지 않을 수 없었습니다. 그는 끝까지 마음의 평강을 잃지 않았습니다. '어디서 저 에너지를 공급받는 것일까?' 나는 정말 궁금했습니다.

약을 중단하고 설사가 그치니 남편도 나도 조금 살 만했습니다. 그와 함께 병실에서 주일예배를 드렸습니다. 찬송하고, 기도하고, 또 찬송하고, 시편 말씀을 읽고 또 묵상했습니다. 교인들이 심방을 원했지만 목사님께 전화를 걸어 병문안을 사양하고 양해를 구했습니다.

예배를 마친 준용이와 재인이가 할머니와 함께 병원으로 왔습니다. 오후에 남편은 재인이와 함께 이야기 나누길 원했습니다. 재인이에게 아빠와 함께했던 시간 중 가장 재미있고 좋았던 걸 얘기해보라고 했더니 안타깝게도 재인이는 거의 아무것도 기억해내지 못했습니다. 그도 그럴 것이 재인이가 두 살 되던 때부터 아팠기 때문에 재인이의 기억 속에는 아픈 아빠의 모습만 각인되어 있었던 것입니다. 재인이의 두 눈에서 눈물이 쏟아졌습니다.

"아빠, 나는 아빠 때문에 속상한 일이 너무 많았어요. 내 친구 아빠들은 학교에서 게임하면 응원해주고, 사진도 찍어주고, 학교에 행사가 있으면 참석해서 칭찬해주는데, 아빠는 한 번도 그렇게 안 해줬잖아요."

어린 가슴에 멍처럼 맺힌 말이었습니다. 재인이는 엉엉 목놓아 울었습니다. 아빠가 무거운 침묵을 깼습니다.

"재인아, 정말 미안하다. 아빠는 재인이와 함께 재미있게 놀고 재인이 학교에도 가고 싶었단다. 게임하는 날이면 응원하러 가고 싶었지. 그런데 아빠가 움직일 수도 걸을 수도 없다는 걸 너도 잘 알잖아? 아빠는 침대에 누워 재인이가 점심 먹으러 오는 시간만 기다렸고, 재인이가 학교에서 언제 돌아오나 눈이 빠지게 기다리는 게 일이었어. 아빠는 매일 애타게 너를 기다렸단다. 너의 얼굴만 봐도 아빠는 행복했고, 네가 웃으면 덩달아 행복했단다. 재인아, 미안해! 그리고 아빠가 너를 너무 너무 사랑한다는 것, 꼭 좀 알아주었으면 좋겠다."

그는 준용이에게 한 것처럼 재인이에게 박사학위 논문집과 성경책을 선물로 주었습니다. 한국말과 영어, 희랍어로 되어 있는 성경인데 그가 밑줄 그으며 읽은 책입니다.

"아빠가 아끼는 성경책이야. 하나님을 사랑하고 하나님 말씀대로 사는 재인이가 되길 바라며 아빠가 주는 선물이야. 재인이는 언어에도 소질이 있으니까 나중에 희랍어도 공부했으면 좋겠다."

유산과 선물 전하기

그는 아이들과 헤어지기 전에 차례로 축복기도를 해주었습니다. 그의 손을 가져다 아이들 머리에 얹어주었더니 남편은 들릴락 말락 꺼져가는 소리로 혼신의 힘을 다해 축복기도를 했습니다.

남편은 보통 사람들이 생각하는 그런 유산은 하나도 가지고 있지 않았습니다. 아내와 자녀에게 상속할 재산 같은 것도 없었습니다. 그가 아이들에게 남긴 것은 축복기도와 논문집, 성경책이 전부입니다. 돈 한 푼 없어도 정신적인 유산은 넘쳐나는 그였습니다. 그는 자녀를 위해 늘 축복기도를 해주는 아빠였습니다. 준용이와 재인이는 매일 밤 잠들기 전 그의 방에서 아빠의 축복기도를 받았습니다. 건강할 때도, 아파서 병상에 누워 있을 때도 그는 변함이 없었습니다. 때로 아이들이 피곤해하며 짜증을 낼 때도 그는 축복기도를 거르지 않았습니다.

축복기도는 아이들이 태어나면서부터 시작하여 계속된 가장 중요한 가족 의식이 되었습니다. 아빠의 축복기도가 단 한 마디도 덤불에 떨어지지 않고 그대로 전달되어 무성하게 열매 맺을 것을 나는 믿습니다.

'두 손 두 발을 쓸 수 없고 자녀를 위해 아무것도 해줄 수 없는 아빠였으니 얼마나 간절한 마음으로 축복기도를 했을까? 자신이 할 수 없는 건 하나님께 부탁하며 얼마나 머리를 조아렸을까?' 아이들에게 축복기도를 할 때의 그의 심정을 생각하니 절로 눈물이 났습니다.

나는 남편의 간절한 기도를 하나님이 외면하지 않았을 거라고 굳게 믿습니다. 내 아들딸이 이 세상을 살아가는 동안에 아빠의 축복기도는 싹이 트고 열매를 맺을 것입니다. 아이들은 아빠가 드린 기도의 열매를 평생 따서 먹을 것입니다. 그러니 남편이 아이들에게 준 건 이 세상의 어떤 유산과도 비교할 수 없는 가장 값진 선물이 아니겠습니까.

남편은 재산이 없었기 때문에 유산분배 문제로 골치 아플 일이 없었지만, 죽음을 앞둔 사람이라면 이 문제를 미리 생각하고 유언장을 작성하는 등 준비해두는 편이 좋을 것 같습니다. (통계에 의하면 미국에 사는 성인 다섯 명 가운데 한 사람만이 유언장을 미리 작성한다고 합니다. 그런데 내 개인적인 생각으로는 죽음을 준비하며 살아가는 사람이라면 나이와 건강에 상관없이 유언장을 작성해두는 것이 바람직하다고 생각합니다.)

내가 생각할 때 아이들에게 남긴 아빠의 선물 가운데 가장 귀중한 것은 아빠가 밑줄 그으며 읽었던 성경입니다. 아빠 생각이 날 때마다 아이들은 아빠의 손때 묻은 성경을 펼칠 것입니다. 아빠가 밑줄 친 구절이 눈에 띄면 그 구절을 한 번 더 읽고 묵상에 잠길 것입니다. 아빠가 좋아했던 성경구절을 읽고 은혜를 받는다면 이보다 기쁜 일이 어디 있겠습니까. 내가 아는 어떤 분은 어머니의 돌아가신 유품으로 기도노트를 소중하게 간직하고 있습니다. 성경을 직접 손으로 필사한 어머니의 노트를 갖고 계신 분도 있습니다. 이 모두 값으로 따질 수 없는 귀한 선물임에 틀림없습니다.

죽음과 친해지기

"죽음을 위협적인 손님이라고 생각하는 대신 친한 손님이라고 받아들인다면 우리 인생은 아주 많이 달라질 것입니다. 죽음의 공포는 때로 우리를 죽음으로 내몰지만 죽음과 친해짐으로써 우리의 소멸성을 직면할 수 있게 되고 자유로이 삶을 선택할 수 있습니다." 헨리 나웬 신부의 말입니다. 지금까지 남편은 죽을 고비를 네 번이나 넘겼습니다. 처음에 갑자기 쓰러져 코마 상태로 병원에 입원했고, 급성폐렴으로 이삼일을 넘기기 어렵다고 하는 가운데 의식을 잃었고, 자기 방 침대에서 실수로 호흡기가 빠져 잠시 코마 상태에 빠져들었습니다. 그리고 마지막으로 병원에 입원할 때도 남편은 코마 상태였습니다.

그는 죽음이 그리 무섭지 않다고 했습니다. 임사에 가까운 체험을 했기 때문인지도 모릅니다. 호흡곤란과 함께 정신을 잃는 그사이 죽음은 순식간에 이루어지는 일이라고 했습니다. 우리는 예전부터 죽음에 관한 이야기를 자주 나누었습니다.

"여보, 당신 죽으면 난 어떡하지? 당신이 보고 싶을 땐 나 어떻게 하지?"

"글쎄!"

그는 한참 생각하더니 이렇게 대답했습니다.

"있잖아, 글을 써봐. 그동안 당신 글을 쓰고 싶어도 바빠서 못 썼는데, 나 죽고 나면 시간 나는 대로 글을 써봐. 내가 보고 싶으면 글을 쓰라고. 시도 쓰고 말이야. 당신 예전에 시인이 되고 싶어했잖아."

그리고 또 말을 이었습니다.

"여보, 내가 죽는 것에 대해 너무 부정적으로 생각하지 않았으면 좋겠어. 지금 당장은 슬프고 모든 것이 사라진 것처럼 느껴지더라도 시간이 조금 지나면 달라질 거야. 죽음이 가져오는 아픔과 상실도 있겠지만 죽음을 통하여 배우게 되는 귀중한 것들도 많아. 당신도 알다시피 인생만사에는 늘 양면이 있지. 나는 당신이 나쁜 쪽보다 좋은 쪽을 바라보는 눈을 가졌다고 믿어. 믿음의 관점으로 삶과 죽음을 보는 눈 말이야."

나는 그의 말을 못 들은 척했습니다. 그가 이 세상에 없다고 생각하면 두려움과 슬픔이 집채 같은 파도처럼 밀려옵니다.

"여보, 갑자기 무서워지네! 죽음을 맞을 준비가 다 되었다 생각하는데도 경험해보지 못한 것이라 그런지 두렵고 겁난다."

내가 그의 손을 잡았습니다.

"나도 그래요, 여보."

우리는 손을 잡고 한참 동안 기도를 드렸습니다. 그리고 시편 23편을 암송하기 시작했습니다. "여호와는 나의 목자시니 내게 부족함이 없으리로다……." 남편은 두려움에 휩싸일 때마다 몇 번이고 시편을 암송했습니다. 그러고 나면 두려움이 사라진다고 했습니다. 나도 따라해봤더니 두려움이 없어지는 데는 확실히 효과가 있었습니다.

남편이 환자복을 입고 병원에 누워 있으면 안심이 되는 한편, 잠시 외출했다 돌아올 때는 여지없이 가슴이 두근거립니다. 나 없는 사이에 남편이 어떻게 된 건 아닌가 해서! 그리하여 병실에 들어설 때면 초긴장 상태가 되곤 했습니다.

우리 부부는 죽음의 공포에서 조금씩 벗어나기 시작했습니다. 요한 1서 4장 18절은 이렇게 말합니다. "사랑 안에 두려움이 없고 온전한 사랑이 두려움을 내쫓나니 두려움에는 형벌이 있음이라 두려워하는 자는 사랑 안에서 온전히 이루지 못하였느니라."

두려움이 엄습해올 때 우리 두 사람이 부르는 찬양이 있습니다.

> 주 사랑 안에 살면 나 두려움 없으며 그 사랑 변함없어 늘 마음 편하다
> 저 폭풍 몰아쳐서 내 마음 떨려도 주 나의 곁에 계셔 겁낼 것 없어라
>
> 주 나의 목자시니 나 부족 없으며 주 인도하는 대로 늘 따라가리라
> 그 지혜 나를 깨워 내 앞길 밝히니 나 주의 길을 따라 주 함께 살리라
>
> 저 넓고 푸른 동산 내 앞에 열리고 그 검은 구름 걷혀 새 하늘 보인다
> 끝없는 나의 소망 저 환한 생명길 참보배 되신 주님 늘 함께하소서

사랑의 주님이 우리와 함께하면 어떤 두려움도 이길 수 있습니다. 사랑하는 사람이 내 곁에 있으면 두려움이 저절로 사라집니다. 사랑의 하나님이 나를 보고 계시고, 안고 계시고, 돌보고 계시고, 내 손을 잡고 계시고, 나를 인도하고 계시니 우리는 두려움을 이길 수 있습니다. 그러나 주님 없이는 불가능합니다.

다음은 주일학교 어린이들이 즐겨 부르는 찬송 중 하나입니다.

> 바람 불어도 괜찮아요 괜찮아요 괜찮아요
> 파도 일어도 괜찮아요 괜찮아요 괜찮아요
> 주님 내 안에 계시니까 나는 나는 나는 나는 괜찮아요.
> 바람을 만드신 하나님,
> 파도를 만드신 하나님,
> 주님 내 안에 계시니까
> 나는 나는 나는 나는 괜찮아요.

지금도 나는 이 노래를 좋아합니다. 노래를 부르면서 중얼거립니다. "그래 바람 불어도 괜찮아, 파도 일어도 괜찮아, 사랑의 주님이 내 안에 계시니까." 그 마음으로 찬송을 부르노라면 바람 대신 바람을 만드신 하나님을 바라보고, 파도 대신 파도 속에 함께하시는 주님을 바라보게 됩니다. 주님을 바라보면 잔잔한 평화가 밀려옵니다. 소망의 주님을 바라보고 사랑의 주님을 바라보면 풍랑 속에서도 평화를 맛봅니다. 폭풍우 속에서도 두려움을 물리칠 수 있습니다.

아침 일찍 누가 먼저랄 것도 없이 우리는 거의 동시에 눈을 떴습니다. 이런 일이 최근 부쩍 잦아졌습니다. 그가 살아서 눈을 깜빡이고 있습니다. 금방 눈을 감아버릴 것 같고 숨이 곧 멎을 것만 같은 목숨이 죽지 않고 살아 눈을 뜬다는 사실이 기적입니다. 오늘도 하나님은 우리에게 생명을 주셨습니다. 시간을 주셨습니다. 오늘 하루는 또 어떤 일들이 벌어질까요? 우리는 한 치 앞의 인생을 알지 못합니다.

병원에 입원한 지 7일째, 남편은 아무것도 먹지 못했습니다. 소화기능이 멈추어서 유동식을 조금이라도 투여해보려는 의사 선생님의 노력도 수포로 돌아갔습니다. 뼈와 가죽만 앙상하게 남은 몸으로 내 남편 정태두 씨는 놀랄 만큼 강한 의지로 힘겨운 시간들을 잘도 견뎌내고 있었습니다.

남편은 예배로 하루를 시작했습니다. 찬송과 기도, 시편 23편을 암송하고, 오늘 하루의 삶과 마지막 남은 시간들을 주님께 모두 맡겼습니다.

"나와 헤어진다고 생각하면 기분이 어때요?"

내 질문에 한참을 생각하던 남편은 이렇게 대답했습니다.

"지금 내 기분? 댈러스에 살 때 말이야, 논문 쓰는 2년 동안 우리 주말부부로 지냈잖아. 주중에는 오스틴에 내려가 공부하고 토요일이면 집에 와 당신이랑 아이들과 함께 주말을 보내는데 가족과 함께 있는 그 시간이 얼마나 좋았던지, 월요일 아침 오스틴에 가려면 발걸음이 떨어지질 않았어. 근데, 가족을 뒤로하고 갈 수 있었던 이유는 '주말이면 다시 만나는데 뭐 어때!' 하는 생각 때문이었지. 지금 기분이 꼭 그래. 당신과 아이들 곁을 떠나고 싶지 않지만, 언젠가 다시 만나리라 생각하면 떠날 수 있을 것 같아. 반드시 또 만날 테니까 말이야."

"그래요. 나도 당신을 보내고 싶지 않지만 우리 또 만날 테니까 보내줄게요. 고통이 없는 곳으로 훨훨 날아가세요. 당신을 8년 동안 꼼짝 못 하게 붙잡아둔 병마로부터 벗어나세요. 영원히 자유로운 아버지 품으로 당신을 보낼게요."

우리는 손을 맞잡고 한참이나 눈물을 흘렸습니다.

생명이 다하는 순간까지 사명에 충실하기

먼저 울음을 그친 건 남편 정태두 씨였습니다.

"여보, 오늘은 담당 간호사와 이야기를 좀 나누고 싶소. 3시에 퇴근 한다니까 그 전에 만나는 게 좋겠어요. 내 말을 잘 알아듣지 못할 테니까 당신이 미리 내가 하고 싶은 말을 듣고 통역해주면 고맙겠소."

바람 앞의 촛불처럼 꺼져들어가는 남편의 음성을 나도 알아듣기 힘들었습니다. 그의 음성은 이제 더 이상 소리가 되어 나오지 않았습니다. 담당 간호사에게 하고 싶은 말을 그는 연습 삼아 내게 먼저 전했습니다. 정신을 바짝 차리고 들으니 그가 무슨 말을 하는지 어느 정도 이해할 수 있었습니다.

그의 담당 간호사가 병실로 찾아왔습니다. 그런데 그녀에게 전하는 그의 말이 또렷하게 내 귀에 들어오는 겁니다.

"병원에 입원할 때마다 극진히 보살펴줘서 고마워요. 아다시피 나는 곧 이 세상을 떠납니다. 나는 내 아버지 집으로 갑니다. 나는 천국에 갈 텐데 그곳에서 당신을 꼭 다시 만나고 싶어요. 그러려면 당신이 예수를 믿어야 해요. 예수를 믿어야 천국에 올 수 있으니까. 자, 나와 약속해주겠소? 우리 꼭 천국에서 만납시다."

그녀가 고개를 끄덕이자 남편의 얼굴에 웃음이 피어났습니다. 나중에 남편이 내게 다시 물었습니다. "분명히 예수 믿고 천국에서 만나자고 했지?" 그렇다고 했더니 그의 입가에 행복한 미소가 번졌습니다. 오후엔 친한 선배 목사님 부부가 병문안을 오셔서 함께 예배를 드렸습니다. 남편은 좋아하는 찬송을 주문했고, 우리는 큰 소리로 찬양했습니다.

목사님 부부가 가시고 나서 남편이 입을 열었습니다. 조금 전 찬양을 부를 때 이상한 소리가 들렸다는 것입니다. "네 병이 완전히 치료되었다!" 잘못 들었나? 그러나 지워버리기에는 너무 선명하고 뚜렷한 음성이었다고 했습니다. 가슴이 쿵쾅거렸습니다. '이이가 들은 게 정말 하나님 음성일까?' 우리는 너무도 연약한 인간인지라 남편이 찬양 중 들었다는 말에 한 가닥 희망을 걸게 되었습니다. 죽은 자도 살리시는 하나님을 믿고, 그의 몸에 어떠한 변화가 있는지 살펴보았습니다. 그러나 그의 몸 상태는 여전히 똑같았고 아무런 변화도 일어나지 않았습니다.

오후에 그는 갑자기 친한 목사님 부부가 보고 싶다고 했습니다. 그들에게 복음을 전하고 싶었던 것입니다. 나는 바로 전화를 걸었습니다. 마침 연락이 닿은 또 한 명의 선배가 그 선배 부부와 함께 병실을 찾아주었습니다.

"야, 정태두! 너 곧 죽어간다는 놈이 얼굴 보니 멀쩡하구나. 얼굴빛 참 좋다. 얼굴에서 빛이 난다, 빛이 나. 너는 정말 이 세상에서 가장 행복한 놈이다. 정성을 다해 구완해주시는 장모님 있지, 천사 같은 마누라 있지, 네가 아파 누워 있어도 잘 자라주는 아들딸 있지. 너는 정말 행복한 놈이야!"

"네, 형님. 저 정말 행복한 놈이에요. 그런데 형님, 그 행복에는 비밀이 있어요. 그 비밀은 다름 아닌 예수 그리스도예요. 형님, 저는 오랫동안 형님이 교회에 나오시길 기도해왔어요. 저야 죽으면 당연히 천국 갈 텐데, 거기서 형님을 꼭 뵙고 싶어요. 형님, 제가 먼저 가서 기다릴 테니 예수 믿고 천국에서 만납시다. 예수 믿으세요. 제 간절한 소원입니다."

"태두야. 내 걱정은 하지 마라. 내가 지금은 예수를 믿지 않지만 그래도 예수에 대한 책은 많이 읽고 있다. 그러니 걱정 마라. 언젠가 예수 믿을 날이 오겠지. 그래, 우리 천국에서 만나자."

선배의 말에 그의 입가에는 비로소 행복한 미소가 번졌습니다. 담당 간호사에게 낮에 복음을 전한 후 보여주었던 바로 그 미소였습니다. 해야 할 일을 다 마친 사람에게서나 볼 수 있는 흡족한 미소였습니다.

이런 찬송이 있습니다. "만 입이 내게 있으면 그 입 다 가지고, 주 예수 주신 은총을 늘 찬송하겠네." 그런데 한 입만 있어도, 목소리가 나오지 않아도, 주님을 찬양하기 원하고 복음을 전하기 원하면, 안 나오던 목소리도 나오게 하시는 하나님이 그와 함께한다는 사실을 깨달았습니다! 눈물이 솟구쳤습니다. 하나님이 붙들고 계시는 남편을 바라보며, 복음 전하기 원하는 자가 그 소원을 이룰 수 있도록 옆에서 도우시는 하나님을 보며 감격의 눈물을 흘리지 않을 수 없었습니다. 그들은 천국에서 만나기로 약속하고 작별인사를 했습니다.

오후 늦게 한국에서 남편의 큰형님이 도착했습니다. 5년 전 이삼일을 넘기기 어렵다는 의사의 진단에 따라 장례식을 치르기 위해 가족 대표로 오셨는데 이번에도 마다하지 않고 먼길을 오셨습니다. 형님은 부모님을 모시는 일부터 시작해 6남매의 장남 노릇을 톡톡히 하고 계시는데 미국에서 공부하는 가난한 동생을 위해 기도와 격려를 아끼지 않으시고, 유학 초기에는 적지 않은 학비도 보내주셨습니다.

두 형제의 5년 만의 해후를 지켜보면서 나는 그들의 남다른 우애를 다시 한 번 확인할 수 있었습니다. 아파서 꼼짝 못 하는 동생의 가슴에 얼굴을 묻고 눈물을 흘리는 형님과 동생, 그들 사이엔 말이 필요없었습니다. 한국에 계신 부모님과 형제자매의 안부를 묻고 남편은 감사와 미안한 마음을 전했습니다. 한국에 계신 어머님께 편지를 쓰고 싶었는데 그것도 여의치 않았습니다.

형님은 남편의 말을 거의 알아들을 수 없었기 때문에 그때처럼 내가 통역관이 되어야 했습니다. 남편이 갑자기 충격적인 말을 했습니다.

"형님, 우리 재인이 딸 삼아주세요."

딸을 형님께 부탁하며 그는 입술을 꼭 깨물었습니다.

"형님, 우리 재인이 딸 삼아주세요."

그의 부탁이 메아리처럼 병실에 울려 퍼졌습니다. 남편이 다시 입을 열었습니다.

"형님, 부탁이 하나 있어요. 오늘 우리 재인이 소프트볼 시합이 있는 날이에요. 저를 대신해서 재인이 시합에 참석해주시면 안 될까요? 응원도 해주시고 사진도 찍어주세요. 피곤하신 줄 알지만 꼭 좀 부탁드릴게요."

형님은 흔쾌히 수락했습니다. 죽어가는 동생 만나러 불원천리 왔는데 조카 소프트볼 경기에 가달라고 합니다. 동생이 무엇을 원하는지 알고 있는 큰형님은 두말없이 조카 재인이의 경기에 카메라를 들고 참석하셨습니다. 큰아빠의 응원 속에서 재인이는 그날 안타를 날렸고, 세 번째 홈인을 하는 멋진 경기를 한국에서 오신 큰아빠에게 선사했습니다.

재인이의 소프트볼 경기 소식을 전해 들은 아빠의 얼굴에 또다시 행복한 미소가 번졌습니다. 죽음을 앞둔 사람이라 할 수 없을 만큼 그의 얼굴은 평화롭고 여유가 넘쳤습니다. 그는 더 이상 이 땅의 사람이 아니었습니다. 삶과 죽음을 초월한 사람이었습니다.

강준민 목사님의 『꿈꾸는 자가 오는도다』에는 세상이 두려워하는 세 종류의 사람이 나옵니다. 첫째는 꿈꾸는 사람이고, 둘째는 소유에 집착하지 않는 사람이고, 셋째는 죽음을 무서워하지 않는 사람입니다. 내 남편 정태두 씨가 바로 세 번째 사람입니다. 그는 삶과 죽음을 넘어 자기에게 주어진 시간과 순간을 가장 값진 일에 쓰면서 그 일에 기쁨을 느끼는 어린아이 같은 마음, 바로 천국을 소유한 사람이었습니다.

마침내 남편과 헤어져야 할 날이 왔습니다. 제발 시간이 더디 흘렀으면 하는 우리의 마음도 몰라주고 야속하리만치 정확한 시간에 날이 밝았습니다. 누가 아프든 죽든 아랑곳하지 않고 세상은 잘도 돌아가고 있었습니다. 병원 직원들과 의사, 간호사들은 자기의 소임을 다하느라 분주히 왔다 갔다 하고 있었습니다. 어디선가 웃음소리가 들립니다. 그렇습니다. 이것이 우리가 살아가는 세상의 모습입니다. 울고 있는 사람들 옆에 웃고 있는 사람들이 있습니다. 죽어가는 사람과 태어나는 아기들이 바통을 터치합니다. 행복에 겨워 어쩔 줄 몰라하는 사람과 불행의 늪에서 고통받는 사람들이 섞여 살아갑니다. 이것이 세상입니다. 이것이 자연의 이치입니다. 아무도 어길 수 없는 자연의 질서입니다.

남편의 몸을 깨끗이 씻겨주었습니다. 마지막 목욕임을 예감했습니다. 정성을 다해 그의 몸 구석구석을 깨끗이 씻겨주었습니다. 깡말라버린 몸, 뼈에 가죽만 걸쳐 있는 몸. 그런데 그의 얼굴은 전혀 아픈 사람 같지 않습니다. 어제 선배가 했던 말처럼 그의 얼굴은 밝게 빛이 났습니다. 얼굴은 여전히 곱상한 '동안'이었습니다. 흰머리가 많았지만 얼굴만 보면 그는 전혀 아픈 사람이 아니었습니다. 목욕을 마치고 난 남편은 새신랑 같았습니다. 그는 아주 개운한 얼굴로 고맙다고 인사했습니다. 눈물을 흘리며 내게 사랑한다고 말했습니다.

목욕을 마친 남편은 기력이 다했는지 눈을 뜨기도 어려워했습니다. 말없이 남편의 손을 잡아보았습니다. 다리를 만져보았습니다. 차가운 몸 구석구석을 만져보았습니다. 발도 손도 모두 차가운 얼음장이었습니다. 죽어가는 그의 몸에 나의 온기가 전해지기를 바라며 계속 그의 팔과 다리를 마사지했습니다. 평소 내가 만져주면 그렇게 좋아하던 남편이었습니다. 내가 만져주면 자기 몸이 살아나는 것 같다고 했습니다. 그런데 아무 말도 없었습니다.

하나님만 바라보며 영혼을 부탁하기

그는 이제 이 세상에 아무런 미련이 없는 사람처럼 보였습니다. 이 땅에서 자기의 할 일을 다 정리한 사람, 가족에게 하고 싶은 말을 다 전하고 작별인사를 마친 사람이 눈을 감고 누워 있었습니다. 후회와 회한도 모두 벗어던졌습니다. 그는 이제 하늘을 향해, 하나님을 향해 마음을 집중시키는 것처럼 보입니다. 입을 꾹 다문 채 깊은 생각에 잠겨 눈을 떴다 감았다 합니다. 그는 이 세상 여행을 마감하고 다음 여행지로 떠날 준비를 마쳤습니다.

입원하고 나서 사흘째 되던 날, 소화기능이 완전히 정지되었다는 사실을 의사로부터 전해 들은 남편은 자기의 결심을 이야기했습니다.

"여보, 한 가지 부탁이 있소. 생명을 잠시 더 연장시키기 위한 영양주사는 이제 그만 맞고 싶소. 이런 상태로 며칠을 버티는 것보다 빨리 하나님 나라에 가고 싶어요."

부모님과 형제들에게 그의 굳은 의지를 말씀드렸습니다. 온 가족이 믿음 안에서 천국의 소망을 갖고 사는 터여서 그의 의견을 존중하자는 쪽으로 마음이 모아졌습니다. 쉽지 않은 결정이었습니다. 그런 결정을 내리는 데는, 죽음 직전에 처한 어머니의 고통스런 모습을 바라보며 어떤 결정을 내려야 할지 몰라 의사에게 물었을 때 의사가 존 세릴(『다른 방언으로 말하는 사람들』의 저자)에게 들려주었던 지침이 도움이 되었습니다. 의사가 판단한 환자의 회복 가능성과, 환자 자신의 의견과, 하나님이 데려가시려고 정하신 때가 언제인지 숙고하고 결정하라는 것입니다.

위의 사항들을 하나하나 점검해보고 우리 가족은 지금이 하나님께서 정하신 때라고 믿고 그를 놓아보내기로 결정했습니다. 빌리 그레이엄 목사님도 특별한 상황 속에 있는 환자는 죽음을 선택할 권리가 있다고 말했습니다. 여기서 특별한 상황이란 생명연장을 위해 필요한 여러 가지 장치가 몸에 달린 것을 말합니다. 그런 경우의 환자는 자신이 어느 정도까지 치료를 받고 싶은지 말할 권리가 있다고 했습니다. "이제 더 이상은 그만두세요."라고 말할 권리 말입니다.

나와 남편은 이 문제와 관련하여 오래전부터 많은 대화를 나누었습니다. "호흡기를 그만 떼었으면 좋겠다"는 말을 여러 번 했지만 나는 그의 의견에 동의할 수 없었습니다. 그런데 이번에는 달랐습니다. 그를 고통으로부터 해방시켜주고 싶었습니다. 그를 붙들고 있는 것은 우리의 욕심이라고 생각했습니다. 이번에야말로 나를 위한 선택이 아니라 그를 위한 선택을 해야 했습니다. 남편의 컨디션이 마지막에 이르렀다는 것은 의학적으로 자명한 일이었고, 무엇보다도 남편이 간절히 원하니까 그의 원대로 해주는 것이 최선이란 생각이 들었습니다.

5월 13일 저녁 김두화 목사님 내외분과 김형민 목사님이 병원에 오셨습니다. 임종예배를 집례하기 위해서입니다. 북받치는 설움을 어쩌지 못하고 눈물을 흘리며 형님은 마지막까지 그의 손을 놓지 않았습니다. 나는 눈물조차 흘릴 수 없었습니다. 정신을 차리지 않으면 안 된다고 마음을 다잡았습니다. 그는 자신을 둘러싼 사람들과 눈으로 인사를 나눴습니다. "천국에서 만납시다."

호흡기가 그의 몸에서 떼어져나가는 순간까지도 나는 희망을 버리지 않고 있었습니다. 혹시 하나님께서 기적을 베풀어 살아나게 하시지 않을까 하는 그 희망 말입니다. 그러나 마침내 나도 그 희망의 끈을 놓았습니다. "하나님, 이 사람 살려달라고 더 이상 말하지 않을게요. 이 사람의 영혼을 주님 손에 맡깁니다. 예수님, 얼른 오셔서 우리 남편 안아주세요. 고생한 우리 남편, 두 팔 벌려 환영해주세요. 천국으로 인도해주세요."

그날 저녁 남편은 다 나은 몸으로 주님 품에 안기었습니다. 이틀 전 찬송 중에 그가 들었다는 "네 몸이 다 나았다"는 음성은 환청이 아니었습니다. 주님이 완전히 치료하시고 그를 안으셨습니다. 그 음성은 남아 있는 나와 가족, 그리고 지금껏 남편의 쾌유를 위해 기도해주셨던 분들을 위해 주신 하나님의 응답이었습니다.

죽음은 완전한 치유입니다. 우리는 그가 완전히 치유되기를 기도했습니다. 하나님의 완전한 치유와 우리가 생각하는 완전한 치유의 의미와 형태는 달랐지만 하나님이 그의 몸을 완전히 낫게 해주셨습니다. 그리고 그를 천국으로 데려가셨습니다.

죽음의 아름다운 간증 남기기

장례식 날이 밝았습니다. 전날부터 기상대는 비를 예고했습니다. 비가 온다는 예보가 아침에는 폭우 예상으로 바뀌었습니다. 하늘에 먹구름이 가득했습니다. 마음이 무거웠습니다.

우리 가족을 실은 리무진이 출발했습니다. 굵은 빗방울이 떨어졌습니다. 빗속에 남편을 묻고 싶지 않았습니다. "하나님, 그를 위한 마지막 소원입니다. 주님이 그를 반갑게 맞으셨다면 저에게 한 가지 사인을 보여주세요. 저는 빗속에서 남편을 묻고 싶지 않습니다. 조객들이 비를 맞으며 하관식에 참석하는 걸 원치 않습니다. 하나님, 제발 몇 시간만 비를 멈춰주세요."

간절한 나의 기도가 통했는지 장례식장에 도착했을 땐 정말 비가 멈추었습니다. 편안하게, 미소까지 머금은 얼굴로 곱게 화장을 한 남편이 관 속에 누워 있었습니다. 호흡기를 떼어버리고 누워 있는 남편의 모습은 너무 홀가분해 보였습니다. 자유로워 보였습니다. 수갑처럼 채워져 있던 호흡기와 석션 장치와 주렁주렁 매달린 줄이 없으니 이젠 마음껏 걸을 수 있을 것 같았습니다. 마음껏 날 수 있을 것 같았습니다. 천국에서 그의 영혼이 마음껏 자유를 누리고 있으리라 생각하니 마음이 편안해졌습니다. 생각만 해도 위로가 되었습니다.

인생의 고난길을 헤치고 병과 열심히 싸우다 본향에 도착한, 죽음의 문턱을 넘어 결승점에 와 있는 남편, 천국에 먼저 입성한 남편이 어떤 면으로는 부럽기까지 했습니다. 남편의 부탁을 들어주기로 했습니다. 너무 많이 울지 말아야겠다고 생각했습니다.

환송예배가 진행되었습니다. '최후의 승리자'란 제목으로 목사님께서 메시지를 전해주셨습니다. 준용이는 아빠에게 보내는 편지를 낭독했습니다.

아빠에게 보내는 편지

사랑하는 아빠,

무슨 말을 해야 할지 잘 생각이 나지 않아요. 머리가 작동을 멈추어버린 것처럼 말예요. 하지만 아빠는 제게 최고의 아빠였다는 사실을 알려드리고 싶어요. 이런 제 마음을 아빠에게 자주 표현하지 않았지만 저희를 향한 아빠의 사랑은 얼마나 귀하고 소중했는지 모릅니다.

조용히 책상 위에 앉아서 아빠에게 글을 쓰려고 하니 많은 추억들이 머리를 스쳐 지나갑니다. 그 많은 추억들 가운데 특별히 아빠와 함께 나누었던 귀한 시간들을 잊을 수 없습니다. 소중했던 가족 여행의 추억은 저의 미래를 설계해나가는 데 큰 영향을 끼쳐주었고 아름다운 가족관계의 기초를 다져주었습니다. 고맙습니다, 아빠!

아빠가 마지막으로 병원에 입원하셨을 때 저희에게 그전과는 전혀 다른 이상한 느낌을 주었습니다. 학교 갔다 돌아온 저와 재인이는 "집이 왜 이렇게 조용하죠? 텅 빈 집 같아요. 아빠가 없으니까 집이 너무 추워요." 이런 대화를 나누었습니다. 그러나 아빠, 아빠는 더 이상 육신적으로 우리와 함께 계시지 않지만 제 마음엔 언제나 살아 계실 거예요. 우리가 천국에서 다시 만나는 그 날까지 말이에요.

아빠, 하나님께서 아빠를 품에 안으시기 전에 병원에서 아빠와 함께 이야기하며 시간을 보낼 수 있도록 특별한 시간을 만들어주신 하나님께 감사드려요. 그런 시간이 없었더라면 아마 저는 평생 죄책감을 떨쳐버리지 못하고 살았을 거예요. 여러 해 동안 제가 느꼈던 대부분의 감정은 아빠의 상황으로 인한 무거운 부담감이었습니다. 저는 저의 두 어깨에 세상의 모든 짐을 지고 있는 기분이었습니다. 학교가 끝나자마자 다른 과외 활동에 참석할 틈도 없이 서둘러 집으로 돌아와야 했고, 방과 후 대부분의 시간을 집에서 보내야 했습니다. 그러나 시간이 지나면서 고등학교에 입학하게 되고, 제 생활의 패턴이 완전히 달라졌습니다. 더 이상 일찍 집에 귀가할 수 없게 되었고, 숙제 때문에 늘 쫓기는 시간을 보냈습니다. 아빠는 저와 함께 이야기하고 싶어하셨지만 저는 "아빠, 나 지금 너무 바빠요. 너무 피곤해요."라는 대답으로 아빠의 마음을 서운하게 해드렸지요. 지금 돌아보니 바쁘고 피곤하다며 아빠와 좀 더 시간을 갖지 못했던 게 아쉽기만 하고 후회가 됩니다.

7년 이상 아빠가 건강해지기를 기도해왔지만 우리는 지금 아빠를 떠나보내는 상실의 아픔을 경험하고 있습니다. 그래서 슬프고 가슴이 아프지만 아빠를 생각하면 감사하답니다. 슬픔은 이 세상에만 존재하는 것이지요. 더 이상 눈물이 없고 모든 고통이 사라진 천국에 가셨으니까요. 아빠가 얼마나 많은 고통 속에서 사셨나 생각하니 모든 고통과 아픔에서 해방시켜주시려고 천국으로 데려가신 하나님께 감사해요. 아빠, 지금 저의 심정을 어떻게 표현해야 할지 모르겠어요. 아빠가 천국에 잘 가셨다 생각되어서 감사하고 기쁘다가도 동시에 갑작스럽게 몰려오는 슬픔과 아픔을 떨쳐버릴 수가 없어요. 모든 사람들이 제게 아빠는 천국에 가셨으니 너무 슬퍼하지 말라고 하지만 어찌 슬퍼하지 않을 수 있어요, 아빠?

아빠는 제게 인생 살 동안 깊이 간직할 많은 교훈들을 가르쳐주셨어요. 그런 아빠의 가르침 때문에 오늘 여기까지 올 수가 있었어요. 예수님께서는 이렇게 말씀하셨지요. "누구든지 나를 따라오려거든 자기를 부인하고 자기 십자가를 지고 나를 따를 것이니라 누구든지 제 목숨을 구원하고자 하면 잃을 것이요 누구든지 나를 위하여 제 목숨을 잃으면 찾으리라."(마태복음 16:24-25) 아빠는 질병과 싸웠던 마지막 순간까지 하나님께 영광을 돌리셨습니다. 아빠는 고통과 아픔 가운데 예수님을 따라가셨습니다. 끝까지 예수님을 믿는 믿음을 포기하지 않고 의심하지 않고 그분을 따라가셨습니다. 아빠 자신은 생각하지 않고 아빠를 향한 하나님의 계획만 생각하셨습니다. 그리고 하나님 안에서 하나님과 함께 거하는 일만 생각하셨습니다.

아빠, 저는 이 세상에서 아빠를 최고로 존경해요. 아빠가 너무나 자랑스러워요. 전 이렇게 기도합니다. 아빠가 바라고 원하셨던 아들이 되게 해달라고요. 그리고 하나님과 가장 가까이에서 아빠처럼 하나님을 섬기게 해달라고요. 비록 제가 가끔씩 아빠 마음에 안 드는 일을 한다 할지라도 천국에서 절 바라보며 웃어주시기를 바라요. 언제나 그랬던 것처럼.

아빠, 엄마와 재인이 걱정은 하지 마세요. 부족하지만 아빠가 너무나 사랑했던 우리 가족을 제가 잘 보살필게요. 아빠, 사랑해요. 벌써부터 아빠가 보고 싶어요. 아빠, 아빠를 마음속에 늘 간직하며 살겠어요. 천국에서 만날 때까지 안녕!

아빠를 사랑하고 존경하는 아들 준용 올림.

북받치는 슬픔에 말끝을 잇지 못하는 아들로 인해 장례식장은 울음바다가 되었습니다. 뒤이어 남편과 형제처럼 친하게 지낸 친구 목사님과 후배 두 분의 추모사가 있었습니다. 여섯 시간 이상 비행기를 타야 하는 먼길을 한달음에 달려와주신 고마운 분들입니다. 추모사를 해주신 캘리포니아 주 몬터레이 제일 장로교회에서 목회를 하고 계시는 이강웅 목사님과, 산호세에 거주하는 남편의 후배 최건 박사는 남편의 장례식에 꼭 초대하고 싶은 분들이었습니다. 형제처럼 지내면서 남편을 끔찍이 아끼고 사랑해준 분들입니다. 그런데 너무 멀리 살고 계셔서 오시라는 말을 차마 할 수 없었습니다. 남편의 소천을 알리는 차원에서 전화를 걸었습니다. 그런데 두 분 모두 장례식에 참석하시겠다고 했습니다. 고마웠습니다. 여섯 시간 이상 비행기를 타야 할 만큼 먼 길인데…….

이강웅 목사님은 남편의 친한 친구로서 어려움 가운데 있는 남편에게 여러모로 도움을 주신 분입니다. 고등학교 때부터 미국에 온 이후로도 계속 교제하며 가깝게 지낸 친구였습니다. 편지와 전화로 우리 가족을 위로해주셨고 시간이 날 때면 먼길 마다 않고 우리를 방문해주셨습니다. 우리 집에 오실 때면 남편 곁에서 성경을 읽어주셨고 남편의 몸을 마사지해주시던 분이었습니다. 목사님은 지난 주간에 캐나다에 있는 집회에 참석하기로 등록까지 해두었는데 마음이 내키지 않아 그 집회 참석을 취소하셨다고 합니다. 사실 그 집회에 참석했더라면 교회를 다시 비울 수 없는 상황이지만 그렇지 않으니 오시겠다는 것이었습니다.

최건 박사는 고등학교 후배이자 텍사스 대학에서 공부할 당시 유학 생활의 어려움 가운데 서로 의지하고 격려하며 도움을 주고받던, 신앙 안에서 형제이고 가족이었습니다. 그런데 그가 보스턴에 컨퍼런스가 있어서 이미 동부에 와 있는 상태였습니다. 수요일에 일정이 끝나니 바로 이곳으로 오겠다고 했습니다. 실로 하나님의 예비하심이었습니다.

장례식을 위해 아들의 양복을 준비해주셨던 하나님께서는 장례식 예배를 위해 꼭 필요한 분들도 미리 준비해놓으셨습니다. 이 모두가 하나님의 응답이었습니다. 두 분의 추모사를 통해 이 땅의 여행을 마친 순례자에게 주어지는 천국의 영광과 부활의 소망을 확인시켜주셨습니다.

예배가 끝나고 조문객과 인사를 나누었습니다. 이처럼 은혜로운 장례식은 처음이라고 하는 분들도 있었습니다. 죽음은 더 이상 무서운 것이 아니고 영광스런 것임을 알게 되었다는 분도 있었습니다. 남편처럼 죽고 싶다는 분도 있었습니다. 천국의 실체가 불분명했는데 너무나 분명한 천국이 있음을 확인하게 되었다는 분도 계셨습니다. 예수 믿기로 작정한 분, 인생을 위한 부흥회였다고 말하는 분도 있었습니다. 감사했습니다. 그렇습니다. 장례식은 죽은 자를 위한 것이 아니고 산 자를 위한 것입니다. 남편이 이야기했던 것처럼 남아 있는 자를 위한 것입니다.

하관식을 위해 밖으로 나오니 하늘이 맑았습니다. 폭우가 온다더니 이곳을 비껴 지나갔습니다. 이것을 누가 우연이라고 하겠습니까? 남편을 기쁘게 받으셨다는 증거를 보여달라는 기도에 응답하신 하나님, 맑은 날에 남편을 묻고 싶다는 소원을 들으신 하나님이 비를 멈추게 하셨습니다.

관을 실은 리무진에 우리 가족이 함께 탔습니다. 경찰의 호위를 받으며 장지로 향했습니다. 워싱턴 메모리얼 공원묘지에 도착하니 유흥렬 목사님이 직접 녹음하신 "여호와는 나의 목자시니⋯⋯ 내가 내가 여호와 전에, 영원토록, 영원토록, 영원토록 거하리로다"가 울려 퍼지고 있었습니다. 남편이 그토록 사랑했던 시편 23편은 고난 중에도, 숨을 거두는 임종의 순간에도, 장례식장에서도, 그리고 땅에 묻히는 순간까지도 내내 그와 함께 있었습니다.

하관식 예배와 함께 천국에서 만나기를 소원하며 관 위에 조객들이 꽃을 올려놓았습니다. 관이 천천히 무덤 속으로 내려갔습니다. 땅속으로 내려갔습니다. 우리 가족은 차례대로 흙을 뿌렸습니다. 마지막이었습니다. 더 이상 만질 수 없고 더 이상 그를 볼 수 없습니다. 마지막 이별의 순간이 왔습니다. 가슴에 차오르는 슬픔을 더 이상 억누를 수 없었습니다.

장례식 일정이 모두 끝났습니다. 하나님은 한 치의 오차도 없이 남편의 마지막 순간까지 계획된 시간표에 따라서 그의 삶을 인도하셨습니다. 영원으로 들어가는 문까지 그의 목자가 되셔서 그를 인도하셨습니다.

남편은 삶을 통해 이루고자 하는 목적을 다 이루었습니다. 고난을 통해 이루고자 하는 목적을 다 이루었습니다. 죽음을 통해 이루고자 하는 목적을 다 이루었습니다. 그의 죽음은 끝이 아닙니다. 그는 죽었지만 죽음의 열매는 이 땅에서 계속 맺어질 것입니다. 우리 가정을 통해, 그의 삶과 고난과 죽음에 대한 이야기를 듣는 자들을 통해, 그리고 죽음을 통해서도 이루어야 할 사명이 있음을 깨닫는 자들을 통해 계속 열매를 맺어갈 것입니다. 요한 웨슬레의 말입니다. "하나님은 그의 종들을 땅에 묻지만 그의 일은 끝없이 계속된다."

그는 이제 이 세상에 없습니다. 그러나 그를 통해 시작된 하나님의 일은 세월이 흘러도 계속될 것입니다. "내가 진실로 진실로 너희에게 이르노니 한 알의 밀이 땅에 떨어져 죽지 아니하면 한 알 그대로 있고 죽으면 많은 열매를 맺느니라."(요한복음 12:24)

회복과 치유의 길목

사랑과 지지로 상실의 아픔 이겨내기

장례식이 끝난 후 조문객이 모두 떠나고, 친구와 친척들이 떠나고 이제 우리 가족만 남았습니다. 아홉 살짜리 딸 재인이, 열다섯 살이 된 아들 준용이, 칠순이 넘은 친정어머니, 그리고 나만 남았습니다. 남편의 침대와 호흡기와 의료기구들은 임대기관에서 모두 철수해 갔습니다. 휑하니 뚫린 공간, 유난히 커 보이는 남편의 병실. 보통 아이들 같으면 아빠가 사라진 방에 들어가는 것을 싫어할 법한데 아이들은 한사코 그 방에서 잠을 자겠다고 합니다. 아빠의 숨결을 느껴보고 싶은가 봅니다.

구김살 없이 자라야 할 아이들이 어린 나이에 고생이 많았습니다. 하고 싶은 일, 갖고 싶은 것도 많았을 텐데 늘 엄마 아빠를 먼저 생각하는 속 깊은 오누이였습니다. 착하고 예쁘게 잘 자라준 아이들이 고맙기만 합니다. '이제 아빠 없는 아이들이 되었구나. 아빠가 있어도 다 채워주지 못할 너희들의 필요는 누가 채워주나?' 가슴이 미어집니다. '이것도 너희들이 감당해야 할 일이라면 어쩌겠니? 너희가 아빠 없이 어린 시절을 보내는 것도 너희를 향한 하나님의 계획 가운데 있는 거겠지. 시간이 지나면 모든 걸 알게 될 거야.'

"우리가 지금은 거울로 보는 것같이 희미하나 그 때에는 얼굴과 얼굴을 대하여 볼 것이요 지금은 내가 부분적으로 아나 그 때에는 주께서 나를 아신 것같이 내가 온전히 알리라."(고린도전서 13:12)

'너희가 겪은 어려움이 삶 속에서 어떤 결과를 가져왔는지 이해할 날이 반드시 올 거야. 하나님께서 고통과 고난을 선으로 바꾸셨고, 그 어려움 때문에 더 성숙할 수 있었다는 이야기를 너희에게서 꼭 듣고 싶구나. 자, 힘을 내거라. 잘 견뎌내거라. 사랑하는 내 아들딸아!'

침묵이 흐르고 그 위로 슬픔이 흐르고, 쌓인 피로가 한꺼번에 밀려오고 몸은 가눌 수 없을 만큼 휘청거립니다. 잠이 몰려옵니다. 8년 동안 제대로 못다 잔 잠들이 한꺼번에 몰려옵니다. 계속 잠만 잤으면 좋겠습니다. 아무것도 생각하고 싶지 않습니다. 아무것도 느끼고 싶지 않습니다. 아픔도 슬픔도 모두 잊어버리고 싶습니다.

아이들과 나는 힘이 하나도 없는데 엄마 혼자 긴장 가운데 자신을 추스르고 계십니다. 당신까지 흔들리면 이 집 전체가 흔들릴 거라 생각하셨나 봅니다. 엄마는 영원히 엄마입니다. 엄마가 없는 우리 집, 엄마 없는 아이들과 나는 있을 수 없습니다. 엄마 없이는 이 슬픔과 아픔도 견뎌낼 수 없습니다. 엄마는 우리의 뿌리이며, 우리의 기둥이며, 우리의 버팀목입니다.

누가 나에게 엄마의 삶을 한마디로 표현하라면, 엄마의 인생은 '촛불'이었다고 말하고 싶습니다. 희생과 사랑! 그 사랑 받아먹고 자라서 오늘의 내가 되었습니다. 그리고 또 하나의 가정을 이루었습니다. 어릴 때 아버지와 엄마가 부부싸움을 하시면 난 몇 번씩 엄마가 옆에 계시는지 확인하고 나서야 잠이 들었습니다. 학교에 가도 혹시 엄마가 우리를 버리고 도망가면 어쩌나 생각되어 도무지 공부에 집중할 수가 없었습니다. 얼마나 불안하고 슬펐는지 모릅니다. 엄마의 마음을 아프게 하는 아버지가 얼마나 미웠는지 모릅니다.

자식들 제대로 키우겠다는 일념 하나로 엄마는 사셨습니다. 엄마의 두 어깨에는 늘 무거운 짐이 가득 지워져 있었습니다. 엄마 때문에 우리 4남매는 자신감을 잃지 않고 밝게 자랐습니다. 가난한 살림을 혼자 도맡아 꾸려가며 우리를 공부시켰던 엄마, 가난해도 악착같이 자식들을 공부시켰습니다. 공부 욕심이 많았던 우리 4남매는 열심히 공부했고, 도시로 유학을 떠났습니다. 학비 걱정과 생활비 때문에 한숨 쉬는 엄마의 사정은 아랑곳하지 않았습니다.

나는 엄마의 사랑을 원도 한도 없이 받은 행운아입니다. 4남매 중 막내로 태어나 엄마의 사랑을 독차지하며 자랐습니다. 엄마는 늘 제게 말씀하셨습니다. "젊어서는 잘 몰랐는데 나이 들어 너를 낳고 보니 얼마나 사랑스러운지, 땅에 내려놓고 싶지 않아 늘 등에 업고 다녔고 어디든 널 데리고 다녔단다." 손자손녀 키우며 사위와 막내딸 박사 만드느라, 또 아픈 사위 간호하느라 고국을 등지고 사신 어머니. 막내딸 때문에 흘린 엄마의 눈물은 언제쯤 마를까요? 기쁨의 날은 언제쯤 올까요? 엄마가 나를 보며 환하게 웃는 날은 언제일까요?

남편을 보낸 지 일주일이 되었습니다. 엄마는 자꾸 나를 다그칩니다. "너 정신 차려야 해. 오늘부터 사무실에 나가라. 일 못 하겠으면 그냥 앉아 있다가 와. 울더라도 거기 가서 울고. 집에서 축 처져 있는 모습 더 이상 보고 싶지 않다." 엄마의 성화에 못 이겨 사무실에 나갔습니다. 도무지 일이 손에 잡히지 않습니다. 일에 집중하려 해도 생각대로 되지 않습니다. 머리가 따로 놀고 가슴이 따로 놀고, 손발도 제각기 따로 놉니다. 가슴이 답답합니다. 숨이 멎어버릴 것 같습니다. 슬픔은 시도 때도 없이 나를 괴롭힙니다. 그리움이 한꺼번에 몰려옵니다.

"오늘 밤도 엄청난 슬픔이 다시 터졌다. 실성한 말들, 격렬한 분노, 원망스러움, 위의 불규칙적인 울렁거림, 악몽 같은 비현실성, 범벅이 된 눈물, 슬픔 때문에 모든 것이 안정을 잃어버리고 있다. 하나의 슬픔을 떨치면 또 다른 슬픔이 계속 나타나고 그것은 언제나 반복적으로 일어난다. 끝도 없이 일어난다. 모든 것이 반복된다. 내가 끝없는 원을 따라 빙빙 돌고 있는가? 아니면 내가 종점이 있는 나선 위에 있기를 감히 바랄 수나 있을는지? 만일 내가 나선 위에 있다면 내가 위로 올라가는 것일까 아니면 내려가는 것일까?" C. S. 루이스가 사랑하는 아내를 잃고 극심한 고통과 슬픔 속에서 토해낸 말입니다. 내 마음의 상태를 얼마나 잘 표현해놓았는지 큰 위로가 되었습니다.

글을 쓰기로 했습니다. 아픔과 슬픔을 비워낼 수 있는 글을 쓰기로 했습니다. 무엇이든 닥치는 대로 쓰기로 했습니다. "당신 나 죽고 나면 글을 써봐. 내 생각날 때 글을 써보라고." 하던 남편의 말이 생각났습니다. 글을 써내려가며 내 안에 가득 고인 슬픔의 잔을 조금씩 비워갔습니다. 컴퓨터 앞에 앉아 자판을 두드리며 한없는 눈물을 쏟아내었습니다. 지난 8년 동안 너무 많이 울어서 눈물이 다 말랐을 법도 한데 어디서 솟아나는 눈물인지 도무지 멈추지를 않습니다. 눈가가 짓무를 정도로 울었습니다. 남편에게 편지를 썼습니다. 어머니에게 편지를 썼습니다. 그리고 고난의 짐을 함께 짊어지고 가야 할 아들과 딸에게도 편지를 썼습니다.

편지를 써도 답답함이 가시지 않고 뜨거움이 가슴 밑바닥으로부터 차오르면 미친 사람처럼 집 뒤에 있는 숲으로 달려갔습니다. 그리고 뜨거운 가슴을 풀어헤칩니다.

그리움

당신을 향한 그리움이 고개를 들면
하늘을 바라본다.

함박웃음 머금은 당신
내 이름 부르며 달려올 것 같아
애처로이 하늘만 멍하니 바라본다.

당신이 있어서 그리운 나라
당신을 만날 수 있어 가고픈 나라
그러나
부름 없인 갈 수 없는 안타까운 나라여서
차라리 가슴 가득 하늘을 품는다.
당신이 안겨 있는 하늘을 **품는다.**

당신을 향한 그리움이 목까지 차오르는 아픔이 되면
숲으로 달려간다.
당신과 함께하던 추억의 자리로 간다.

그리워 울고

외로워 울고

아파서 울다

함께했던 날들을 노래하다가

혼자서 걸어온 길 이야기하다

내일 일 부탁하며

그리움 얼마큼 숲에게 주고

그리움 얼마큼 새에게 주고

그래도 못다 준 그리움

가슴에 안고

나 혼자 울 수 없어

주님 품에 안기어 운다.

   흐르는 눈물을 아직도 주체할 수 없습니다. 혼자 가만히 앉아 있으면 아픔과 슬픔이 밀려옵니다. 사람들을 만나는 게 싫지만 용기를 내어 어머니 학교에 입학했습니다. 그런데 첫날 숙제에 '남편에게 편지 써오기'가 있네요. 울지 않으려고 어머니 학교에 갔는데 더 많이 울게 하는 편지 쓰기 숙제! 할 수 없나 봐요. 슬픔을 또 한 겹 벗겨내기 위해, 또 토해내는 작업을 해야 하나 봐요.

하늘에 띄우는 사랑의 편지

어머니 학교 첫날, 남편에게 편지를 써오라며 봉투와 편지지를 건네주네요. 핑크빛 봉투와 편지지를 바라보며 쓸쓸해지는 마음을 달랠 길이 없습니다. 주소가 없어 우체통에다 넣을 수 없는 편지, 하늘에 부쳐야 하는 편지라서요. 당신이 내 곁에서 내가 쓴 편지를 전해 받는다면 너무너무 행복해했을 텐데…… 당신은 내게 편지받는 것을 유난히도 좋아했지요. 편지 한번 받으면 며칠씩이나 신바람 나했던 당신. 아파서 누워 있던 기간에도 연애 시절부터 모아온 편지를 한 장씩 꺼내 읽어달라며 얼굴을 붉히던 당신. "원도 한도 없이 사랑했다"며 틈만 있으면 내게 사랑을 고백했던 당신. 난 당신에게 참 많은 편지를 받았지요. 팩스 편지, 이메일 편지, 수없이 많은 카드와 빽빽이 채운 편지지들.

오늘 내가 쓰는 사랑의 편지가 당신한테 무슨 의미가 있을까요? 절절한 내 사랑을 밤새워 쓴다 해도 그전처럼 당신에게 행복과 기쁨을 전해줄 수 없겠지요. 하나님 나라에서 당신이 매일 경험하는 최상의 희락과 행복 때문에 말이에요. 당신을 주님 품에 보내고 한 달 만에 당신에게 편지를 썼지요. 그리고 두 달쯤 지나서, 외로움이 사무치던 가을날 '그리움'이란 제목으로 당신을 생각하며 시를 지었고요.

그리고 벌써 또 몇 달이 지나갔네요. 시간이 빨리 지나는 게 다행입니다. 감사합니다. 나도 당신처럼 이 땅의 수고로움에서 속히 자유로워지고 싶고 주님 품에서 안식하고 싶은 사람이니까요. 생각해보니 눈코 뜰 새 없이 바빴던 시간들이었습니다. 당신 생각하지 말고 사역하라고 말씀하시는 듯, 하나님은 정말 제 스케줄을 바쁘게 바쁘게 돌리고 계십니다. "헛생각 말고 일하라" 하시나 싶어 순종하며 달려온 세월이었습니다. 당신이 유언으로 남긴 편지 생각하면서요. "당신, 힘내서 열심히 살아야 해. 어깨 활짝 펴고 기죽지 말고 말이야. 내 생각하며 주저앉아 울고 있을 틈이 없어. 그럴 시간 있으면 내가 그토록 하고 싶었던 일, 사람 살리는 일 하라고." 힘없이 주저앉고 싶은 날에도, 지치고 곤비해 울고 싶은 날에도 늘 당신의 말이 귓전에 맴돌았지요.

내게 다시 일어날 힘을 전해주는 마력을 가진 당신의 유언! 그 유언 때문에 오늘까지 잘 견뎌왔어요. 죽을 만큼 힘들어도 잘 견뎌왔어요. 아이들도 신기할 만큼 잘 지내고 있고요. 이 모두가 당신이 우리 곁을 떠나기 전 하나님께 기도한 응답의 열매라 여겨져요.

당신이 떠난 후 오늘까지, 만나는 사람마다 기회가 주어질 때마다 당신의 삶과 죽음을 이야기하고 있습니다. 이 이야기를 전하는 것이 하나님께서 내게 맡겨주신 또 하나의 사명이라 여겨져 "당신을 만나주셨던 주님, 당신의 선한 목자 되셨던 주님, 사망의 음침한 골짜기에서 당신과 함께 계셨던 주님, 당신을 천국으로 인도하셨던 주님"을 열심히 전하고 있습니다.

나는 당신이 정말 자랑스럽습니다. 당신의 아내 된 것이 너무나 자랑스럽습니다. 멋지게 살아주어서 정말 고마워요! 아름다운 간증을 나와 아들 딸에게 남겨주고 가서 고마워요. 나도 당신처럼 멋지게 살다가 당신처럼 그렇게 죽고 싶어요. 당신이 내게 부탁한 일 열심히 하다가 주님 부르시는 날, 그 날 거기서 만납시다. 천사와 함께 나를 마중 나올 당신을 기대합니다. 당신을 생각하며 가슴에 쌓인 그리움을 하늘에 띄웁니다.

당신의 아내 숙 드림.

아이들과도 사랑과 위로의 글, 격려의 편지들을 주고받았습니다.

사랑하는 엄마에게

엄마, 지난 수년 동안 엄마와 우리 가족이 함께 보낼 수 있는 시간이 점점 줄어갔던 것을 기억합니다. 그사이 어머니날은 우리 곁을 찾아왔다가 스쳐 지나가곤 했습니다. 어떤 땐 그냥 지나쳐버릴 때도 있었고, 어떤 땐 "Happy Mother's Day"라는 말만 전하고 축하도 못 해드리고 넘어갈 때도 있었습니다. 그동안 제가 어머니날 드린 대부분의 카드에는 이런 말을 적었던 기억이 납니다. "엄마, 엄마가 베풀어준 모든 것에 대해 감사드려요." "제가 필요할 때면 언제나 저와 함께해주셨음에 감사드려요." "엄마의 후원과 격려에 감사드려요." "제게 엄마를 주신 하나님께 감사드려요."

그런데 올해는 다른 어떤 때보다 엄마에게 하고 싶은 말이 많아요. 아빠가 우리 곁을 떠나시고 처음으로 맞는 어머니날이네요. 항상 어머니날이면 아빠랑 같이 카드도 쓰고 축하파티를 했는데, 이번엔 아빠 없이 보내는 쓸쓸한 어머니날이네요.

엄마, 기억나세요? 엄마가 저와 함께, 그리고 가족과 함께 시간을 보내주지 않을 때 제가 짜증을 냈던 일 말이에요. 제가 아무리 짜증을 부리고 화를 내어도 엄마는 아랑곳없이 긴급 상담이 있을 때면 집에 늦게 들어오

시곤 하셨어요. 사람들 만나는 일로, 그리고 세미나와 성경공부 인도하는 일로 늦게 귀가하는 날이 많으셨습니다. 제가 아무리 불평하고 화를 내어도 변하는 것은 없었습니다. 그러던 중 어느 날부터인가 엄마는 제게 많은 사람들이 엄마의 강의에 도움을 받고 있으며, 그 강의로 인해 그들의 삶이 얼마나 변했는지에 대해 이야기해주곤 하셨지요. 그 때문에 그들은 엄마에게 참으로 감사해하고 있다고 하셨고요. 엄마가 다른 사람들을 위해 이런 일을 하는 것이 얼마나 보람 있고 기쁜지도 이야기해주셨어요.

엄마의 이야기를 들으면서 전 더 이상 화를 내지 않기로 했습니다. 오히려 엄마가 많은 사람들의 삶에 중요한 영향력을 미치는 것으로 인해 감사하고 행복했습니다. 엄마, 이젠 알겠어요. 엄마가 집에 빨리 들어오길 바라고 가족과 더 많은 시간을 보내주길 원했던 것은 모두 다 저의 이기적인 마음이었다는 것을요. 이젠 하나님께서 이 일을 엄마에게 맡기셨다는 사실을 인정하고 받아들일게요. 그리고 아들로서 제가 해야 할 일은 엄마의 도움이 필요한 많은 사람들과 엄마를 나누어 가져야 한다는 사실도 받아들일게요.

엄마, 엄마는 제게 성공적인 삶이란 구체적으로 어떤 것인지를 가르쳐주셨어요. 엄마의 삶을 통해서 말입니다. 엄마가 박사학위를 받아서가 아니에요. 돈이 많은 부자여서도 아니고, 좋은 물건들을 소유하고 있어서도 아니에요. 성공적인 삶의 척도란 얼마나 많은 사람들에게 도움을 주고, 영향력을 끼치며, 얼마나 많은 사람들이 엄마의 도움을 필요로 하는가로 잴 수 있어요. 그렇게 볼 때 엄마는 정말 성공적인 삶을 살고 계십니다.

최근 들어 저는 여러 가지 일로 생각이 참 많았어요. 제 친구들은 학교 성적 때문에, 그리고 외출이나 밖에서 보내는 시간 때문에 부모와 전쟁을 치르는 일이 많이 있습니다. 그러나 엄마는 늘 제가 하는 모든 일에 격려해주시고 후원해주셨습니다. 엄마가 필요할 때 언제나 저를 위해 함께해 주셨음에 감사드려요. 제 짜증과 불평을 다 받아주신 것도 감사드려요. 필요할 때마다 라이드해주신 것도 감사드리고 저를 믿어주신 것도 감사드려요. 바쁜 가운데서도 재인이와 저를 첫 번째 우선순위에 두신 것을 감사드려요. 엄마의 사랑에 감사드리고, 좋은 엄마가 되어주신 것 감사해요.

그리고 마지막으로 엄마의 아들로 저를 낳아주셔서 감사드려요. 부족한 점이 많이 있다 하더라도 엄마의 더 좋은 아들이 되기 위해 늘 최선을 다할게요. 물론 하나님의 도우심이라야 그 일도 가능하겠지만요. 엄마, 저는 이렇게 생각해요. 엄마는 참으로 부자시라고요. 왜냐고요? 좋은 엄마가 된다는 것은 이 세상에서 최고로 많은 월급을 받는 일이고, 그로 인해 지불받을 대가는 온전하고 순수한 사랑이기 때문이지요.

언제나, 그리고 영원히 엄마를 사랑할 아들 준용 올림.

엄마가 성공한 사람이라며 부족한 엄마를 인정해주는 아들, 엄마를 자신만 독차지하지 않고 도움이 필요한 다른 사람과 나눠 갖기로 했다는 아들의 편지는 한없는 위로가 되었습니다.

자랑스런 아들, 준용이에게

준용아, 엊그제 고등학교에 입학한 것 같은데 벌써 1년이 지나가고 학기의 막바지에 이르렀구나. 버겐 아카데미에서 지낸 1년간은 결코 네게 쉬운 시간들이 아니었지. 입학 후 공부하기 어렵다고들 하는 학교에서 네가 잘 적응해낼 수 있을지 엄마는 걱정이 많았단다. 매일매일 주어지는 숙제에다 크고작은 프로젝트와 발표할 것들을 앞에 두고 끙끙대는 너를 보며 안쓰러운 생각이 들 때가 한두 번이 아니었다. 수면시간도 늘 부족했고, 어디 그뿐이었니? 아빠의 간호를 위해 집안에서 네가 맡아하는 일도 많았고 말이야. 근데 넌 잘해내었어. 정말 잘해냈어. 그 많은 과제들 앞에서 시간을 잘 관리하며 여러모로 치우침 없이 균형 잡힌 가정생활, 학교생활, 그리고 교회생활도 잘해내었어.

무엇보다 엄마는 너의 위기관리 능력에 찬사를 보내지 않을 수 없다. 아마 지금까지 너의 인생 가운데 올해가 가장 힘들고 어려운 해였을 거야. 그동안 쉬엄쉬엄 해왔던 공부도 수준이 현저하게 달라졌고, 아빠의 병세가 악화되면서 급기야는 아빠를 떠나보내는 아픔을 겪어야 했던 너. 엄마는 우리 가족 중 누구보다도 네 걱정을 많이 한단다. 예민한 사춘기 시절의 혼란과 변화를 겪는 것만으로도 쉽지 않은 일인데, 엎친 데 덮친 격으로 상실의 아픔까지 겪어야 하는 너를 바라보며 마음이 얼마나 아픈지! 여러 가지 어려운 일들이 한꺼번에 밀어닥쳐 내 아들 준용이가 쓰러지면 어떡하나? 어른도 감당하기 어려운 일, 아직도 어린 네가 어떻게 감당해낼 수 있을까? 그런데 넌 엄마의 걱정이 무색할 만큼 씩씩하고 꿋꿋하게 어려움을 잘 이겨내고 있다. 그런 네가 얼마나 자랑스럽고 대견한지 모르겠다. 정말 고맙다. 힘든 일, 힘든 시간 잘 이겨내주어서!

준용아, 어려서부터 유난히도 어려움을 많이 겪은 네가 앞으로는 더 이상 힘든 일을 겪지 않았으면 좋겠다는 것이 엄마의 바람이다. 근데 세상일은 우리의 계획과 생각대로 되지 않는다는 것, 너도 잘 알고 있지? 너의 인생에 비가 오는 날, 눈보라와 폭풍우가 치는 날, 강풍이 부는 날, 너를 꼭 안고 그 폭풍 속에서 너를 지켜주고 싶은 것이 엄마의 마음이야. 하지만 너의 성장을 위해서는 눈보라도 필요하고 비바람도 필요하단다. 성장! 성장을 위해서 필요하다면 피해서는 안 되겠지. 이런 것들이 너를 더 단단하고 강하게 키워줄 테니까 말이야. 너를 더 깊고 넓게 만들어줄 것이고, 더 높은 곳을 보게 해줄 테니까 말이야.

준용아, 오늘 우리에게 주어진 현실을 불평하거나 원망하기보다 그 속에서 우리가 배워야 할 것들을 피하지 말고 배워나가자. 어렵지만 감사하면서 겸손한 마음으로 배워나가자. 너는 벌써 이 일을 잘해내고 있어! 힘을 내라! 조금만 더 견뎌내라! 너를 위해 기도하며, 너를 축복한다. 온 마음을 다해.

너를 너무나 사랑하는 엄마로부터.

하루가 다르게 커가는 아이들을 바라보는 일은 슬픔 가운데 있는 나에게 무한한 기쁨을 가져다줍니다. 아픔과 슬픔을 이길 힘을 그들에게서 얻습니다. 주저앉아서 울지 말아야 할 이유를 아이들이 가르쳐줍니다. 무한한 위로와 격려를 받으면서 엄마는 조금씩 더 강해져가고 있습니다. 재인이가 내게 편지를 보내왔습니다.

사랑하는 엄마에게

엄마, 저 재인이에요. 우리를 사랑해주셔서 고마워요. 엄마는 우리가 어려울 때나 슬플 때 우리를 지지해주셔요. 가끔씩 할머니가 우리를 이해해주지 못할 때 엄마에게 달려가면 엄마는 늘 우리를 위로해주셨어요. 엄마는 늘 엄마 자신보다는 우리 생각을 먼저 하시고, 엄마가 원하는 것보다는 우리가 원하는 것에 더 관심을 가져주셨어요. 레크리에이션이나 콘테스트가 열릴 때면 엄마는 항상 제게 이렇게 말씀하셨어요. "우리 재인이는 일단 시작만 하면 무엇이든 잘해내요." 뭔가를 포기하려고 하면 저를 격려해주시죠. "재인이는 할 수 있어요. 재인이는 노력하면 무엇이든 빨리 배워요." 엄마의 그 말씀은 제게 새로운 일을 시도할 수 있는 용기와 동기를 부여해주었어요.

엄마, 아빠가 돌아가신 후 힘들어하시는 것 잘 알고 있어요. 하지만 엄마, 힘을 내셔야 해요. 엄마의 미래를 위해, 엄마의 일을 위해, 그리고 우리를 위해, 우리 가족을 위해서요. 저는 하나님께 감사드려요. 우리가 천국에 갈 때 아빠를 다시 만날 수 있는 소망을 주신 하나님께요.

엄마, 제가 잘못된 행동을 해서 가끔 엄마를 화나게 하고, 슬프게 해드려서 죄송해요. 노력하고 또 노력할게요. 제가 더 책임감 있게 더 좋은 행동을 하도록 계속 기도해주세요. 더 좋은 딸이 되도록 노력할게요. 엄마를 사랑해요. 이만큼(I love you 100,000,000,000,000,000,000,000,000,000×). 로버트 먼치가 『언제까지나 너를 사랑해Love You Forever』에서 엄마에 대한 저의 마음을 잘 표현하고 있네요. "언제까지나 사랑할 거예요. 언제까지나 좋아할 거예요. 내가 살아 있는 동안 내내. 엄마는 언제까지나 나의 엄마이니까요."

엄마의 하나밖에 없는 딸, 재인으로부터.

남편을 보낸 뒤로 나는 좋은 일에도 우는 버릇이 생겼습니다. 기쁜 날에도 우는 버릇이 생겼습니다. 함께 나누지 못하는 기쁨이 아쉬워서입니다. 아이들과 관련된 일이면 더욱 그렇습니다. 재인이의 초등학교 졸업식 때 재인이에게 쓴 편지입니다.

세상에 하나밖에 없는 딸, 재인에게

재인아, 졸업을 축하해. 벌써 초등학교에 입학한 지 6년이 지났구나. 언제나 엄마의 어깨를 으쓱하게 만들어주는 자랑스런 딸, 재인아. 오늘은 정말 기쁜 날이었다. 졸업식에서 학생 대표로 연설을 하고, 여러 가지 상을 휩쓸어버린 너를 보며 엄마는 기뻐서 정신을 차릴 수 없었단다. 무대에서 선생님이 네 이름을 부를 때마다 졸업 축하객들과 학생들은 "또 재인이야?"라는 소리를 계속 해대었다. 며칠 전 학교에서 공연했던 뮤지컬 〈미녀와 야수)에서 넌 주연 역할을 멋지게 소화했지. 그 감동을 아직도 간직하고 있는데 오늘 졸업식에서 또 감동을 주다니! 또 그렇게 또박또박 연설을 잘하다니! 자랑스런 엄마 딸, 재인, 정말 수고했어!

늘 자신감으로 차 있는 너를 바라볼 때마다, 무엇이든 최선을 다하는 너를 볼 때마다 엄마는 감사할 뿐이다. 뮤지컬 단원을 뽑는 오디션 준비기간에 했던 네 말이 생각난다. "엄마, 나는 주연 안 되면 다른 역할은 안 할 거예요. 조연은 안 할 거예요. 차라리 뒤에서 무대관리나 할 거예요." 그 말을 듣고 걱정이 된 내가 너에게 했던 말 기억나니? "조연도 괜찮아, 꼭 주연만 해서 좋은 것은 아니야. 무엇을 하든 네가 즐겁게 할 수 있으면 되는 거야." "그래도 난 싫어요. 나는 꼭 주연을 맡을 거예요." 그러면서 넌 세 차례에 걸친 오디션을 위해 열심히 대사를 외우고 노래를 부르며 연습하고 또 연습했지. 너무 열심히 노력하는 너를 보며 엄마도 기도하지 않을 수 없었다. "하나님, 재인이가 저렇게 열심히 준비하는데 저 열심 보셔서 주연시켜주시면 안 될까요? 꼭 기억해주세요, 네?" 이렇게 말이야.

너의 소원대로 그리고 엄마의 기도대로 너는 주인공으로 뽑혔고, 매일 방과 후에 팀들과 함께 열심히 연습을 했지. 몇 개월이 지나고 드디어 뮤지컬 공연이 있던 날, 조그만 체구의 동양 아이가 주연이 되어 아름다운 목소리로 독창을 하고 열연을 펼치는 모습에 관객들은 금세 너의 팬이 되어버렸다. 그들은 계속 박수를 보냈지. 엄마는 박수를 치지도 못 했단다. 너의 대사를 한마디도 놓치지 않으려고 숨죽여가며 귀를 세우고 있느라 말이야. 눈이 네게만 고정되어 있어서 다른 아이들은 제대로 쳐다보지도 못 했다. 우레와 같은 박수갈채와 함께 공연이 끝이 났다. 퇴장하는 너를 향해 수많은 아이들이 몰려와 사인을 해달라고 했지. 그 장면을 바라보며 엄마가 얼마나 행복하고 감사했는지, 그리고 얼마나 뿌듯했는지 아니? 그 기쁨과 행복 속에서 엄마는 꿈을 꾸었다. 재인이를 통해 더 많은 사람들이 기쁨을 얻고 행복해졌으면 좋겠다. 그리고 더 많은 사람들이 축복을 받았으면 좋겠다!

근데 미안해, 재인아! 이 기쁜 시간에 갑자기 아빠 생각이 난다. 아빠가 지금 네 곁에 있으면 얼마나 좋았을까? 아빠가 지금 여기에 있다면 아마 난리가 났을 거야. 너를 껴안고, 물고 빨고, 볼을 비벼대고 공중에 들어 올렸다 내리고. 너는 기억이 잘 나지 않겠지만 아빠는 네가 좋아 늘 그러셨거든. 그러면 넌 친구들 앞에서 창피하다고 소리 지르며 어디론가 도망갔을 거야. 아들딸을 너무너무 사랑하는 아빠도 지금 너를 축하하고 있겠지? 엄마처럼 너를 바라보며 기뻐하고 행복해하겠지? 하늘나라에서 말이야.

재인아, 축하해. 재인아, 사랑해. 하늘만큼 땅만큼.

재인이 초등학교 졸업식 날에 엄마가.

아빠 생각이 나면 우리 가족은 함께 모여 아빠 이야기를 나누었습니다. 앨범을 보기도 했습니다. 함께 모여 울기도 했습니다. 힘든 점이 있으면 모두 털어놓았습니다. 그리운 마음을 이야기했습니다. 어느 날 아들이 내게 말했습니다. "엄마, 나는 우리 집이 참 좋아요. 무슨 이야기든 함께 나눌 수 있어서요. 친구네는 어려운 일이 생겨도 식구들이 서로 눈치만 보면서 한마디 말도 하지 않는대요. 그런데 우리 집은 어떤 일이든 다 이야기하잖아요. 슬픈 일도 기쁜 일도 감사한 일도 힘든 일도. 그래서 나는 우리 집이 좋아요."

아빠의 묘지에 가면 우리는 아빠가 가장 좋아하는 성경구절을 읽고 아빠가 좋아하는 찬송을 함께 불렀습니다. 그리고 함께 기도했습니다. 어떤 날은 내가 묻습니다.

"오늘은 아빠가 너희에게 무슨 말씀을 하실 것 같니?"

나의 질문에 아이들이 대답합니다.

"응, 참 잘하고 있어. 너희가 자랑스러워."

"너무 걱정하지 마. 잘될 거야."

"공부가 세상에서 제일 중요한 건 아니야."

"아빠가 부탁한 것 잊지 않고 있지? 하나님 사랑하고 이웃 사랑하기."

"사랑해, 너희가 보고 싶어."

그때그때 떠오르는 생각과 기분을 우리는 나눕니다. 부활절이 오면 종려나무로 엮은 십자가를 꽂아놓고 크리스마스엔 작은 트리를 세우고…… 그리고 그 위로 세월이 흐르고 묘비가 조금씩 자리를 잡아가고 우리의 슬픔도 조금씩 씻기어가고, 그래서 조금씩 덜 울게 되고…… 치유는 찾아오고 있습니다. 비록 더딘 속도이긴 하지만요.

난 아직도 화가 나요!

준용이는 어릴 때 정말 행복한 아이였습니다. 그 아이의 얼굴은 웃음으로 가득했습니다. 입으로도 웃고, 눈으로도 웃고, 깔깔대는 소리가 자지러질 듯 멈추지 않던 아이였습니다. 그런데 아빠가 투병생활을 시작하면서 그런 아이의 얼굴에 웃음이 조금씩 사라져갔습니다. 중고등학생이 되면서 아빠의 병세는 날로 악화되어갔고, 때문에 학교 갔다 돌아오면 아빠의 손과 발이 되느라 준용이에겐 과외활동이나 자원봉사를 할 시간이 거의 없었습니다. 공부하다 말고 시도 때도 없이 아빠의 심부름을 해야 했으니 집중해서 공부하기가 쉬운 일이 아니었습니다. 좋은 대학에 가려면 공부뿐 아니라 특별활동이나 자원봉사, 재능과 특기 면에서 두각을 나타내야 하는데 우리 집 형편에는 그 일을 뒷받침할 힘이 전혀 없었습니다. 학원 보낼 돈도 없었고 학원에 차로 태워다줄 수도 없었습니다. 능력 있는 아이를 제대로 뒷바라지하지 못하는 마음은 쓰리기만 했습니다.

어린 시절 온 동네를 누비며 신나게 뛰어놀던 아이가 아빠가 아픈 후부터는 노는 것을 아예 접고 고등학교 시절을 보내야 했습니다. 어린아이가 가족 걱정하느라 자신의 욕구는 다 뒤로하고 애늙은이로 살아갔습니다. 그런 중에도 UCLA에 합격했고 장학금을 받으며 공부하게 되었으니 감사할 뿐이었습니다. 학교를 다니면서도 용돈을 벌기 위해 워크 스터디(work study)를 하며 인턴 과정도 학기마다 빠짐없이 열심을 다했습니다.

로스엔젤레스는 환상적인 날씨에다 해안을 따라 여기저기 아름다운 비치가 있어서 놀기에는 그보다 더 좋은 곳이 없을 정도의 도시입니다. 친구들은 주말이면 바다다 산이다 하며 즐겁게들 노는데 자기는 놀지 못한다고 내게 하소연했습니다. 왜냐고 물었더니 "어쩐지 놀아서는 안 될 것 같은 생각이 들어서요!"라고 했습니다. 가슴이 아팠습니다. "열심히 놀아, 신나게 한번 놀아봐. 주말엔 공부 생각 말고 그냥 쉬어. 시험 볼 때 열심히 하면 되잖아. 그리고 성적에 너무 신경 쓰지 말고!"

사실 준용이를 멀리 서부까지 보내게 된 데는 이유가 있습니다. 첫 번째로는 준용이가 너무 좋아한 학교였고, 둘째로는 그곳에서 가장 많은 장학금을 받아서였습니다. 또한 오랫동안 맘고생 많이 했던 아들이 집 걱정하지 말고 자유롭게 살아보라는 나의 생각도 결정에 한몫을 했습니다. 멀리 떠나보내기가 쉽지 않았지만 마음껏 놀고 하고 싶은 것 하라고 기회를 주고 싶었습니다.

대학교 3학년이 되던 해, 방학이 되어 아이가 집에 돌아왔습니다. 준용이의 얼굴엔 어두운 그늘이 남아 있었습니다. 그것이 늘 마음에 걸렸습니다.

"준용아, 아직도 많이 힘들어? 아빠가 돌아가신 것 때문에 아직도 힘들어?"

"엄마, 내 고등학교 시절을 생각하면 캄캄하기만 해요. 캄캄하고 어두워서 아무것도 생각나지 않아요."

"그랬구나!"

"엄마, 이번 봄방학 때 교회에서 대학부 수련회를 갔어요. 그런데 그곳에서 참 이상한 일이 있었어요. 수련회 3일 동안 저녁시간엔 집회를 했는데 인도하시는 목사님이 특별한 은사를 가진 분이셨어요. 메시지를 다 전하고 기도할 시간이 되었는데 그 목사님께서 '여기에 아빠 때문에 마음이 많이 아픈 사람이 있다!' 고 말씀하시는 거예요. 그 말씀이 끝나자마자 갑자기 눈에서 눈물이 나오는 거예요. 그때부터 시작해서 한 시간 이상을 뒹굴며 울었어요. 다른 아이들은 기도 끝나고 다 자리를 떠났는데 저는 계속해서 울기만 했어요. 속에서부터 솟구쳐 오르는 울음을 멈출 수가 없었어요. 그런데 그 후에 마음이 가벼워지는 것을 느꼈어요."

"하나님이 너의 아픔을 만져주셨구나!"

그리고 조심스럽게 물었습니다.

"근데 준용아! 너, 아빠를 살려주시지 않은 하나님에 대해서 아직도 화가 나니?"

"네."

"그럼 하나님께 화가 난다고 말씀드린 적 있니?"

"아뇨!"

"화가 나면 화가 난다고 말씀드려. 하나님, 우리 아빠 살려달라고 그렇게 기도했는데 왜 제 기도 안 들어주셨어요? 그 일 때문에 전 하나님께 화가 많이 났어요. 아직도 화가 나고요! 이렇게 말이야."

"그래도 괜찮을까요?"

"그럼, 괜찮고말고. 엄마는 그동안 하나님께 화풀이를 많이 했단다. 속상할 때면 운전 중에 소리도 질렀지. 아무도 없는 자동차 안이니까 마음 놓고 울고 화를 냈단다. 성경에 보면 하나님께 화난다고 그때그때 솔직하게 말씀드린 사람이 있어. 엘리야! 왕후 이세벨이 자기의 목숨을 찾고 있을 때 두려움에 떨던 엘리야가 차라리 자기 목숨을 데려가달라고 하나님께 화가 나서 항의한 거야……. 그때 하나님은 엘리야를 꾸중하지 않으셨어. 엘리야의 화난 마음을 이해하셨으니까. 그리고 지쳐 있는 그를 회복시키셨단다. 욥의 경우도 마찬가지고."

조심스레 나는 말을 이었습니다.

"준용아! 엄마랑 그 문제를 가지고 기도하지 않을래? 전부터 엄마는 너에게 물어보고 싶었어. 하나님께 화가 나지 않느냐고. 그런데 오늘에야 물어보는구나. 우리 함께 기도할까?"

준용이가 또 울기 시작했습니다. 준용이의 아픈 마음, 화난 마음을 아이의 입장에 서서 대신 하나님께 아뢰었습니다.

"하나님, 제가 얼마나 서운했는지 아세요? 얼마나 실망했는지 아세요? 하나님, 제가 얼마나 화가 났는지 아세요? 그렇게 오랫동안 아빠 살려달라고 기도했는데 어떻게 아빠를 데려가실 수 있으세요? 하나님, 너무하셨어요. 전 아직도 화가 나요. 어떻게 해야 할지 모르겠어요. 하나님, 저를 도와주세요."

준용이의 울음소리가 흐느낌으로, 그리고 통곡으로 변해갔습니다. 기도가 끝나고 한참 후 준용이가 말했습니다.

"절 이해해주셔서 고마워요. 엄마랑 이런 이야기를 할 수 있어서 너무 좋아요. 저의 문제점을 꼬집어주시고, 그 문제를 해결할 수 있도록 도와주셔서 감사해요. 이제는 하나님께 화난 일이 있으면 제가 직접 말씀드릴게요. 제가 하나님과 더 가까워질 수 있도록 기도해주세요. 부탁이에요, 엄마."

시간이 지나면서 준용이 마음에 하나님에 대한 원망과 분노와 서운함이 조금씩 사라졌습니다. 그 자리에 하나님을 향한 믿음과 사랑이 채워지기 시작했습니다. 준용이는 이제 미소와 삶의 활력을 되찾았습니다.

아빠의 선물

2011년 3월 31일은 내 삶에서 결코 잊을 수 없는 날입니다. 버지니아에서 가정사역 컨퍼런스를 끝내고 스태프진과 저녁식사를 하려는데 재인이가 전화를 했습니다.

"엄마, 나 하버드 대학 됐어요!"

그 소식을 듣는 순간, 식당 밖으로 뛰쳐나갔습니다. 내 생애 최고의 순간이었습니다. 그 순간의 기쁨과 감격을 어떻게 표현할 수 없습니다. 재인이의 하버드 소식을 전하니 한바탕 식당 안이 시끌벅적했습니다. 재인이 합격 소식 때문에 저녁식사 자리는 축하 턱이 되어버렸습니다. 행사준비로 인해 힘들었던 것과 그동안 쌓인 피로가 확 풀리는 듯했습니다. 그리고 없던 힘이 솟아났습니다. 재인이와 함께하지 못하는 그 순간이 너무나 아쉽게 느껴졌습니다. 빨리 집에 가서 재인이를 끌어안고 덩실덩실 춤을 추고 싶었습니다. 버지니아에서 돌아오는 길에 교통체증이 없는데도 달리는 차가 느림보 거북이처럼 느껴졌습니다. 집에 돌아와 재인이를 얼싸안았습니다.

"축하해! 난 네가 해낼 줄 알았어! 어떻게 우리에게 이런 일이! 하나님, 어떻게 우리에게 이처럼 좋은 선물을 주시는 거예요?"

사실 재인이가 입학원서를 냈던 여러 대학으로부터 '전액 장학금' 수혜 소식과 함께 합격통지서를 받았습니다. 그런데 대학 합격자 발표 마지막 날 하버드 대학으로부터 합격통지서를 받은 것입니다. 재인이가 하버드 대학에는 지원하지 않겠다는 바람에 원서를 작성할 즈음 우여곡절이 많았습니다. 자기는 하버드 갈 실력이 안 되니까 내봐야 소용이 없다는 것이었습니다. 통사정을 했습니다. "재인아, 안 돼도 괜찮아. 하지만 최선은 다해보는 거야. 시도를 하고 나서 결과가 안 나오면 하나님의 뜻이라고 생각하고 그냥 받아들이면 되는 거야. 그런데 해보지도 않고 미리 포기하는 것은 바람직하지 않아. 그렇게 되면 나중에 후회할 수도 있거든. 그러나 일단 시도하고 나면 후회는 없잖아."

그래도 싫다고 하는 아이와 한참을 입씨름했습니다. 사실 재인이 입장에 서보면 '실패'에 대한 두려움도 있었을 것입니다. 원서를 내지 않으면 불합격이라는 쓴맛을 볼 필요가 없겠지만 원서를 내고 불합격 통지서를 받으면 기분이 좋지 않을 테니까요. '실패'를 경험하고 싶지 않은 것이 사람의 공통된 마음입니다. 원서 마감일이 며칠 앞으로 다가왔습니다. 마지막 카드를 꺼내들었습니다. "재인아, 엄마가 죽기 전에 마지막 소원이다. 입학이 되고 안 되고 그게 문제가 아니야. 엄마 말에 순종하는 모습을 꼭 한번 보여주었으면 좋겠다. 그게 엄마가 원하는 거야." 한동안 아무 말이 없더니 재인이는 투덜거리며 원서를 작성하기 시작했습니다.

몇만 명의 지원자 중 올해 하버드 합격자 수는 1천 7백 명이라고 하니 통계상으로 봤을 때 합격은 하늘의 별따기인 셈입니다. 하지만 나는 재인이에게 많은 장점과 가능성이 있다고 판단했습니다. 학교 성적도 SAT 점수도 잘 나왔고, 리더십을 인정받은 기회도 많았습니다. 교내 크리스천 클럽인 '하비스터(HARVESTER)'의 회장직을 맡았을 뿐 아니라, 아빠의 병인 '루게릭' 병 퇴치를 위한 연구비 모금을 위해 'LOVE FOR LOU'라는 단체를 만들어 회장으로 활동했습니다. 리더십은 충분히 입증이 된 셈입니다.

수상 경력도 만만치 않았습니다. '뱅크 오브 아메리카'에서 선정하는 미국과 영국 내 11학년 학생들 가운데 성적과 리더십이 뛰어난 학생 250명을 뽑는데 그중 한 명으로 선정되었습니다. 그다음 해에는 코카콜라 재단에서 뽑는 장학생으로 발탁되어 1만 달러의 장학금 수혜자가 되기도 했습니다. 재인이는 고등학교 4년 내내 '자원봉사'에 많은 시간과 노력을 투자했습니다. 한번은 내가 재인이에게 물었습니다.

"재인아, 자원봉사는 좋은 대학 가기 위해 하는 거야?"

재인이가 정색했습니다.

"엄마는 날 어떻게 보는 거야? 대학 가기 위한 봉사는 이미 충분히 해서 더 안 해도 돼요."

순간 남편이 세상 떠날 때 아이들에게 남겼던 유언이 떠올랐습니다. "하나님 사랑하고 이웃 사랑하는 삶을 살렴. 기회가 있을 때, 돈이 있을 때만이 아니고, 바쁘고 돈이 없더라도 다른 사람을 돕는 일을 미루어서는 안 돼!"

재인이는 아빠의 말을 기억하고 있었던 모양입니다. 원서를 쓰고 있는 재인이에게 말했습니다.

"재인아, 어느 대학이든 재인이가 가게 될 대학은 하나님께서 인도해주시는 학교라고 생각해. 엄마는 이렇게 기도해왔어. 재인이의 장점과 가능성을 일깨워주고 재인이의 꿈을 이룰 수 있도록 가르치고 인도해줄 교수님이 계시는 곳, 살아가면서 세상을 아름답게 하는 일에 함께 일할 친구와 선후배들을 만날 수 있는 학교로 재인이를 인도해달라고!

좋은 배우자도 만나게 해달라고 기도했는데 그건 너무 이른 욕심인가? 아무튼 합격하든 안 하든 미리 부담 가질 필요 없어. 하나님이 알아서 인도해주실 테니까. 알겠지?"

재인이가 대학 진학을 앞두고 쓴 몇 개의 에세이 중 '자신의 삶 속에서 일어났던 중요한 일'에 대해 쓴 것이 있습니다. 재인이는 아빠의 투병과 죽음에 대해 썼습니다. "죽음을 앞둔 이틀 전까지 자신은 생각지 않고 나의 소프트볼 경기에 큰아빠를 보내 응원을 부탁할 만큼 나를 사랑한 아빠였다. 그것이 나에게 보여준 아빠의 마지막 사랑, 결코 잊을 수 없는 사랑의 행위였다! 나도 우리 아빠처럼 다른 사람을 사랑하는 삶을 살고 싶다. 그 일을 위해 공부하고 그 일을 위해 살고 싶다." 재인이는 그 글에서 아빠의 사랑으로 비롯된 자신의 미래 계획을 밝혔습니다.

재인이 친구한테서 나중에 들은 이야기입니다. 친구들이 하버드 입학 축하 메시지를 보내자 재인이가 "이건 우리 아빠의 선물이야!"라고 했다는 것입니다. 늘 기도하겠다는 아빠의 유언을 기억하고 아빠의 기도 때문에 합격했다고 재인이는 생각했나 봅니다. 맞습니다. 하지만 그건 또 '하늘 아빠가 준 선물!'이기도 했습니다. 아이들을 돌보지 못해 안타까워하면서 하나님 아버지께 자신의 책임을 위임하며 "이 아이들 저 대신 잘 키워주세요"라고 기도했던 아빠. 그 하늘 아빠가 주신 선물이었습니다. 하버드 합격은 가난하고 소외된 사람들을 돕고 싶어하는 재인이의 예쁜 마음을 보시고 하나님이 주신 축복의 선물이라고 나는 생각합니다. 우리는 알고 있습니다. '하나님을 사랑하고 이웃을 사랑하라'고 재인이를 그 학교에 보내셨다는 사실을······.

며칠 지나 합격통지서가 집으로 배달되었습니다. 그 편지에는 합격을 축하한다는 소식과 함께 '전액 장학금 수혜자'라는 기쁜 소식이 포함되어 있었습니다! 하버드 대학의 1년 학비는 기숙사비를 포함하여 5만 달러가 넘는다는데! 그런데 내 눈을 사로잡은 것은 편지 하단에 쓰인 누군가의 친필 메모였습니다. 재인이의 입학 사정을 맡은 담당 스태프가 직접 쓴 글입니다.

"재인아, 입학 사정 과정을 통해 너를 알게 된 것이 내겐 큰 축복이자 특권이다. 루게릭 병을 앓는 아빠로 인해 힘든 일이 수없이 많았으련만 그 고통 속에서 네가 보여준 용기와 강한 의지, 그리고 그 어려운 과정 속에서 이루어낸 많은 성취들에 대해 마음을 다해 존경을 표한다. 네가 하버드 대학에 오면 정말 많은 일을 할 수 있을 것이다. 하버드 대학에서 열리는 많은 행사들과 프로그램들을 미리 한번 체크해보렴. 하버드 대학에서의 공부나 활동들은 네가 하고 싶은 일들을 마음껏 할 수 있도록 준비시켜줄 거야. 우리 대학은 너 같은 학생을 원하고 있어. 나는 네가 하버드 대학에 꼭 입학하기 바란다!"

이보다 더 감동적인 글이 어디 있을까요? 이 글을 읽는 순간 힘들었던 지난날들의 아픔과 고통이 눈 녹듯 사라지는 것 같았습니다. 어깨에 놓인 무거운 돌덩이가 깃털처럼 가벼워졌습니다. 날아갈 것 같았습니다. 훨훨!

여섯 번째 이야기
열매 맺는 죽음을 위하여

죽음의 교훈

우리에게는 성공적인 삶을 산 사람들의 체험과 간증이 필요합니다. 성공적으로 고난을 극복한 사람들의 간증도 필요합니다. 성공을 원하는 사람들이 따라야 할 발자취, 고난의 길을 걷고 있는 사람들이 따라야 할 고난 극복의 발자취를 보여주는 사람들이 많을수록 좋습니다. 한 가지 덧붙이고 싶은 것은 성공적인 죽음을 맞이하는 사람들의 간증도 필요하다는 것입니다. 죽음의 아름다운 간증을 남기는 것은 죽음을 통해 열매를 맺는 일이기 때문입니다. 헨리 나웬이 죽음을 일컬어 "가장 큰 선물"이라고 했던 것은 '죽음이 크나큰 고통의 끝이며, 죽음을 애도하는 많은 이들의 가슴속에서 새롭게 열매 맺는 일의 시작'이기 때문입니다. '죽음은 열매 맺는 일의 시작'이라는 말에 전적으로 동의합니다.

지금부터 나는 열매 맺는 죽음을 위해서 기억하고 살아야 할 것들이 무엇인지, 준비해야 할 것들이 무엇인지 함께 이야기하고 싶습니다.

근위축증 판정을 받고 병원을 나오는 날 『모리와 함께한 화요일』의 모리 교수는 자신의 남은 삶을 어떻게 살 것인지 계획을 세웠다고 했습니다. '이렇게 시름시름 앓다가 사라질 것인가? 아니면 남은 시간 최선을 다해 살 것인가?' 이 두 질문 사이에서 그는 후자를 택했습니다. 자신의 죽음을 가치 있는 일로 승화시킬 방법을 찾기로 했습니다. 그리고 삶과 죽음을 배우고 다른 사람들에게 가르쳐주기로 결심했습니다.

그는 자신의 생애 마지막 해, 동료 교수의 장례식에 참석하고 나서 크게 낙심합니다. 참석자들은 고인에 대해 덕담을 나누었지만 이미 죽어버린 친구 교수는 아무 말도 알아듣지 못하는 것을 안타까워하면서, 자신은 '살아 있는 장례식'을 치르기로 마음먹고 추운 겨울의 주일 오후에 가까운 가족과 친구들을 초대합니다. 함께 울고, 웃고, 그동안 서로 나누지 못했던 마음속 깊은 곳의 사랑을 나누는 감동적인 장례식의 주인공이 되었습니다. 살아 있는 장례식! 생각만 해도 가슴 저리고 또 슬픈 장례식! 멋지고 아름다운 감동의 장례식임에 틀림없습니다!

『모리와 함께한 화요일』은 내가 남편에게 책으로 읽어주기도 하고, 녹음테이프로 남편이 직접 듣기도 했습니다. 모리 교수의 생애와 죽음을 다룬 작품을 비디오로도 봤습니다. 모리 교수는 죽음을 맞는 바람직한 자세가 무엇이며 값진 죽음을 위해 어떤 일들을 해야 하는지 우리에게 조언을 아끼지 않습니다. 그는 죽음에 대해서 이야기하기 꺼려하는 우리 세대, 우리 문화에 대해 안타까워하며 죽음에 대한 잘못된 시각이 바뀌어야 한다고 역설했습니다. 또한 자신의 죽음을 다음 세대에 보여줄 프로젝트로 여기고 아름다운 죽음을 맞는 모범을 보여주었습니다. 모리 교수는 헨리 아담스가 "스승은 영원까지 영향을 미친다. 어디서 그 영향이 끝날지 스승 자신도 알 수가 없다."라고 한 말을 인용하면서 죽음에 대해 가르쳐줄 스승이 필요하다고 했습니다.

죽음에 대해 가르쳐줄 스승이 필요하다고 이야기한 사람은 모리 교수뿐만이 아닙니다. 헨리 나웬도 그의 저서 『죽음, 가장 큰 선물』에서 스승의 필요성을 강조했습니다. 그는 "우리 모두는 앞으로 올 세대의 부모"가 되어야 한다고 말함으로써 앞서 가는 세대가 다음 세대의 자녀들에게 죽음에 대해 가르치고 모범을 보여주는 스승이 되어야 한다고 역설했습니다. 부모의 역할은 많지만 죽음의 본을 보여주는 일까지도 포함되어야 한다는 것이 그의 생각입니다. 물론 헨리 나웬이 말한 부모 역할이 꼭 부모에게만 국한된 것은 아닙니다. 죽음의 길을 먼저 가는 모든 사람이 부모가 되어야 한다고 그는 말했습니다.

그렇습니다. 우리 모두에게는 자신의 죽음을 준비해줄 수 있는 스승, 혹은 부모가 필요합니다. 누구든 예외 없이, 종교와 배경과 인종과 문화가 어떻든 우리 모두에겐 죽음에 대해 가르쳐줄 스승이 필요합니다. 그런데 우리 그리스도인들은 어떻습니까? 병들어 죽어가는 사람들에게 죽음에 대해서 준비할 수 있도록 도와주는 스승은 얼마나 있습니까? 마지막 숨이 끊어지는 순간까지 기적적으로 병든 자를 살리실 것을 기대하며 죽음에 대해 이야기하는 것을 터부시하는 분위기는 아닙니까? 죽음을 이야기하고 받아들이는 것을 마치 믿음이 없는 행위로 여기고 있지는 않습니까? 그래서 환자는 자신의 죽음에 대해 이야기하는 것은 가족들을 낙심케 하는 일이고, 역으로 가족들이 환자의 죽음에 대해 이야기하는 것은 환자를 슬픔과 절망에 빠뜨리는 것으로 생각합니다. 그 때문에 환자는 사랑하는 사람들에게 마지막 작별인사나 유언 한마디 남기지 못하고 세상을 떠납니다. 안타깝기 그지없는 일입니다.

빌리 그레이엄 목사님은 말씀하십니다. "최후의 며칠 동안 하나님과 그의 가족들에게 이야기하는 것은 죽는 자의 권리이다. 죽음을 앞둔 사람에게 사실대로 이야기하면 사기가 아주 저하될 것으로 믿는 사람이 있다. 환자가 체념 섞인 어투로 '제가 곧 죽을 것 같아요.' 하면 '그런 약한 소리는 하지 말아요. 아마 우리보다 더 오래 살걸요?' 라고 대답한다. 의료진뿐 아니라 가족들도 이런 식으로 속이는 것이 친절이고 호의를 베푸는 일이라 생각한다. 이런 종류의 '침묵의 공모'는 환자들이 죽음, 특히 자신의 죽음에 대해 생각하기 싫어한다는 확신이 바닥에 깔려 있기 때문이다. 그러나 한 연구결과에 의하면 환자들도 두렵기는 하지만 죽음에 대해 이야기를 나누고 싶어한다."

남편과 내가 죽음에 대해 자주 이야기하는 시간을 가졌던 데에 감사드렸습니다. 남편은 매일 자신의 죽음을 준비하며 꼭 해야 하는 일들을 찾아 마무리하면서 마지막 순간까지 죽음의 아름다운 본을 보이고 떠났습니다. 다가오는 세대에게 부모와 스승 역할을 잘하고 떠났습니다. 그의 삶과 죽음을 옆에서 직접 지켜본 나도 남편을 통해 배운 죽음의 교훈들을 가지고 스승과 부모 역할을 잘해야겠다고 다짐했습니다.

나는 남편이 병을 이기고 일어나야 하나님의 보살핌에 대해 간증할 수 있다고 생각했습니다. 남편이 죽으면 나의 고난도 허사이고, 간증을 할 필요가 없다고 생각했습니다. 그런데 남편이 죽고 나서 마음에 한 가지 소망이 생겼습니다. 사람들에게 천국의 실체를 알려주고, 이 땅에서 천국을 준비하는 삶을 살아야 한다는 사실을 이야기해주고 싶었습니다. 그래야 주님 앞에 기쁨으로 설 수 있으며 주님이 주시는 상급과 함께 "잘하였도다 착하고 충성된 종아 네가 적은 일에 충성하였으매 내가 많은 것을 네게 맡기리니."(마태복음 25:21)라고 하는 주님의 칭찬을 들을 수 있기 때문입니다.

고난과 죽음을 경험하기 전까지 나는 하나님께서 나에게 맡겨주신 사명을 이런 것이라 생각했습니다. '어린 시절에 자녀들이 예수님을 믿도록 부모는 잘 이끌어야 하며, 교사들이 역할을 잘 감당하도록 가르치고 훈련시켜야 하며, 결혼 전의 자녀에게 결혼 준비 잘하도록 돕고, 자녀들이 어렸을 때부터 부모가 교육 잘 받아서 행복한 자녀로 키우도록 돕고, 부부들은 더 행복한 부부로 살도록 돕는 것, 그리하여 하나님이 세우신 가정이 튼튼하게 지어지고 그들을 통해 하나님의 나라가 이 땅 끝까지 확장될 수 있도록 돕는 것', 이것이 내가 감당해야 할 사명이라고 생각했습니다.

그런데 이제는 죽음도 준비하며 살도록 사람들에게 도전을 주고 그 길을 구체적으로 걸어갈 수 있도록 도와주는 것, 즉 죽음에 대한 스승과 부모 역할을 감당하는 것까지 내 사명의 일부로 여기고 있습니다. 그래서 만나는 사람에게 묻습니다. "당신은 무엇을 위해 살고 있습니까? 삶과 죽음의 문제는 해결되었습니까? 행복하고 만족스런 삶을 살고 계십니까? 오늘 죽어도 후회함 없는 삶이라고 말할 수 있습니까?"

　삶 속에서 이루어야 할 저마다의 사명이 있듯 죽음을 통해서도 이루어야 할 사명이 있다고 말하면 너무 지나친 비약이라고 생각할지도 모르겠습니다. 그러나 나는 고통을 통해서도 이루어야 할 사명이 있고, 죽음을 통해서도 이루어야 할 사명이 있다고 믿습니다. 그 사명이란 이 땅을 사는 동안 열매 맺는 삶을 사는 것이고 이 땅을 떠나는 순간에도 열매 맺는 죽음으로 마감하는 것입니다. 예수님께서는 십자가 위에서 자신의 목적을 이루셨습니다. "예수께서 신 포도주를 받으신 후에 이르시되 다 이루었다 하시고 머리를 숙이니 영혼이 떠나가시니라."(요한복음 19:30)

　예수님은 삶을 통해 크나큰 열매를 거두셨습니다. 수많은 사람들을 가르치시고, 치료하시고, 천국 복음을 전하셨습니다. 예수님을 통해 변화받은 사람들을 다 헤아릴 수 없습니다. 그러나 예수님은 삶보다는 죽음을 통해 더 큰 일을 이루셨습니다. 밀알이 되는 죽음을 통해 오고가는 세대에 죽은 자를 살리는 일을 지금까지 계속하고 계십니다.

　"우리의 죽음을 통해서도 과연 이런 일이 가능할까요?" 이 질문에 나는 "예"라고 대답하고 싶습니다. 남편의 죽음이 이 사실을 확인시켜 주었기 때문입니다. 남편이 세상을 떠난 후, 기회가 주어질 때마다 나는 남편의 삶과 죽음에 대해 간증하고 있습니다. 이것이 하나님께서 내게 맡겨주신 또 하나의 사명이라 생각합니다. "남편을 만나주셨던 주님, 그에게 선한 목자 되셨던 주님, 사망의 음침한 골짜기에서 그와 함께하셨던 주님, 그를 천국으로 인도하셨던 주님"을 열심히 전하고 있습니다. 이 간증을 통해 많은 분들로 하여금 예수 믿게 하시고, 각기 삶의 이유와 목적을 깨닫게 하시며, 어떻게 살고 어떻게 죽을 것인가를 고민하며 답을 찾도록 일깨우시는 주님을 보면서 남편의 죽음을 통해 열매 맺으시는 것을 확인하기 때문입니다. 누가 나에게 남편의 생애를 한마디로 요약하라고 한다면 이렇게 말하겠습니다. "세상에 온 목적을 다 이루고 간 사람!"이라고.

그는 그토록 원하던 강단에 제대로 서보지도 못 하고 자신의 뜻을 펼쳐보지도 못 한 채 병상에 누워 8년을 보내다가 세상을 떠났습니다. 세상의 눈으로 보면 그는 아무것도 이룬 것이 없습니다. 그런데 나는 말합니다. 그는 세상에 온 목적을 다 이루고 간 사람이라고. 그를 통해 많은 사람들이 하나님을 만나고 하나님과 더 굳게 결속되었습니다. 아이들은 지금도 아버지를 존경하고 그리워합니다. 그가 남긴 말이 아이들의 삶의 지표가 되고 있습니다. 오래전 그가 뿌린 씨앗이 지금 여기저기서 열매 맺고 있는 것을 봅니다.

위에서 나는 죽음을 통해서도 열매를 맺어야 한다는 사실에 대해 이야기했습니다. 열매 맺는 죽음을 맞으려면 우리의 인생이 '순례자의 길'임을 기억하고 '여행자가 알아야 할 수칙'을 따름으로써 가능하다고 믿습니다.

나는 여행할 기회가 많습니다. 거의 대부분이 일과 관련한 출장여행입니다. 구체적으로 말하면 세미나나 워크숍을 인도하는 강사로 초청받아 가는 여행입니다. 여행을 하면서 나는 '여행'이란 말이 갖고 있는 특성과 의미에 대해 생각해보았습니다. 그리고 그 특성과 의미를 '인생이라는 여행'에 대비시켜보았습니다. 거기서 놀라운 일치점을 발견했습니다. 이 일치점 속에서 얻어진 '여행의 원리'를 삶에 적용한다면, 분명 열매 맺는 죽음을 위한 나침반이 되리라 믿습니다.

여행자가 기억해야 할 여행 가이드

정해진 기간 기억하기

어떤 여행이든 간에 여행을 할 때는 정해진 기간이 반드시 있습니다. 목적에 따라서, 중요도에 따라서, 그리고 일의 성격에 따라서 여행 기간이 제각기 달라집니다. 나의 여행 스케줄은 내가 정하기보다는 주로 나를 초청하는 단체나 교회에 의해서 정해집니다. 삼사일이 되기도 하고 일주일이 되기도 합니다. 빠르면 하루 만에 다녀오는 여행도 있습니다.

이와 마찬가지로 '인생이라는 여행'에도 각각 다른 여행 기간이 정해집니다. 5년, 10년, 20년, 40년, 70년, 80년, 모두가 다른 여행 기간을 갖고 이 땅에 태어납니다. 내 남편에게는 46년의 시간이 주어졌습니다. 여행 기간은 나에 의해서 결정되는 것이 아닙니다. 나를 이 땅에 보내신 창조자 하나님에 의해서 결정됩니다. 하나님 한 분 외에는 아무도 그 기간을 알지 못합니다.

여행의 목적 달성하기

목적이 없는 여행은 없습니다. 여행을 떠나는 자는 각자 나름대로 목적을 갖고 출발합니다. 비즈니스를 위한 여행을 갈 때는 자신이 완수해야 할 과업과 목적이 있습니다. 휴양지에 놀러 가는 여행의 목적은 마음껏 쉬고 즐겁게 놀다 오는 것입니다. 이처럼 저마다 목적이 있습니다. 그런데 목적을 망각하고 그 목적에 부합되는 일을 하지 못한다면 문제가 생깁니다. 휴양지에 놀러 갔는데 그곳에서 일거리를 찾아 일을 하는 사람은 아무도 없습니다. 사업상 볼일로 여행을 갔는데 그 일은 하나도 하지 않고 놀다만 오는 사람도 거의 없습니다.

우리가 이 땅에 여행을 온 목적이 있습니다. 우리를 이 땅에 보내신 분이 그 목적을 이루고 오라고 하셨습니다. 그 목적을 어떻게 알 수 있을까요? 그분에게 물어보면 알 수 있습니다. 그분이 우리를 보내신 분이기 때문입니다. 그 목적을 성경에서는 "하나님의 영광을 위해 사는 것"이라고 말하고 있습니다. 그렇다면 하나님의 영광을 위해 사는 삶이란 어떤 삶을 말할까요? '사랑하면서 사는 삶'을 말합니다. 하나님 사랑과 이웃 사랑의 삶입니다. 이 목적을 위해서 우리가 이 땅에 왔습니다. 이 목적을 이루어야 할 사명을 가지고 이 땅에 온 것입니다. 그러므로 우리의 매일매일은 이 목적을 이루기 위해 쓰여야 합니다.

여행 경비 잘 관리하기

경비가 들지 않는 여행은 없습니다. 설령 내가 경비를 지불하지 않는다고 하더라도 누군가 나를 위해 경비를 지불합니다. 그런데 이 여행 경비는 여행의 목적을 달성하기 위해 주어지는 것입니다. 다른 목적을 위해 쓰일 수 없습니다. 어떤 사람이 출장비로 주어진 돈을 유흥에 모두 사용했다고 가정해봅시다. 어떤 일이 생길까요? 여행 경비를 가지고 먹고 마시면서 쇼핑하는 일에 다 썼다고 생각해봅시다. 어떤 일이 생길까요? 회사에서 준 돈을 목적과 다른 곳에 썼다면 그 돈을 도용한 것입니다. 회사에 돌아가 결산을 할 때 이 사실이 밝혀지면 문책을 당할 것입니다. 일자리를 잃게 될 것입니다.

이와 마찬가지로 이 땅에 여행 온 사람들을 위해 하나님은 경비를 주어 보내셨습니다. 이 땅에 온 목적을 이루는 일에 사용하라고 주신 경비입니다. 하나님이 우리에게 주신 경비란 다른 게 아닙니다. 내가 갖고 있는 재능과 탤런트입니다. 은사입니다. 물질과 시간입니다. 이 경비를 가지고 목적을 이루는 일, 즉 '사랑하는 일'을 위해 쓰라고 주신 것입니다. 함부로 쓸 수 있는 것이 아닙니다. 경비를 마음대로 썼다가는 큰일 납니다. 크게 책망을 받게 됩니다.

여행 후 돌아갈 집 확인하기

잠깐 동안 하는 여행은 즐겁고 신나지만 끝도 없이 여행을 하라고 하면 머지않아 진저리가 날 것입니다. 집을 떠나 일주일이 지나면 나는 벌써 집이 그리워집니다. 2주일이 지나면 안달이 납니다. 가족들이 보고 싶어집니다. 아무리 호화스런 호텔이라 하더라도, 아무리 융숭한 대접을 받는다 하더라도 나는 그곳에 오랫동안 머무르고 싶은 생각이 없습니다. 빨리 할 일을 마치고 집에 돌아가고 싶습니다. 사랑하는 사람들이 기다리는 집으로 가고 싶습니다. 일을 마치고 돌아갈 집이 있어서 나는 행복합니다. 여행을 마치고 돌아갈 곳이 없어서 이곳저곳을 배회하며 방황하게 된다면 끔찍한 일입니다.

집은 우리에게 피곤한 몸을 편히 쉬도록, 여독을 풀 수 있도록 안식의 공간을 마련해줍니다. 일을 마치고 돌아가 쉴 곳이 있는 사람은 행복합니다. 집 없는 사람들을 생각해보십시오. 어두움이 내리면 모두가 집을 찾아가는데 갈 곳이 없는 사람이라면 그는 '홈리스' 입니다.

당신에게는 집이 있습니까? 이 땅의 여행을 마치고 돌아갈 집이 있습니까? 당신의 집은 어디에 있습니까? 예수 믿지 않는다면 당신이 돌아갈 집은 지옥이 될 것입니다. 예수를 믿고 하나님의 자녀가 되었다면 천국이 당신의 집이 될 것입니다. 요한 계시록에서 말씀하신 그 아름다운 천국, 고통과 아픔이 없는 곳, 눈물이 없는 그곳이 당신의 집입니다. "만일 땅에 있는 우리의 장막집이 무너지면 하나님께서 지으신 집 곧 손으로 지은 것이 아니요 하늘에 있는 영원한 집이 우리에게 있는 줄 아느니라."(고린도후서 5:1) 그렇다면 그 집에는 어떻게 갈 수 있을까요? 티켓이 있어야 갈 수 있습니다.

여행을 위한 티켓 준비하기

여행의 목적지에 가기 위해서는 티켓이 있어야 합니다. 비행기로 가려면 비행기 티켓을 사야 하고, 기차 여행을 하려면 기차표를 사야 합니다. 그렇다면 이 땅을 떠나 돌아갈 '천국' 집의 티켓은 어떻게 해야 얻을 수 있습니까? 그 티켓을 얻기 위해 다음의 세 가지가 필요합니다.

첫째, 나 자신이 죄인임을 인정하고 회개하는 것입니다. 하나님 없이 내 마음대로 살았던 죄를 인정해야 합니다. 성경은 이렇게 말합니다. "모든 사람이 죄를 범하였으매 하나님의 영광에 이르지 못하더니."(로마서 3:23) 우리의 죄 때문에 하나님의 영광에 이를 수 없게 되었다고 말합니다. 죄 때문에 영광의 보좌 위에 계신 하나님께 갈 수 없게 되었다는 것입니다.

둘째, 예수님이 나의 죄를 대신해서 십자가에 못 박혀 돌아가시고 3일 만에 부활하셨다는 사실을 믿는 것입니다. 죄의 대가는 영적인 죽음입니다. 성경은 이렇게 말합니다. "죄의 삯은 사망이요 하나님의 은사는 그리스도 예수 우리 주 안에 있는 영생이니라."(로마서 6:23) 그런데 영적으로 죽은 나를 살리시고자 예수님이 나 대신 죽으셨습니다.

셋째, 예수 그리스도를 믿고 그분을 따르기로 결정하며, 그분을 나의 구원자요 나의 주인으로 초청하는 것입니다. "영접하는 자 곧 그 이름을 믿는 자들에게는 하나님의 자녀가 되는 권세를 주셨으니."(요한복음 1:12) 예수님이 내 죄를 위해 하신 일을 믿고 내 삶에 초청하면 나는 하나님의 자녀가 됩니다. 하나님의 자녀는 하나님이 살고 계신 집에 아무 거리낌 없이 갈 수가 있습니다. 자녀가 아버지 집에 가는 것은 당연한 일입니다. 그러므로 자녀가 된 사람은 누구나 천국에 갈 수 있습니다.

지금까지 천국에 가는 티켓을 준비하지 못하셨다면 오늘 그것을 준비해야 합니다. 더 이상 티켓 준비를 미룰 수 없습니다. 오늘이 나의 마지막 날이 될 수도 있기 때문입니다. 이 티켓을 받기 위해 지금 해야 할 일이 있습니다. 위의 세 가지를 했다면 지금 이 시간 이런 기도를 하는 것입니다. "오 하나님, 저는 죄인입니다. 그래서 당신의 용서가 필요합니다. 저를 용서하시고 제가 천국에 갈 수 있도록 저를 대신해서 예수님이 십자가에 죽으신 것을 믿으며 감사드립니다. 지금 이 시간 예수님을 제 마음에 초청합니다. 오셔서 저의 구세주와 주인이 되어주시기 바랍니다. 예수님 이름으로 기도합니다. 아멘."

당신은 지금 인생에서 가장 중대한 일을 했습니다. 예수님과 함께하는 삶을 시작한 당신을 축하합니다. 이 시간은 당신의 평생에 결코 잊을 수 없는 축복된 순간입니다. 예수님으로부터 천국에 갈 티켓을 선물 받은 날이기 때문입니다.

『모리와 함께한 화요일』을 읽은 독자 가운데 한 분이 이런 소감을 써 놓은 걸 봤습니다. "죽어가는 모리 교수에게 듣고 싶은 이야기가 있다면 마지막 여행을 할 때 어떤 짐을 챙겨야 하는지 듣고 싶습니다." 아주 중요한 질문을 했습니다. 그런데 모리 교수는 그 질문에 대한 답을 갖고 있지 않았습니다. 이 땅의 삶이 끝난 후 그가 가야 할 목적지, 돌아가야 할 본향에 대해서 아는 바가 없었기 때문입니다. 목적지가 어딘지 알고 있었다면 그곳에 가기 위해서 필요한 짐이 무엇인지도 알았을 것입니다. 그런데 그에겐 목적지가 분명하지 않았기 때문에 챙겨야 할 짐도 없었습니다.

모리 교수에게 물었던 질문을 나에게 한다면 나는 서슴없이 말할 것입니다. "네. 이 세상의 삶을 마친 후 다음 목적지에 가기 위해 티켓을 챙겨야 합니다. 그 티켓은 예수 그리스도!"

여행 후 결산하기

여행을 마친 사람들은 대부분 여행에 대한 결산을 합니다. 만족할 만한 결과를 가지고 왔는지 평가합니다. 계획한 대로 예산이 잘 쓰였는지 확인합니다. 나는 여행을 마치고 돌아갈 때면 자신에게 이런 질문을 합니다. "목적을 다 달성한 여행이었나?"

우리가 이 땅의 삶을 마감하고 천국에 가면 심판자 되신 예수님 앞에서 결산을 해야 합니다. 그 결산의 내용은 주로 이런 것들입니다. 첫째, 하나님이 주신 인생의 목적과 사명을 다 이루고 왔는지 평가하게 될 것입니다. 둘째, 여행 경비를 여행의 목적에 맞게 사용하고 왔는지 셈할 것입니다.

마태복음 25장에는 달란트 비유가 나옵니다. 주인이 먼 나라로 여행을 가면서 종들을 불러 자신의 소유를 맡겼습니다. 한 종에게는 다섯 달란트를, 다른 종에게는 두 달란트를 맡겼습니다. 그리고 마지막 종에게는 한 달란트를 맡겼습니다. 주인이 돌아올 때까지 각자 받은 달란트를 가지고 장사를 하여 이윤을 남기는 것이 그들이 감당해야 할 사명이었습니다. 다섯 달란트 받은 종과 두 달란트 받은 종은 주인의 명령대로 열심히 장사하여 주어진 임무를 완수했습니다. 그러나 한 달란트 받은 종은 자기에게 맡겨진 일을 수행하지 않았습니다. 귀찮아서 땅에 묻어버렸습니다. 목적을 달성한 종들과 그렇지 못한 종을 불러놓고 주인이 결산을 했습니다. 각기 다섯 달란트와 두 달란트 받은 종은 하나님께서 맡겨주신 일을 완수하였기에 칭찬을 받았습니다. 한 달란트 받았던 종은 흙 묻은 한 달란트를 그대로 내밀었다가 책망을 받았습니다.

나와 내 가족을 위해 쓴 경비는 본전에 해당합니다. 그것은 기본입니다. 기본은 반드시 완수해야 할 과업입니다. 일차적으로 가족을 위해 시간과 물질을 써야 합니다. 그것부터 해야 합니다. 그러나 그것이 전부가 되어서는 안 됩니다. 하나님은 우리가 이 일만을 위해 살기를 원치 않으십니다. 이 일만을 위해 평생 동안 가진 재능과 시간과 물질을 사용하기 원하지 않으십니다. 나와 내 가족만을 위해 내가 가진 모두를 사용한다면 우리는 하나님께 책망받는 자가 될 것입니다. 한 달란트 받은 종처럼 말입니다.

이윤을 남기는 것은 플러스로서 하늘에 쌓아지게 되는 보물입니다. 그것은 나와 내 가족이 아닌 다른 사람과 하나님 나라를 위해 사용한 것입니다. 그것에 따라 주님은 우리에게 상급을 주시고 그 상급과 함께 칭찬을 하시며 의의 면류관, 생명의 면류관, 승리의 면류관을 주실 것입니다. 그리고 그곳에서 영원히 잔치하며 주인의 즐거움에 참예하는 자가 될 것입니다.

아름다운 관계를 남기고 떠나기

여행지에서 만나 정을 주고받은 사람들과 헤어지기란 쉬운 일이 아닙니다. 며칠만 함께 지내도 정이 듭니다. 초청강사가 되어 세미나를 인도하고 강의를 하는 동안 나는 참석자들과 함께 생각과 감정을 나눕니다. 그러면서 나도 모르는 사이에 정이 들어 헤어질 때는 늘 아쉬운 마음입니다. 서운함이 앞섭니다. 그래서 혼잣말을 합니다. "에이, 또 이러네!"

그런데 이런 일이 있다고 가정을 해봅시다. 내가 강의에 참석한 사람들과 어떤 이유가 되었건 싸우고 미워하는 사이가 되었다고 말입니다. 서로 미워하는 사이에는 헤어질 때 아쉬움이 없습니다. "아이고, 속 시원해. 제발 빨리 가시오. 당신 같은 사람 두 번 다시 만날까 두렵소." 이렇게 헤어지는 관계를 맺었다면 실패입니다. 서로 욕하고 저주하면서 떠나는 관계는 실패한 것입니다. 어떤 만남이든 헤어지기 싫어 안타까워하는 관계로 가꾸어야 합니다.

마찬가지로 이 땅의 삶을 마감하면서 생전에 관계 맺었던 사람들과 작별의 시간을 갖습니다. 그런데 이 시간이 누군가에게 속 시원한 시간이 된다면 인생에서 가장 중요한 일에 실패하고 삶을 마감하는 것입니다. 할 수만 있다면 모든 관계에 얽힌 매듭을 풀고, 용서하고 용서받으며 가벼운 마음으로 이 땅을 떠나야 합니다.

특별히 가족 간에는 더욱 그렇습니다. 좋은 아빠, 좋은 엄마로서 자녀들의 삶에 지워지지 않는 발자국을 남기고 지워지지 않는 사랑을 남기고 떠나야 합니다. 자녀들이 따르기를 원하는, 살아 있는 신앙의 모범과 교훈을 유산으로 남기고 가는 삶, 좋은 남편과 아내로서, 우리 가정에 주신 목적을 이루기 위해 동반자로서 함께 걸었던 삶의 아름다운 이야기와 추억들을 남기고 떠나는 삶, 당신이 나의 최고의 남편이었고, 당신은 나의 최상의 아내였다는 고백을 하며 보내고 떠나가는 아름다운 부부의 삶! 그리고 이웃들에게, 신앙의 형제자매들에게 "당신과 같은 멋진 신앙인으로 사랑의 진한 향기를 풍기며 이 땅을 살고 싶습니다."라는 모범을 보여주고 떠나는 삶이어야 합니다.

이와 같은 삶을 살기 위해 매일 주어진 시간을 아름다운 부부관계 쌓는 일, 부모 자식 간 사랑의 관계를 쌓는 일, 그리고 이웃을 보살피고 섬기며 사랑하는 일에 투자하고 그럼으로써 아름다운 관계를 이 땅에 남기고 주님 품에 안겨야 합니다. 사랑 가운데 태어나 그 관계 속에서 생을 살고, 자신을 사랑하고 염려해주는 사람들에게 둘러싸인 채 생을 마감할 수 있어야 합니다. 그럴 때 비로소 이 땅에 뿌린 씨앗들이 계속 열매를 맺어갈 수 있게 됩니다.

모리 교수는 가족의 소중함을 이렇게 설명하고 있습니다. "우리가 이야기한 어떤 주제보다도 '가족'이 중요하다는 생각이 드네. 사실 가족이 없다면 사람들이 딛고 설 바탕, 안전한 버팀대가 없겠지. 병이 난 이후 그 점이 더 분명해졌네. 가족의 뒷받침과 사랑과 애정과 염려가 없으면 많은 걸 가졌다고 할 수 없겠지. 사랑이 가장 중요하네. 위대한 시인 오든이 말했듯이 '서로 사랑하지 않으면 멸망한다네. 사랑이 없으면 우린 날개 부러진 새와 같아.' 그리고 이런 가정을 해보세. 내가 지금 이혼했거나 혼자 살거나 자식이 없다고 가정해보세. 지금 겪고 있는 병마가 한층 더 힘겨웠을 거야. 잘 겪어냈으리라고 장담하지 못하겠네. 물론 친구들과 여러 사람이 찾아와주겠지만, 가족과 같이 떠나지 않을 사람을 가진 것과는 다르지. 나를 계속 지켜봐주는 사람, 언제나 나를 지켜봐줄 사람을 갖는 것과는 다르네."

인생을 의미 있게 사는 길은 "자기를 사랑해주는 사람들을 위해 바치는 일"이며 "자기가 속한 공동체에 헌신하고 자신에게 생의 의미와 목적을 주는 일에 헌신하는 것"이라고 했습니다. 이것이 모리 교수가 말하는 가족의 중요성이며 관계의 중요성입니다. 사랑의 공동체를 세우는 일은 인생을 의미 있게 사는 길입니다. 일보다 사람에게 더 관심을 쏟고 나 외의 가족에게 더한 관심을 쏟으며, 이웃과 공동체에 관심을 쏟아야 합니다. 인생을 살면서 놓치지 말아야 할 핵심이 이것입니다. 사람들과의 아름다운 관계를 이 땅에 남기고, 하나님과의 아름다운 관계를 가지고 하나님 나라에 들어가는 것!

매일 여행자로 살기

이 땅에서의 삶은 유한한 것입니다. 이 땅이 마지막 정착지인 것처럼 여기고 살아서는 안 됩니다. 가야 할 본향이 있음을 기억하고 주신 시간과 물질을 낭비하지 않으며 여행의 목적을 이루는 매일의 삶을 살아야 합니다. 이것이 바로 가장 값지고 아름다운 삶이며 죽음 이후에 영원한 삶을 준비하는 일이 될 것입니다.

매일 여행자로 산다는 말은 매일 죽음을 기억하고 산다는 말입니다. 최후의 날이 있음을 기억하고 살 때 우리는 목적에 부합되는 삶을 살 것입니다. 초기 기독교 수도원에서는 수도사들이 만나면 "죽음을 기억하라"고 인사를 했고, 그 인사를 받는 사람은 "오늘은 나, 내일은 너!"라는 말로 멋지게 화답했다고 합니다. 죽음을 기억하며 오늘을 나의 마지막 날로 여기면서 하루를 값지게 사용하라는 의미일 것입니다. 나는 매일 자신을 향하여 이런 인사를 하려고 노력합니다. "죽음을 기억하라. 오늘은 나, 내일은 너!"라는 말로.

죽음의 자리에서 삶을 바라보면 삶이 얼마나 값진 것인지를 깨닫게 됩니다. 어떻게 죽어야 할지를 생각하며 사는 사람은 어떻게 살아야 할지 알게 됩니다. 가장 복된 죽음을 맞기 위해서는 가장 복된 삶을 살아야 함을 알게 됩니다. 죽음을 준비하며 하루하루를 사는 것, 이것이 바로 가장 값진 삶을 살도록 도와줍니다. 오늘이 내 생의 마지막이라고 생각하면 나의 가진 시간을 어디에 쓸지, 나의 가진 재능과 재산을 어디에 써야 할지 분명해집니다.

이 세상 순례의 길에서 만난 우리가 이 땅을 살면서 열매 맺고, 고난 가운데서도 열매를 맺으며, 죽음을 통해서도 열매를 맺었으면 좋겠습니다. 그래서 그 열매를 하나님께 드리고 사람들과 나눔으로써 삶을 풍성케 하는 축복의 통로가 되었으면 좋겠습니다.

위에서 말한 '열매 맺는 죽음을 위한 여덟 가지 원칙' 과 함께 '열매 맺는 삶을 위한 네 가지 원칙' 을 가슴에 다시 한 번 새기며 이 글을 마치고 싶습니다. 캐리 슉 목사 부부의 『내 생애 마지막 한 달』에서 제시하고 있는 '네 가지 원칙' 이 바로 그것입니다. 내 남편은 이 네 가지 원칙을 실천하면서 살다가 이 땅을 떠났습니다. 저도 그렇게 하고 싶습니다. 이 네 가지 원칙은 한국말로 외우면 쉽게 잊어버리는데 영어로 외우면 훨씬 잘 외워집니다. '4L' 을 생각하면 금방 멋진 문장이 떠오릅니다. 'Live, Love, Learn, Leave'.

여기에 살(부사)을 붙이면 이렇게 됩니다. Live passionately(열정적으로 살라). Love completely(온전히 사랑하라). Learn humbly(겸손히 배우라). Leave boldly(담대히 떠나라). 마지막 '담대히 떠나라' 라는 말

앞에 하나 덧붙이고 싶은 것이 있습니다. 『성공하는 사람들의 일곱 가지 습관』에 나오는 "Leave a legacy"란 문구입니다. 그러면 이런 문장이 되겠지요.

'Leave a legacy and leave boldly(유산을 남기고 담대히 떠나라)!'

에필로그

저는 여러분이 행복했으면 좋겠습니다. 좋은 일이 많이 생겨 기쁘고 행복했으면 좋겠습니다. 그뿐 아니라 '고통 속에 있어도 행복하고 죽음 앞에서도 행복하다'고 말할 수 있으면 좋겠습니다. 행복은 우리가 처해 있는 환경에 있는 것이 아니고 행복의 근원이신 하나님과 연결되어 있을 때 솟아나는 감정이요 정신상태이기 때문입니다.

저는 여러분의 삶에 감사가 넘쳤으면 좋겠습니다. 아침에 눈을 떠 살아 있는 것을 감사하고, 하루의 시간이 선물로 주어진 것에 감사하며, 해야 할 일이 있으므로 감사로 문을 여는 신나는 아침을 맞이하면 좋겠습니다. 하루를 접는 잠자리에서도 '좋은 일이 있어 감사하고, 사랑하는 사람들이 곁에 있어 감사하고, 힘든 중에도 하루를 잘 지냈으니 감사하다' 고백하며 그날을 마감하면 좋겠습니다. 행여 고통의 한복판에 있더라도, 아직 끝이 보이지 않는 터널 속에 있더라도, 칠흑같이 깜깜한 밤중이라 해도 '고통 때문에 나의 시선이 하늘로 향할 수 있었다'는 감사의 고백이 여러분의 고백이 되었으면 좋겠습니다. 감사는 고통을 이길 수 있는 힘이자 행복으로 가는 관문이기 때문입니다.

이 책을 시작으로 하여 지난 11년간 혼신의 힘을 다해 일구어온 패밀리 터치 사역의 지경이 더 크게 확장되기를 기대해봅니다. 건강하고 행복한 가정 세우기를 열망하는 사람들을 만나고 싶습니다. 이 일을 함께 꿈꾸며 이루어갈 사람들을 많이 만나고 싶습니다. 어린이부터 노년에 이르기까지 정서적으로 영적으로 충만한 인생, 행복한 인생을 살 수 있도록 삶의 기술과 관계의 기술을 가르쳐주는 가정사역 센터가 우뚝 세워져 삶에 회오리바람을 만난 사람들을 구조해주는 일이 여기저기서 일어날 수 있기를 꿈꿔봅니다. 특별히 가정이 무너지는 속도만큼 정서적으로 황폐해져 내리막길을 치닫고 있는 우리 아이들을 일으켜 세워주고 그들의 가슴에 꿈과 희망의 무지개를 달아주고 싶은 많은 분들을 만나고 싶습니다.

저는 저의 이야기가 여러분을 감동시키는 것을 원치 않습니다. 제 이야기 속에 당신의 이야기가 오버랩되고 이웃의 이야기들이 함께 스며들어 새로운 길이 만들어지기를 원합니다. 제가 걸어온 길은 아무나 걷지 않은 길 같으나 누군가 이미 걸어온 길이고, 지금도 누군가가 걷고 있는 길입니다. 그리고 그 길은 누군가에 의해 더 단단해질 것입니다. 그렇기에 당신이 가는 길이 비록 혼자 걸어야 할 외롭고 힘든 길이라 할지라도 당신의 삶에 주어진 모든 상황을 선물로 여기며 용기를 갖고 걸을 수 있습니다.

자, 일어나 길을 떠납시다. '힘들어도 새로운 일 시작하기, 상황이 악화되어도 사명에 충실하기, 마지막까지 절대 포기하지 않기, 병이 나을 때까지 기다리지 말고 오늘 할 수 있는 일 찾아서 하기, 힘들고 마음이 내키지 않아도 의지를 가지고 생산적이고 보람 있는 일 하기, 누군가를 사랑하기, 나의 가치를 발견할 일 하기, 작은 성취에도 기뻐하며 자신에게 박수 쳐주기, 그리고 마지막으로 성공의 정상에서 혹은 고난의 한복판에서 나를 통해 일하시는 하나님 바라보며 감사하기, 감사로 하루를 살고 감사로 평생을 살기'로 다짐하면서!

감사의 말

　친정어머니는 제게 자주 이런 말씀을 하셨습니다. "너는 정말 인덕이 많은 사람이야. 주위에 너를 사랑해주는 사람들이 너무나 많잖니?" 생각해보니 어머니의 말씀처럼 저는 인덕이 참 많은 사람입니다. 누구보다도 사랑하는 가족들과 어머니 잘 만난 덕에 오늘의 제가 있습니다. 특별히 "깨물어보면 아프지 않은 손가락이 어디 있으랴마는 너는 제일 아픈 손가락이다" 하시며 저를 향한 사랑 때문에 고생과 수고를 마다 않으신 어머니, 힘들고 어려웠던 유학생 시절, 집안 살림과 손주들 돌보는 일, 사위 간병하는 일로 20여 년의 긴 세월을 외로운 타국에서 사셔야 했던 어머니, 오늘도 변함없이 사랑과 기도로 버팀목이 되어주시는 어머니가 안 계셨다면 저는 지금 어디서 무엇을 하고 있을지요.
　남편과의 만남과 함께 넝쿨처럼 이어진 수많은 만남들도 제게는 크나큰 복입니다. 처음 만날 때부터 저를 무척이나 아끼고 사랑해주셨던 시어머님과 시댁 식구들, 사랑하는 아들을 앞세우고 사랑하는 동생과 오빠를 잃은 슬픔이 크셨을 테지만 천국에서 만날 소망 가운데 저와 아이들을 잘 보살펴주시는 시댁 식구들의 깊은 사랑을 받았으니 참으로 인덕이 많은 증거이지요.

태어나서 오늘까지 제게 가장 큰 기쁨과 행복, 감격과 웃음을 선사해준 준용이와 재인이에게는 평생 감사해도 부족할 것입니다. 어린 나이에 아빠의 투병생활과 상실로 힘든 순간이 많았는데도 그 속에서 잘 자라주고, 제가 고통의 무게에 눌려 쓰러질 듯한 순간에도 쓰러지지 말아야 할 이유와 살아야 할 이유가 되어주었으니 말입니다. 특별히 이 책을 쓰는 동안 아이들은 자신의 개인적인 이야기나 글들이 활자화되는 것을 원치 않았지만, 책을 쓰게 된 저의 의도를 이해하고 그들에 관한 글을 실을 수 있도록 허락해준 것도 참 고마운 일입니다.

고난의 한복판에서 저와 저희 가족을 사랑으로 보살펴주시고 패밀리 터치 사역의 산파 역할을 해주신 뉴욕 지구촌교회 김두화 목사님과 성도들께 말로 표현할 수 없는 감사를 드리고 싶습니다. 또한 텍사스 주립대학 동문들의 따뜻한 사랑과 격려에 감사드리며, 친형제처럼 저희를 사랑해주시고 고난의 짐을 함께 나누어주신 고려대학교 임해창 교수님 부부와 캘리포니아 주 산호세의 최건 박사님 부부에게 평생 갚을 수 없는 사랑의 빚을 졌기에 감사의 마음을 여기에 적습니다.

고등학교 시절부터 유학생 시절을 거쳐 오늘에 이르기까지 학문과 신앙에 대한 꿈을 키워주시고 아낌없는 사랑과 격려로 저의 길을 인도해주신 위대하신 스승, 호남 신학대학교 초대 총장 황승룡 박사님과 사모님께 받은 사랑을 일일이 다 말할 수 없습니다.

예리한 통찰력과 조언으로 더 좋은 글이 되도록 원고 교정을 위해 많은 시간을 할애해주신 패밀리 터치의 김충정 부원장님과 패밀리 터치의 오늘이 있기까지 동역의 길을 함께 걸어온 자랑스런 이사님들과 스태프들, 그리고 즐거운 마음으로 후원해주신 모든 분들께 뜨거운 감사를 드립니다.

남편을 떠나보내고 힘들어하던 시절 제게 글쓰기를 강권하시고 2011년 10월 『내 아이의 미래를 결정하는 가정원칙』이 출간되었을 때 크게 기뻐하시며 두 번째 책을 준비하라고 재촉하신, 글쓰기의 좋은 멘토이자 추천의 글을 써주신 강준민 목사님께 감사드립니다. 또한 뉴저지 초대교회에서 시무하실 때 "이민 사회에 가정사역이 너무 중요하니 힘들고 어렵더라도 이 일을 꼭 해달라"고 부탁하시며 후원해주시고 기쁨으로 이 책의 추천사를 써주신 온누리교회 이재훈 담임 목사님께도 크게 감사를 드립니다.

마지막으로 「하나님은 선하시다」라는 칼럼을 통해 저의 삶과 사역을 한국사회에 소개해주신 국민일보 이태형 기자님, 이 책이 열림원에서 출판되도록 성원해주신 카리스 출판사 조현철 사장님, 멀리 미국까지 친히 전화하셔서 출판을 권하시고 밤새워 원고를 읽으며 눈물 흘리셨다는 열림원 정중모 사장님과 좋은 책 만들기에 수고를 아끼지 않으신 열림원 가족들께 깊이 감사드립니다.

아빠의 선물

초판 1쇄 인쇄 2012년 9월 15일
초판 1쇄 발행 2012년 9월 25일

지은이 정정숙
펴낸이 정중모
펴낸곳 도서출판 열림원

기획실장 김도언 | 책임편집 강희진 고윤희 | 디자인 이기쁨
마케팅 남기성 | 홍보 장혜원 | 제작 윤준수

등록 1980년 5월 19일(제406-2003-026호)
주소 서울시 마포구 잔다리로 2길 7-0
전화 02-3144-3700 | 팩스 02-3144-0775
홈페이지 www.yolimwon.com | 이메일 editor@yolimwon.com
트위터 twitter.com/Yolimwon

□ '시냇가에심은나무'는 도서출판 열림원의 임프린트입니다.

ISBN 978-89-7063-755-6 03230
*책값은 뒤표지에 있습니다.